Leichtathletik – Die größten Legenden

Allgemeine Hinweise:

Aus Gründen der besseren Lesbarkeit haben wir uns entschlossen, durchgängig die männliche (neutrale) Anredeform zu nutzen, die selbstverständlich die weibliche und die diverse mit einschließt.

Das vorliegende Buch wurde sorgfältig erarbeitet. Dennoch erfolgen alle Angaben ohne Gewähr. Weder der Autor noch der Verlag können für eventuelle Nachteile oder Schäden, die aus den im Buch vorgestellten Informationen resultieren, Haftung übernehmen.

Sollte diese Publikation Links auf Webseiten Dritter enthalten, so übernehmen wir für deren Inhalte keine Haftung, da wir uns diese nicht zu eigen machen, sondern lediglich auf deren Stand zum Zeitpunkt der Erstveröffentlichung verweisen.

KARL-HEINZ KELDUNGS

Leichtathletik

★★ DIE GRÖSSTEN LEGENDEN ★★

Porträts, Geschichten und Skandale

MEYER & MEYER VERLAG

Leichtathletik – die größten Legenden
Bibliografische Information der Deutschen Bibliothek
Die Deutsche Nationalbibliothek verzeichnet diese Publikation in der Deutschen Nationalbibliografie; detaillierte bibliografische Details sind im Internet über <www.dnb.de> abrufbar.

Auckland, Beirut, Dubai, Hägendorf, Hongkong, Indianapolis, Kairo, Kapstadt, Manila, Maidenhead, Neu-Delhi, Singapur, Sydney, Teheran, Wien

Gesamtherstellung (Druck): Bookwire, Frankfurt, www.bookwire.de

MIX
Papier | Fördert gute Waldnutzung
FSC® C106855
FSC
www.fsc.org

Member of the World Sport Publishers' Association (WSPA)

ISBN 978-3-8403-7906-2
Hersteller im Sinne der GPSR:
Meyer & Meyer Fachverlag & Buchhandel GmbH
Von-Coels-Straße 390, 52080 Aachen
www.dersportverlag.de
E-Mail: kontakt@m-m-sports.com

INHALT

★★★

Einleitung

Wie wird man als Sportler in seiner Sportart eine Legende? Das ist eine Frage der Definition und wird von verschiedenen Personen möglicherweise unterschiedlich gesehen. Der eine oder andere wird einen Sportler als Legende bezeichnen, der in die Ruhmeshalle seines Sports aufgenommen wurde oder dessen Trikot unter das Hallendach eines Stadions gezogen und nicht wieder vergeben wird. Bei diesen Sportlern handelt es sich um Personen, die jeder Sportbegeisterte kennt und bei deren Namensnennung man mit der Zunge schnalzt. Zu diesen Sportlern gehören sicherlich die Leichtathleten Paavo Nurmi, Emil Zatopek, Carl Lewis, Al Oerter, Jesse Owens und Usain Bolt, die Schwimmer Johnny Weissmueller und Michael Phelps, die Basketballspieler Michael Jordan, Kobe Bryant und Dirk Nowitzki, die Rennfahrer Michael Schumacher, Jackie Stewart, Niki Lauda und Jochen Rindt, die Tennisspieler Roger Federer, Rafael Nadal, Rod Laver, Novak Djokovic und Björn Borg sowie die Fußballspieler Pele, Maradona, Lionel Messi, Alfredo di Stefano, Fritz Walter und Johan Cruyff.

Ich wollte bei meiner Auswahl der Leichtathleten den Kreis nicht auf wenige Superstars beschränken. Sonst wäre es kein Buch geworden. In meine Liste der Legenden wurden Sportler aufgenommen, von deren Leistungen man noch nach Jahrzehnten spricht, die bei Olympischen Spielen dominiert und deshalb unauslöschliche Spuren hinterlassen haben oder die in ihren Ländern Heldenstatus genießen, wie der Belgier Gaston Roelants, der Luxemburger Joseph Barthel, der Franzose Alain Mimoun, der Litauer Virgilius Alekna oder der Tscheche Jan Zelesny. Hinzufügen muss man dieser Gruppe auch Leichtathleten, die jung auf tragische Weise ums Leben kamen, und derer man sich deshalb noch heute erinnert, wie die Britin Lillian Board, der Belgier Ivo van Damme oder der Amerikaner Steve Prefontaine.

Setzt eine solche Liste voraus, dass man seine Karriere bereits beendet hat oder kurz davorsteht und deshalb feststeht, dass man Legendenstatus erlangt hat? Ich meine nicht. Es gibt auch Sportler, die bereits in jungen Jahren solch beeindruckende Erfolge erzielt haben, dass man schon zu diesem frühen Zeitpunkt davon ausgehen kann, dass sie in ihrer Sportart eine Legende werden. Hierzu gehören die Norweger Karsten Warholm und Jakob Ingebrigtsen, der Schwede Armand Duplantis, die Amerikaner Sydney McLaughlin und Ryan Crouser, die Niederländerin Femke Bol, die Belgierin Nafissatou Thiam, die Jamaikanerin Elaine Thompson-Herah oder Shaunae Miller-Uibo von den Bahamas.

Es wird nach Erscheinen des Buches Kritiker geben, die bemängeln, dass auch noch der eine oder andere Leichtathlet in die Liste gehört hätte. Das ist mir klar und nehme ich in Kauf. Ich habe mich für die nachfolgende Liste entschieden.

Karl-Heinz Keldungs, im Januar 2024

Die Legenden

VALERIE ADAMS

Valerie Kasanita Adams wurde am 6. Oktober 1984 in Rotorua/Neuseeland geboren. Sie begann mit 14 Jahren mit dem Leistungssport. Im Alter von 16 Jahren wurde sie 2001 in Debrecen Jugend-Weltmeisterin im Kugelstoßen. In diesem Jahr gewann sie auch erstmals den Titel der neuseeländischen Meisterin. 2002 gewann sie bei den Juniorenweltmeisterschaften in Kingston den Titel im Kugelstoßen und belegte bei den Commonwealth Games in Manchester den zweiten Platz in dieser Disziplin.

Im Alter von 18 Jahren nahm sie 2003 in Paris zum ersten Mal an Weltmeisterschaften teil und belegte den fünften Platz. Ein Jahr später wurde sie bei den Olympischen Spielen in Athen, für sie wohl eher enttäuschend, Achte im Kugelstoßen. 2005 heiratete sie den Diskuswerfer Bertrand Vili und startete fortan unter dem Namen Vili. Im selben Jahr wurde sie bei den Weltmeisterschaften in Helsinki hinter der weißrussischen Siegerin Nadseja Astaptschuk und der Russin Olga Rjabinkina Dritte. Da der Siegerin nachträglich wegen Dopings der Titel aberkannt wurde, rückte Valerie Vili auf den zweiten Platz vor. 2006 siegte sie bei den Commonwealth Games in Melbourne. Ein Jahr später bei den Weltmeisterschaften in Osaka entriss sie der führenden Nadseja Astaptschuk mit 20,54 Meter im letzten Versuch die Goldmedaille.

Nach ihrem Sieg bei den Hallen-Weltmeisterschaften in Valencia 2008 war sie die Favoritin für die Olympischen Spiele in Peking. Dieser Favoritenrolle wurde sie auch gerecht. Mit 20,56 m gewann sie mit mehr als einem Meter Vorsprung überlegen die Goldmedaille. Sie war jetzt die dominierende Kugelstoßerin auf dem Erdball. Dies bestätigte sie eindrucksvoll bei den Weltmeisterschaften 2009 in Berlin, wo sie mit 20,44 m den Titel gewann. Nach ihrem Titel 2010 bei den Hallen-Weltmeisterschaften in Doha gewann sie in Neu Delhi bei den Commonwealth Games erneut den Titel. 2011 wurde sie mit 21,24 m in Daegu Weltmeisterin vor Nadseja Astapschuk, die aber erneut des Dopings überführt und deshalb disqualifiziert wurde. In dieser Zeit galt Valerie Adams als unschlagbar. Nachdem sie sich 2010 von Bertrand Vili hatte scheiden lassen, startete sie fortan wieder unter ihrem Mädchennamen.

Auch 2012 wurde sie in Istanbul Hallenweltmeisterin. Bei den Olympischen Spielen 2012 in London wiederholte sie mit dem Gewinn der Goldmedaille ihren Triumph von Peking. 2013 gewann sie in Moskau erneut den Weltmeister-Titel und 2014 wieder den Titel einer Weltmeisterin in der Halle. Auch bei den Commonwealth Games in Glasgow gewann sie erneut den Titel. 2015 musste sie sich einer Schulteroperation unterziehen und konnte deshalb nicht an den Weltmeisterschaften in Peking teilnehmen. Die Deutsche Christina Schwanitz nutzte ihre Abwesenheit zum Gewinn des Weltmeister-Titels.

2016 kehrte Valerie Adams zwar in die Weltspitze zurück, hatte ihre Dominanz jedoch eingebüßt. Bei den Olympischen Spielen in Rio de Janeiro musste sie sich der Amerikanerin Michelle Carter beugen, die sie auf den zweiten Platz verwies. Auch bei den Commonwealth Games 2018 in Gold Coast wurde Valerie Adams erstmalig besiegt. Hinter der Jamaikanerin Danniel Thomas-Dodd landete sie auf dem zweiten Platz. Ihre Weite von 18,70 m, die für sie Saisonbestleistung war, bewies, dass sie ihre alte Leistungsstärke eingebüßt hatte. 2021 qualifizierte sie sich noch einmal für die Olympischen Spiele und erreichte einen Podestplatz. Hinter der Chinesin Lijiao Gong und der Amerikanerin Raven Saunders gewann sie die Bronzemedaille.

Am 1. März 2022 beendete Valerie Adams ihre Karriere. 2014 war sie Welt-Leichtathletin des Jahres. Sie wurde von Queen Elizabeth II. geadelt und führt den Titel „Dame".

JOHN AKII-BUA

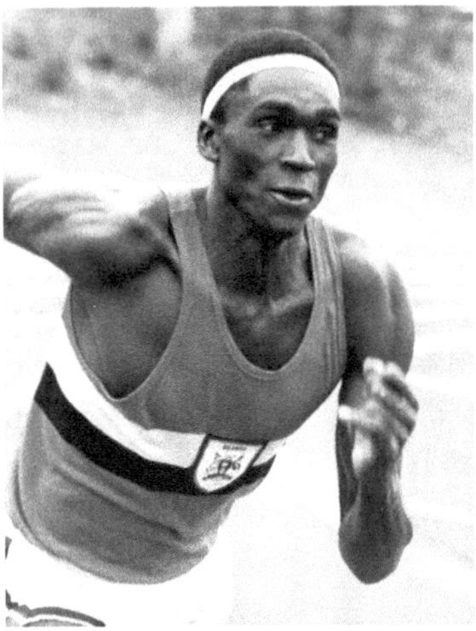

John Akii-Bua wurde am 3. Dezember 1949 in Lira, der drittgrößten Stadt Ugandas, als eines von 43 Kindern eines Häuptlings, der acht Frauen hatte, geboren. Er entstammte dem Volk der Langi. Nach dem Tod seines Vaters siedelte John Akii-Bua mit 16 Jahren in die Hauptstadt Kampala über. Er lebte zunächst in einem Slum bei einem Cousin und jobbte in einer Bar. Bei einem Fußballtraining fiel er Ausbildern der Polizei auf, die ihn zur Polizei holten. Neben der Arbeit hatte er vor allem Freude an der Leichtathletik. Der britische Trainer Malcolm Arnold entdeckte sein Talent und förderte ihn entsprechend. Zunächst startete John Akii-Bua über 110 m Hürden. Nachdem er in der Qualifikation für die Olympischen Spiele 1968 in Mexiko City gescheitert war, riet ihm Arnold, auf die lange Hürdenstrecke zu wechseln.

1970 trug dieser Wechsel erste Früchte, als er bei den Commonwealth Games in Edinburgh über 400 m Hürden den vierten Platz belegte. Ein Jahr später verbesserte John Akii-Bua den Afrika-Rekord auf 49,0 Sekunden, eine Zeit, die bis September 1968 Weltrekord bedeutet hätte. Bei den Olympischen Spielen 1972 in München lief er im Halbfinale mit 49,25 Sek. die schnellste Zeit und rückte in den erweiterten Kreis der Favoriten auf. Haushoher Favorit aber war der britische Olympiasieger von Mexiko City und Weltrekordhalter Dave Hemery.

Im Finale, in dem John Akii-Bua auf der Innenbahn startete, begann Dave Hemery in einem Höllentempo. Nach 200 m war seine Zwischenzeit schneller als bei seinem Weltrekord. Unauffällig aber schob sich John Akii-Bua, der während des Laufs zur Überraschung aller Experten mehrfach das Schwungbein wechselte, nach vorn. Eingangs der Zielgeraden lag er knapp hinter Hemery, passierte ihn an der vorletzten Hürde und stürmte ungefährdet dem Ziel entgegen. Mit fast sieben Zehntelsekunden Vorsprung überquerte er die Ziellinie. Hemery hatte nichts mehr entgegenzusetzen und musste auch noch den Amerikaner Ralph Mann passieren lassen. Der noch frisch wirkende John Akii-Bua lief übermütig über eine hinter dem Ziel stehende Hürde und schaute dann auf die Anzeigentafel. Fassungslos nahm er die Zeit zur Kenntnis: 47,82 Sek. – neuer Weltrekord. Überglücklich lief er einfach weiter, bis er wieder auf der Zielgeraden war. Damit lief er als erster Leichtathlet der Geschichte, allerdings wohl ungewollt, eine Ehrenrunde.

In Uganda wurde er nach seinem Olympiasieg zum Volkshelden. Obwohl der dort herrschende Diktator Idi Amin dafür bekannt war, dass er neben sich keine Helden duldete, beförderte er John Akii-Bua in eine leitende Position bei der Polizei. Dennoch verschwand John Akii-Bua zeitweise von der Bildfläche. Zudem war er als Christ staatlicher Verfolgung ausgesetzt. 1976 hatte sich John Akii-Bua wieder für die Olympischen Spiele in Montreal qualifiziert, sein Start scheiterte jedoch wegen des Boykotts der Olympischen Spiele durch die afrikanischen Staaten, die vergeblich den Ausschluss Neuseelands von den Olympischen Spielen gefordert hatten. Grund für diese Forderung war das Spiel einer neuseeländischen Rugby-Mannschaft gegen Südafrika, mit dem die Neuseeländer nach Auffassung der boykottierenden Staaten die Rassendiskriminierung unterstützt hätten. John Akii-Bua wurde so die Chance genommen, noch einmal um eine olympische Medaille zu kämpfen. 1978 gewann er bei den Afrikaspielen die Silbermedaille.

Danach sprach er im Übermaß dem Alkohol zu und begann zu rauchen. Als er von staatlicher Seite verfolgt wurde, entschloss sich John Akii-Bua 1979 mit seiner Familie zur Flucht nach Tansania und lebte dort eine Zeit lang in einem Flüchtlingslager. Als Idi Amin Tansania überfiel und zu besetzen versuchte, floh John Akii-Bua mit seiner Familie nach Kenia, wo er erneut in einem Flüchtlingslager lebte. Sein deutscher Sponsor holte ihn und seine Familie daraufhin nach Deutschland, wo er sich in Herzogenaurach niederließ.

Bei den Olympischen Spielen 1980 in Moskau ging der inzwischen 30-Jährige über 400 m Hürden und mit der 4 x 400 m-Staffel an den Start. Über die Hürdenstrecke schied er als Siebter mit für ihn indiskutablen 51,10 Sek. im Halbfinale aus. Mit der Staffel scheiterte er bereits im Vorlauf. 1983 kehrte der in Deutschland an Heimweh leidende John Akii-Bua nach Uganda zurück. 1997 wurde er, inzwischen verwitwet und Vater von elf Kindern, mit Unterleibsschmerzen in ein Krankenhaus in Kampala eingeliefert, wo ihm die Ärzte nicht mehr helfen konnten. John Akii-Bua war an Magenkrebs erkrankt. Er erlag im Alter von nur 47 Jahren am 20. Juni 1997 seinem Krebsleiden.

John Akii-Bua erhielt ein Staatsbegräbnis. Auf seinem Grabstein steht „Olympischer Held". Sein Auftreten bei den Olympischen Spielen in München wird niemand vergessen.

VIRGILIUS ALEKNA

Virgilius Alekna wurde am 13. Februar 1972 in der 48-Seelen-Gemeinde Terpeikiai im Nordosten Litauens geboren. Bei seiner Geburt gehörte Litauen noch zur Sowjetunion. Mitte der 90-iger Jahre des vorigen Jahrhunderts stieß Virgilius Alekna im Diskuswurf in die Weltelite vor. Sein großes Vorbild war Roman Ubartas, der erste Olympiasieger für das jetzt unabhängige Litauen. Bei den Olympischen Spielen in Atlanta belegte Virgilius Alekna 1996 beim Olympiasieg von Lars Riedel den fünften Platz. Ein Jahr später gewann er hinter ihm bei den Weltmeisterschaften in Athen die Silbermedaille. Bei den Europameisterschaften 1998 in Budapest musste er sich erneut dem siegreichen Lars Riedel beugen und wurde Dritter.

Seine große Zeit kam im Jahr 2000. Virgilius Alekna warf im Vorfeld der Olympischen Spiele bei den nationalen Meisterschaften den Diskus auf phantastische 73,88 m und verfehlte den Weltrekord des Deutschen Jürgen Schult nur um 20 Zentimeter. Bei den Olympischen Spielen in Sydney gelang es ihm endlich auch, Lars Riedel zu schlagen. In einem hochklassigen Wettbewerb gewann Virgilius Alekna mit 69,30 m die Goldmedaille, Lars Riedel gewann mit einem Wurf auf 68,50 m die Silbermedaille. Ein Jahr später drehte Lars Riedel bei den Weltmeisterschaften in Edmonton den Spieß wieder um. Er wurde vor Virgilius Alekna Weltmeister. Als Lars Riedel bei den Europameisterschaften 2002 in München verletzungsbedingt nicht teilnahm, schien der Weg für Virgilius Alekna frei. Doch der Ungar Robert Fazekas entriss ihm mit einem Wurf auf 68,83 m den Titel. Virgilius Alekna blieb nur die Silbermedaille. Obwohl Robert Fazekas bei den Weltmeisterschaften 2003 in Paris mit 69,01 m weiter warf als in München, musste er sich dieses Mal dem mit 69,69 m siegreichen Virgilius Alekna geschlagen geben. Der fünfmalige Weltmeister Lars Riedel wurde Vierter.

Bei den Olympischen Spielen 2004 in Athen kam es zu einem Eklat. Der mit einem Wurf auf 70,93 m vor Virgilius Alekna siegreiche Ungar Robert Fazekas versuchte bei der Dopingprobe mit einem im Genitalbereich angebrachten Plastiksack mit Fremdurin, die Dopingkontrolleure zu täuschen. Die Täuschung misslang und Robert Fazekas wurde disqualifiziert. Die Goldmedaille erhielt Virgilius Alekna, der damit seinen Titel von Sydney verteidigte. Bei den Weltmeisterschaften 2005 in Helsinki lieferte sich Virgilius Alekna einen spannenden Zweikampf mit dem Esten Gerd Kanter, den Virgilius Alekna erst mit seinem letzten Wurf für sich entschied. Am Ende des Jahres wurde er zu Europas Leichtathlet des Jahres gewählt. Nachdem Virgilius Alekna bei den Europameisterschaften 2006 in Göteborg endlich auch Europameister geworden war, musste er sich bei den Weltmeisterschaften 2007 in Osaka mit dem undankbaren vierten Platz begnügen. Bei den Olympischen Spielen 2008 in Peking gelang ihm noch einmal der Sprung aufs „Treppchen“. Hinter dem Esten Gerd Kanter und dem Polen Pjotr Malachowski gewann er die Bronzemedaille.

In den folgenden Jahren konnte Virgilius Alekna den neuen Diskus-Stars Robert Harting und Pjotr Malachowski nicht mehr die Stirn bieten und beendete am 31. August 2014 beim ISTAF in Berlin im Alter von 42 Jahren seine große Karriere.

Der 2,02 m große und 130 kg schwere Hüne wurde Leibwächter des litauischen Präsidenten Valdas Adamkus. 2016 wurde er ins litauische Parlament gewählt. Er kandidierte außerdem für den Vorsitz des litauischen Olympischen Komitees, unterlag jedoch der ehemaligen Olympiasiegerin im Schießen Daina Gudzineviciute.

Seine Söhne Mykolas und Martynas traten in die Fußstapfen ihres Vaters und wurden ebenfalls Diskuswerfer. Mykolas wurde 2020 U 20-Weltmeister, gewann bei den Weltmeisterschaften 2022 in Eugene die Silbermedaille und wurde vier Wochen später in München mit 69,78 m Europameister. Martynas machte im März 2022 von sich reden, als er beim Werfercup in Leiria/Portugal die Goldmedaille bei den U 23-Junioren gewann. Der Name Alekna wird noch über Jahre hinweg mit dem Diskuswurf verbunden bleiben.

SAID AOUITA

Said Aouita wurde am 2. November 1959 in Kenitra/Marokko geboren. Früh zeigte sich sein Talent für den Mittel- und Langstreckenlauf. Er beherrschte die Laufstrecken von 800 m bis 10.000 m. Im Gedächtnis der Leichtathletik-Fans ist er vor allem durch seine enorme Spurtkraft geblieben. Sein erster großer Erfolg gelang ihm bei den Leichtathletik-Weltmeisterschaften 1983 in Helsinki. Er belegte über 1.500 m den dritten Platz. Dabei verhinderten die taktisch gewiefteren Briten Steve Cram und Steve Scott eine noch bessere Platzierung Aouitas. Wegen dieser Erfahrung startete Said Aouita bei den Olympischen Spielen 1984 nicht über 1.500 m, sondern über 5.000 m.

Im olympischen 5.000 m-Rennen wechselten sich die Portugiesen Canario und Leitao in der Führung ab und sorgten für ein zügiges Tempo. Die

3.000 m- Zwischenzeit lag unter acht Minuten. Schließlich setzten sich drei Läufer ab und gingen mit Vorsprung in die letzte Runde: Der Portugiese Antonio Leitao, der Schweizer Markus Ryffel und Said Aouita. Auf der Gegengeraden zog Said Aouita an dem Portugiesen vorbei. Als auch der spurtstarke Markus Ryffel zu spurten begann, erhöhte Said Aouita noch einmal das Tempo. Auf der Zielgeraden jubelte er bereits im Angesicht seines Sieges. In neuer olympischer Rekordzeit von 13:05,59 Min. gewann er die Goldmedaille vor Markus Ryffel.

1985 verbesserte Said Aouita zwei Weltrekorde. Am 27. Juli lief er in Oslo die 5.000 m in 13:00,40 Min. und am 23. August in Berlin die 1.500 m in 3:29,46 Min. Nachdem man 1986 nur wenig von ihm gehört hatte, ließ er 1987 mit einem Weltrekord über 2.000 m wieder aufhorchen. Wenige Tage später lief er mit 12:58,39 Min. als erster Mensch 5.000 m unter 13 Minuten. Im selben Jahr brachte er auch den Weltmeister-Titel über diese Strecke in seinen Besitz. Bei den Olympischen Spielen 1988 in Seoul startete er überraschend nicht über 5.000 m, sondern über 800 m und 1.500 m, was möglicherweise darauf zurückzuführen ist, dass er kurz vor den Spielen mit einer Zeit von 1:43,86 Min. über 800 m zu erkennen gegeben hatte, dass er auch über diese Strecke mit den Besten mithalten konnte. Behindert durch eine Verletzung war er in Seoul jedoch nicht im Vollbesitz seiner Kräfte und musste sich über 800 m mit der Bronzemedaille begnügen. Die Verletzung verhinderte dann einen Start über 1.500 m.

In der Hallensaison 1989 gewann er den Titel über 3.000 m bei den Hallen-Weltmeisterschaften in Budapest. Im Sommer verbesserte er beim ASV-Sportfest in Köln den Weltrekord über 3.000 m auf 7:29,45 Min. und blieb mit dieser Leistung als erster Mensch unter 7:30 Min. In der Folgezeit wurde er immer wieder von Verletzungen geplagt, die letztlich dazu führten, dass er seine Karriere beendete. Nach seiner Karriere arbeitete Said Aouita als Trainer in Marokko, Australien und Qatar.

EVELYN ASHFORD

Evelyn Ashford wurde am 15. April 1957 in Shreveport, Louisiana/USA geboren. Als 19-Jährige nahm sie an den Olympischen Spielen 1976 in Montreal teil und belegte im 100 m-Endlauf den fünften Platz. Drei Jahre später gewann sie bei den Panamerikanischen Spielen in San Juan beide Sprintstrecken. Weil sowjetische Truppen im Dezember 1979 in Afghanistan einmarschierten und einen moskautreuen Herrscher in Afghanistan einsetzten, boykottierten die Amerikaner und andere westliche Staaten, darunter die Bundesrepublik, die Olympischen Spiele 1980 in Moskau. Dies hatte zur Folge, dass Evelyn Ashford bei den Olympischen Spielen nicht an den Start gehen konnte.

Am 3. Juli 1983 stellte sie in Colorado Springs mit 10,79 Sek. einen neuen Weltrekord über 100 m auf. Bei den einen Monat später stattfindenden Weltmeisterschaften in Helsinki startete sie deshalb als große Favoritin, musste im 100 m-Endlauf jedoch verletzt aufgeben.

Bei den Olympischen Spielen 1984 in Los Angeles gewann Evelyn Ashford über 100 m und mit der 4 x 100 m-Staffel. Über 200 m konnte sie wegen einer leichten Verletzung nicht antreten. Zehn Tage nach dem Schlusstag der Spiele besiegte sie die DDR-Sprinterin Marlies Göhr beim Abendsportfest in Zürich in neuer Weltrekordzeit von 10,76 Sek. Bei den Olympischen Spielen 1988 in Seoul musste sich Evelyn Ashford ihrer in diesem Sommer überragenden Landsfrau Florence Griffith-Joyner beugen und gewann über 100 m die Silbermedaille. In der 4 x 100 m-Staffel verpatzten Florence Griffith-Joyner und sie den letzten Wechsel völlig. Als Evelyn Ashford den Stab endlich in Händen hielt, waren die Schlussläuferin der DDR-Staffel Marlies Göhr und die russische Schlussläuferin Natalja Pomoschtschnikowa bereits zwei Meter enteilt. Evelyn Ashford jedoch lief ein begeisterndes Rennen und flog noch an Marlies Göhr und der Russin vorbei. Mit einem Vorsprung von elf Hundertstelsekunden führte sie die US-Staffel zur Goldmedaille.

Bei den Leichtathletik-Weltmeisterschaften 1991 in Tokio verpasste die inzwischen 34-Jährige als Fünfte das Podest und schied mit der Sprintstaffel im Vorlauf aus. Ein Jahr später bei den Olympischen Spielen 1992 in Barcelona schied Evelyn Ashford über 100 m im Halbfinale aus, gewann jedoch mit der amerikanischen 4 x 100 m-Staffel noch einmal die Goldmedaille.

1993 beendete Evelyn Ashford ihre Karriere.

IOLANDA BALAS

Iolanda Balas war in den 60-iger Jahren des vorigen Jahrhunderts die überragende Hochspringerin. Zwischen 1957 und 1967 blieb die 1,85 m große Iolanda Balas, die ausschließlich im Schersprung sprang, in 150 Wettbewerben ungeschlagen.

Iolanda Balas wurde am 12. Dezember 1936 im rumänischen Timisoara geboren. 1954 trat die 17-jährige Rumänin in den Blickpunkt der Öffentlichkeit, als sie bei den Europameisterschaften in Bern hinter der Britin Thelma Hopkins mit 1,65 m den zweiten Platz belegte. Am 14. Juli 1956 entriss sie der Britin mit 1,75 m den Weltrekord. Bei den Olympischen Spielen 1956 in Melbourne wurde sie aber nur enttäuschende Fünfte. Ein Jahr später begann sie ihren einzigartigen Siegeszug. Am 13. Oktober 1957 verbesserte sie in Bukarest den Weltrekord auf 1,78 m. Bei den Europameisterschaften 1958 in Stockholm gewann sie mit 1,77 m die Goldmedaille. An der neuen Weltrekordhöhe von 1,80 m scheiterte sie, weil sie sich wegen der Stadionansage immer wieder in ihrer Konzentration gestört fühlte. Insgesamt verbesserte Iolanda Balas im Jahr 1958 sechsmal den Weltrekord auf schließlich 1,83 m. Diese Leistung steigerte sie 1959 auf 1,84 m. Im Olympiajahr 1960 schraubte sie den Weltrekord auf 1,86 m und fuhr als große Favoritin zu den Olympischen Spielen nach Rom.

Bei den Olympischen Spielen erlebten die Zuschauer eine selten gesehene Dominanz einer Sportlerin. Während ihre Konkurrentinnen an der

Höhe von 1,73 m scheiterten, betätigte sie sich ab dieser Höhe als Alleinunterhalterin. Sie überquerte alle Höhen bis 1,85 m mühelos. Lediglich an der neuen Weltrekordhöhe von 1,87 m scheiterte die Rumänin. Eine überlegenere Goldmedaillengewinnerin hat es selten gegeben.

Im Jahr 1961 setzte sie ihre Weltrekordjagd fort, verbesserte viermal ihren eigenen Weltrekord auf 1,91 m. Es muss nicht besonders erwähnt werden, dass ihr auch 1962 der Europameister-Titel nicht zu nehmen war. Auch 1964 reiste sie als Favoritin zu den Olympischen Spielen nach Tokio. Im Endkampf des Hochsprung-Wettbewerbs waren bei der Höhe von 1,80 m nur noch drei Springerinnen im Wettbewerb, die Russin Taissija Tschentschik, die Australierin Michele Brown und Iolanda Balas. Während die Russin an dieser Höhe scheiterte, übersprangen Iolanda Balas und Michele Brown diese Höhe. 1,82 m waren aber auch für die Australierin zu hoch. Iolanda Balas aber übersprang 1,84 m, 1,86 m und 1,90 m im 1. Versuch und scheiterte erst an der neuen Weltrekord-Höhe von 1,92 m. Iolanda Balas gewann in Tokio ihre zweite Goldmedaille. An den Europameisterschaften 1966 in Belgrad nahm Iolanda Balas wegen einer Verletzung nicht teil. Der Titel ging mit gegenüber den Höhen von Iolanda Balas vergleichsweise bescheidenen 1,78 an Taissija Tschentschik. Als Iolanda Balas an den Olympischen Spielen in Mexiko City nicht teilnahm, ahnte man das bevorstehende Karriere-Ende, das nicht genau festzulegen ist. Jedenfalls sah man sie ab dieser Zeit nicht mehr in den Stadien dieser Welt. Manch ein Leichtathletik-Experte vermutete, dass sie den 1966 neu eingeführten Geschlechtstests aus dem Weg gehen wollte und deshalb wohl bereits bei der Europameisterschaft 1966 eine Verletzung angegeben hatte.

Iolanda Balas, die auch zweifache Universiade-Siegerin war und 1966 die Europäischen Hallenspiele gewann, war von 1988 bis 2005 Präsidentin des rumänischen Leichtathletik-Verbandes. 1998 wurde sie Ehrenbürgerin ihrer Heimatstadt Timisoara und 2001 Ehrenbürgerin von Bukarest. Sie starb am 11. März 2016 in Bukarest.

ROGER BANNISTER

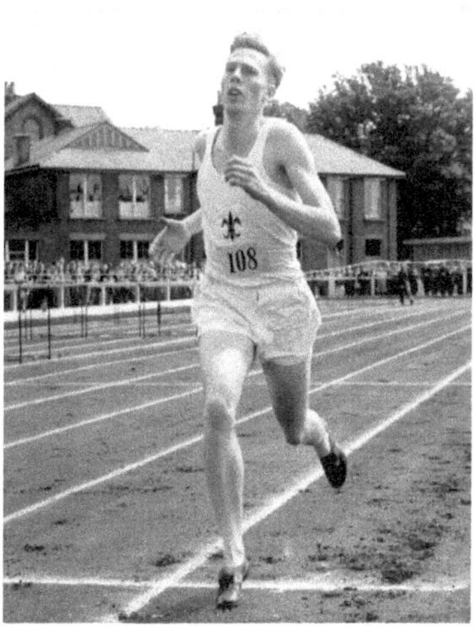

Roger Bannister ist vor allem in Großbritannien ein Held und unsterblich, weil er als erster Mensch der Welt die Meile (1.609 m) unter vier Minuten lief.

Roger Gilbert Bannister wurde am 23. März 1929 in Harrow in Großbritannien geboren. Im Alter von 17 Jahren begann er mit der Leichtathletik. Die Olympischen Spiele 1948 in London kamen für ihn allerdings noch zu früh. Im selben Jahr lief er die Meile aber bereits in 4:17,2 Minuten. Bei den Europameisterschaften 1950 in Brüssel gewann er über 800 m die Bronzemedaille. Bei den Olympischen Spielen 1952 in Helsinki lief Roger Bannister im Finale einen neuen britischen 1.500 m-Rekord, verpasste als Vierter die Medaillenränge aber knapp. Danach richtete er sein Augenmerk auf die Meilenstrecke. Er wollte als erster Läufer die Vier-Minuten-Schallmauer durchbrechen. Der Weltrekord des Schweden Gunder Hägg aus dem Jahr 1945 stand 1953 noch bei 4:01,4 Min.

Am 2. Mai 1953 verbesserte Roger Bannister den britischen Meilen-Rekord auf 4:03,6 Min. Da der Australier John Landy im Frühjahr 1954 dreimal unter 4:02,0 Min. blieb, musste Bannister befürchten, dass Landy der erste Meilen-Läufer unter vier Minuten sein würde. Anfang Mai fühlte sich Bannister in Form und plante für den 6. Mai 1954 auf der Iffley-Road-Kampfbahn der University of Oxford einen Rekordversuch.

Als Tempomacher stellten sich Chris Brasher, der 1956 Olympiasieger über 3.000 m Hindernis werden sollte, und Chris Chataway, der Olympiavierte über 5.000 m bei den Spielen in Helsinki, zur Verfügung. Es herrschte an diesem Tag ein böiger Wind, der beinahe zum Abbruch des

Rekordversuchs geführt hätte. Als der Wind aber beim Start um 18.00 Uhr nachließ, entschlossen sich die Läufer zum Start. Brasher sorgte bis zur 800 m-Marke für das gewünschte Anfangstempo, dann übernahm Chataway die Führung. 200 m vor dem Ziel ging Bannister an dem nachlassenden Chataway vorbei und bot noch einmal alle Kräfte auf. Nach dem Ziel fiel er erschöpft einem Freund in die Arme. Der Stadionsprecher verkündete die Zeit: 3:59,4 Min. - neuer Weltrekord. Bannister hatte es geschafft.

Der Weltrekord hatte aber nur sechs Wochen Gültigkeit. Am 21. Juni 1954 verbesserte ihn John Landy auf 3:57,9 Min. John Landy kennt heute kaum noch jemand, während Roger Bannister immer mit der Traummeile verbunden wird.

Am 7. August 1954 trafen Roger Bannister und John Landy bei den Commonwealth Games in Vancouver über die Meile aufeinander. Bannister zog in der letzten Runde an Landy vorbei und gewann mit dem neuen britischen Rekord von 3:58,8 Min., John Landy wurde in 3:59,6 Min. Zweiter. Erstmals liefen in einem Rennen zwei Läufer unter vier Minuten. Drei Wochen später gewann Roger Bannister in Bern den Europameister-Titel über 1.500 m. Obwohl er erst 25 Jahre alt war, beendete Roger Bannister nach dieser Saison seine Karriere und widmete sich fortan seinem Medizinstudium.

Roger Bannister wurde Neurologe und war Direktor der Nationalen Klinik für Nervenkrankheiten in London sowie Verfasser wissenschaftlicher Aufsätze auf dem Gebiet der Neurologie. Er blieb dem Sport auch in seiner Zeit als Neurologe verbunden. Von 1971 bis 1974 war er Vorsitzender des Sport Council of Great Britain. In dieser Funktion entwickelte Roger Bannister mit Forscherkollegen den ersten Urintest gegen Anabolika-Doping. Von 1976 bis 1983 war er Präsident des Weltrats für Sportwissenschaft und Leibeserziehung. Nachdem er bereits 1955 mit dem CBE (Commander of the Order of the British Empire) ausgezeichnet worden war, schlug ihn Königin Elisabeth II. 1975 zum Ritter. Roger Bannister durfte sich fortan „Sir" nennen. 2014 wurde bekannt, dass er an der Parkinson-Krankheit litt. Roger Bannister erlag am 3. März 2018 in Oxford seiner Krankheit.

JOSEPH BARTHEL

Der Luxemburger Joseph „Josy" Barthel wurde in seinem Land durch ein einziges Rennen zur Legende.

Joseph Barthel wurde am 24. April 1927 in Mamer/Luxemburg geboren. International trat er zum ersten Mal in Erscheinung, als er bei den Militärmeisterschaften 1947 in Berlin den Titel im 800 m-Lauf gewann. Bei diesen Meisterschaften gewann er 1948 den Titel sowohl im 800 m- als auch im 1.500 m-Lauf. Bei den im selben Jahr stattfindenden Olympischen Spielen in London erreichte er das Finale, belegte dort aber nur den 9. Platz.

Bei den Studentenweltmeisterschaften 1949 in Budapest gewann er den 1.500 m-Lauf. Zwei Jahre später wurde er in Ost-Berlin Studentenweltmeister über 800 m und 1.500 m. Sein großes Jahr kam 1952.

Bei den Olympischen Spielen 1952 in Helsinki erreichte Joseph Barthel erneut das 1.500 m-Finale. Dort übernahm der frischgebackene deutsche Weltrekordler Werner Lueg bei 1.000 m die Führung. Eingangs der letzten Runde verschärfte Lueg noch einmal das Tempo. Mit fünf Metern Vorsprung bog er in die Zielgerade ein. Nur der Amerikaner Robert McMillan und Joseph Barthel vermochten Werner Lueg zu folgen. Auf der Zielgeraden zog Joseph Barthel mit Robert McMillan im Schlepptau an dem nachlassenden Werner Lueg vorbei. Robert McMillan machte noch einen verzweifelten Versuch, Joseph Barthel zu passieren, jedoch ohne Erfolg. Mit dem neuen olympischen Rekord von 3:45,2 Min. gewann Joseph Barthel die Goldmedaille vor dem zeitgleichen Robert McMillan und dem um zwei Zehntelsekunden distanzierten Werner Lueg. Es war die erste Goldmedaille in der Leichtathletik für Luxemburg.

An den Olympischen Spielen 1956 in Melbourne nahm Joseph Barthel über 1.500 m teil, gab jedoch im Vorlauf auf. Danach beendete er seine

Karriere. Joseph Barthel wurde Präsident des Luxemburger Leichtathletik-Verbandes und Präsident des luxemburgischen olympischen Komitees. Sieben Jahre lang übte er in verschiedenen Regierungen das Amt des Ministers für Verkehr, Energie und Umwelt aus. Das nationale Stadion in Luxemburg trägt seinen Namen. Joseph Barthel starb am 7. Juli 1992.

BOB BEAMON

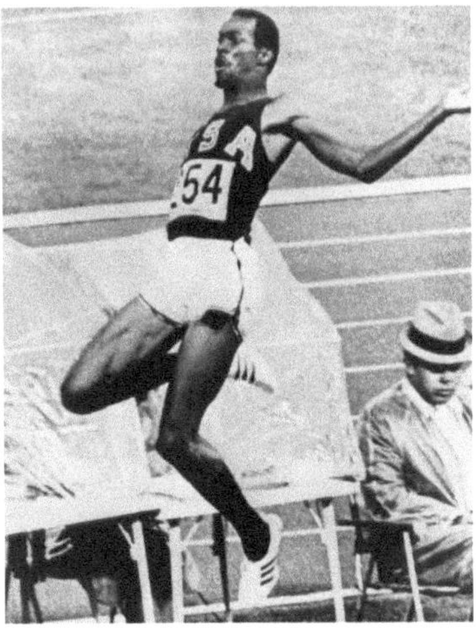

Bob Beamon wurde am 17. Oktober 1968 zur Legende, als er bei den Olympischen Spielen in Mexiko City mit einem Sprung auf 8,90 m im Weitsprung ins nächste Jahrhundert sprang.

Bob Beamon wurde am 29. August 1946 im New Yorker Stadtteil Queens geboren. Er besuchte die Jamaika High School in New York und verbesserte dort den Schulrekord im Dreisprung. Als Student der University of Texas in El Paso war er im Weit- und Dreisprung aktiv. Bei den Panamerikanischen Spielen 1967 in Winnipeg gewann Bob Beamon die Silbermedaille im Weitsprung. 1968 war er in 22 von 23 Wettkämpfen ungeschlagen. In der Halle verbesserte er den Weltrekord auf 8,30 m. Bei den US-Trials für die Olympischen Spiele in Mexiko City im kalifornischen Echo Summit gewann Bob Beamon mit 8,39 m den Weitsprung-Wettbewerb. Die 8,39 m konnten nicht als neuer Weltrekord anerkannt werden, weil ein unzulässiger Rückenwind von 3,2 m/Sek. geherrscht hatte.

Bei den Olympischen Spielen in Mexiko City hatte der favorisierte Bob Beamon in der Qualifikation des Weitsprung-Wettbewerbs erhebliche Probleme. Er trat zweimal über und schaffte es mit einem Sprung auf

7,94 m gerade noch in den Endkampf. Am Tage des Endkampfes am 17. Oktober 1968 herrschte ein leichter Rückenwind. Beim ersten Versuch von Bob Beamon blies er mit gerade noch zulässigen 2,0 m/Sek. den Weitspringern in den Rücken. Bob Beamon nahm Anlauf, traf den Balken optimal, landete perfekt und hatte noch so viel Energie, dass er zwei kleinere Sprünge an seinen Sprung anhängen konnte. Die neben der Weitsprunggrube angebrachte Ablesevorrichtung ermöglichte damals ein Ablesen der Weiten bis 8,60 m, immerhin 25 Zentimeter weiter als der gültige Weltrekord. Als die Kampfrichter die Weite ablesen wollten, stellten sie jedoch fest, dass der Abdruck von Beamons Füßen jenseits der Ablesevorrichtung endete. Nachdem sie dies mehrfach überprüft hatten, nahmen sie ein Bandmaß zur Hand und maßen die Weite per Hand. Dann gaben sie die Weite in die elektronische Anzeigetafel ein. Auf der Stadiontafel leuchteten 8,90 m auf. Während das Stadion in ohrenbetäubenden Jubel ausbrach, blieb Bob Beamon ruhig. Ihm sagte die Anzeige auf der Anzeigetafel nichts. Erst als ein Teamkollege ihn darauf aufmerksam machte, dass 8,90 m in Fuß umgerechnet 29,20 Fuß bedeuteten, brach auch er in Jubel aus und hüpfte wie ein Känguru über die Anlage. In diesem Moment hielt die Leichtathletik-Welt den Atem an. Bob Beamon hatte den gültigen Weltrekord um sage und schreibe 55 Zentimeter verbessert. Allen Experten war klar, dass dies der Sprung ins 21. Jahrhundert war.

Die mitfavorisierten Ralph Boston und Igor Ter-Owanesian, beide Inhaber des bisherigen Weltrekordes von 8,35 m, waren wie gelähmt. Bob Beamon machte noch einen Sprung auf 8,04 m und verzichtete dann auf weitere Versuche. Ihm fehlte einfach die Konzentration. Mit einem Vorsprung von 71 Zentimetern vor dem zweitplatzierten DDR-Athleten Klaus Beer gewann er die Goldmedaille. Die Weite von 8,90 m blieb bis zu den Leichtathletik-Weltmeisterschaften 1991 in Tokio Weltrekord. Dann sprang Mike Powell bei seinem unvergessenen epischen Duell mit Carl Lewis fünf Zentimeter weiter. Bob Beamons olympischer Rekord aus dem Jahr 1968 hat bis heute Bestand.

Bob Beamon konnte nie mehr auch nur annähernd an seine unglaubliche Leistung anknüpfen. 1972 versuchte er erfolglos ein Comeback. Dann beendete er seine Laufbahn als Leichtathlet. Nach einem kurzen Intermezzo als Profisportler arbeitete er fortan als Sozialarbeiter.

KENENISA BEKELE

Kenenisa Bekele wurde am 13. Juni 1982 in Bekoji/Äthiopien geboren. Seit dem Jahr 2000 ist er als Langstreckenläufer aktiv. International erstmalig in Erscheinung trat er im Jahr 2000, als er bei den Juniorenweltmeisterschaften in Santiago de Chile den Titel über 5.000 und 10.000 m gewann. Ein Jahr später gewann er bei den Crosslauf-Weltmeisterschaften im belgischen Ostende den Titel im Junioren-Rennen und wurde in der Männer-Klasse Zweiter über die Kurzstrecke. Bei den Crosslauf-Weltmeisterschaften 2002 in Dublin gewann er den Titel über die Kurz- und Langstrecke. Diesem Erfolg sollten sich bis 2008 weitere neun Cross-Titel anschließen.

Bei den Weltmeisterschaften 2003 in Paris gewann Kenenisa Bekele den Titel über 10.000 m und die Bronzemedaille über 5.000 m. Über 5.000 m musste er sich knapp dem kenianischen Weltmeister Eliud Kipchoge und dem spurtstarken Marokkaner Hicham El Guerrouj geschlagen geben. Ein Jahr später verbesserte Kenenisa Bekele innerhalb einer guten Woche die Weltrekorde über 5.000 m und 10.000 m. Am 31. Mai 2004 lief er die 5.000 m in Hengelo in 12:37,35 Min. und am 8. Juni im tschechischen Ostrava die 10.000 m in 26:20,31 Min. Damit brachte er sich in die Position des hohen Favoriten für die Olympischen Spiele in Athen. Dieser Favoritenstellung wurde Kenenisa Bekele über 10.000 m gerecht. Mit dem neuen olympischen Rekord von 27:05,10 Min. gewann er die Goldmedaille. Über 5.000 m machte Kenenisa Bekele den Fehler, nicht ein so hohes Tempo anzuschlagen wie er es konnte. Das Rennen begann sogar langsam. Der erste Kilometer wurde in knapp drei Minuten zurückgelegt. In die letzte Runde gingen der Weltmeister von Paris

Eliud Kipchoge, Kenenisa Bekele und der 1.500 m -Weltrekordler Hicham El Guerrouj als Führende. 200 m vor dem Ziel griff Kenenisa Bekele Eliud Kipchoge an und passierte ihn eingangs der Zielgeraden. Hicham El Guerrouj aber hing wie eine Klette an ihm und spielte auf der Zielgeraden seine größere Spurtstärke aus. Hicham El Guerrouj wurde Olympiasieger, Kenenisa Bekele blieb nur die Silbermedaille.

Bei den Weltmeisterschaften 2005 in Helsinki startete Kenenisa Bekele nur über die 10.000 m-Strecke, auf der er souverän den Titel gewann. Am 26. August 2005 verbesserte Kenenisa Bekele beim Ivo van Damme-Memorial in Brüssel nach einem atemberaubenden Temporennen seinen eigenen Weltrekord um 2,78 Sek. auf 26:17,53 Min. Dieser Weltrekord hatte 15 Jahre Bestand. Bei den Hallen-Weltmeisterschaften 2006 gewann er den Titel über 3.000 m. Im japanischen Osaka gewann er 2007 bei den Weltmeisterschaften erneut den Titel über 10.000 m.

Bei den Olympischen Spielen 2008 in Peking gelang ihm der ersehnte Doppelschlag. Er wurde sowohl über 5.000 m als auch 10.000 m Olympiasieger. Über 5.000 m distanzierte er seinen Dauerrivalen Eliud Kipchoge um fast fünf Sekunden, über 10.000 m seinen Landsmann Sihine Sileshi. Diesen Doppelschlag wiederholte er bei den Weltmeisterschaften 2009 in Berlin.

Nach Verletzungsproblemen war Kenenisa Bekele bei den Weltmeisterschaften 2011 im koranischen Daegu nicht in Form und gab das Rennen über 10.000 m auf. Bei den Olympischen Spielen 2012 zeigte sich, dass Kenenisa Bekele seinen Leistungszenit auf der Bahn überschritten hatte. Er belegte über 10.000 m hinter seinem Bruder Tariku nur den vierten Platz.

2014 begann Kenenisa Bekele im Alter von 32 Jahren seine Marathon-Karriere beim Marathon in Paris. 2016 verfehlte er bei seinem Sieg beim Berlin-Marathon den Weltrekord des Kenianers Dennis Kipruto Kimetto nur um sechs Sekunden. Beim Berlin-Marathon 2019 scheiterte Kenenisa Bekele erneut am Weltrekord über diese Strecke. Dieses Mal nur um zwei

Sekunden. Seine persönliche Bestzeit steht jetzt bei 2:01:41 Stunden. Am 2. Oktober 2022 wurde der inzwischen 40- jährige Kenenisa Bekele beim London-Marathon mit einer Zeit von 2:05,53 Std. Fünfter.

ABEBE BIKILA

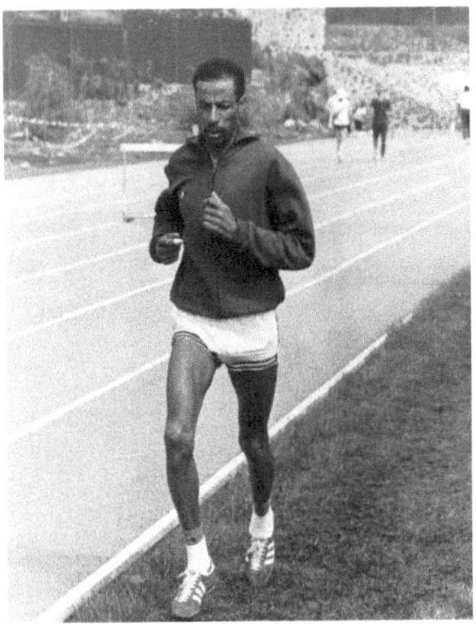

Bei den Olympischen Spielen 1960 in Rom tauchte ein 28-jähriger Läufer aus der Garde des äthiopischen Kaisers Haile Selassie aus dem Nichts auf. Er schickte sich an, die Marathonstrecke barfuß auf den heißen Straßen Roms zu bewältigen. Der Name dieses unbekannten Läufers: Abebe Bikila. Dieser Abebe Bikila schrieb in Rom Leichtathletik-Geschichte.

Abebe Bikila wurde am 7. August 1932 in Jato/Äthiopien geboren. Entdeckt wurde sein Talent für den Langstreckenlauf 1956 vom schwedischen Trainer Onni Niskanen, der in Äthiopien als Militärberater lebte. Onni Niskanen brachte den jungen Abebe Bikila mit europäischen Trainingsmethoden so weit, dass er sich für die Olympischen Spiele 1960 in Rom für den Marathonlauf qualifizierte.

Beim olympischen Marathonlauf lief Abebe Bikila barfuß, weil er kein geeignetes Schuhwerk hatte und es aus Äthiopien gewohnt war, barfuß zu laufen. Bereits bei Kilometer zehn tauchte er in der Spitzengruppe auf. Bei Kilometer 20 konnte nur noch der Marokkaner Rhadi Ben Abdesselam dem Tempo Bikilas folgen. Diese beiden Läufer blieben bis zum Kilometer 40 zusammen. Dann verschärfte Abebe Bikila das Tempo und löste sich von dem Marokkaner. Bei Kilometer 41 hatte er bereits einen Vorsprung von 50 m. Diesen Vorsprung baute Abebe Bikila, der unterwegs keinerlei Verpflegung und auch keine Getränke zu sich nahm, bis ins Ziel auf mehr als 25 Sekunden aus. Die Zeit von 2:15:16 Std. bedeutete eine neue Weltbestzeit.

Vier Jahre später ging Abebe Bikila bei den Olympischen Spielen in Tokio an den Start, dieses Mal in Laufschuhen. Man räumte ihm allerdings kaum Chancen ein, weil er sich sechs Wochen vor den Spielen einer Blinddarmoperation unterziehen musste. Anders als bei den Olympischen Spielen in Rom, wo der Marathonlauf kaum Beachtung fand, säumten am Tag des Marathonlaufs, dem 21. Oktober 1964, in Tokio eine Million Zuschauer die Marathonstrecke. Bei Kilometer zehn lagen der Australier Ron Clarke, der Ire Jim Hogan und Abebe Bikila an der Spitze. Zehn Kilometer wurden in der kaum für möglich gehaltenen Zeit von 30:14 Minuten zurückgelegt. Auch die zweiten 10 Kilometer wurden mit 30:44 Min. sehr schnell gelaufen. Bei Kilometer 20 mussten Ron Clarke und Jim Hogan Abebe Bikila ziehen lassen. Sie konnten sein Tempo nicht mehr halten. Beim Wendepunkt lag Abebe Bikila bereits eine Minute vor Ron Clarke und baute seinen Vorsprung immer weiter aus. Abebe Bikila wirkte auch auf den letzten Kilometern erstaunlich frisch und leichtfüßig. Im Ziel hatte er mit der neuen Weltbestzeit von 2:12:11,2 Std. einen Vorsprung von mehr als vier Minuten. Während Abebe Bikila im Innenraum gymnastische Übungen vollführte, entbrannte im Stadion ein heißer Kampf um die Silbermedaille. Durch das Marathontor lief der kleine Japaner Kokichi Tsuburaya als Zweiter gefolgt von dem Briten Basil Heatley. 200 Meter vor dem Ziel überholte der Brite den Japaner und gewann die Silbermedaille. Dem völlig erschöpften und zutiefst enttäuschten Kokichi Tsuburaya blieb nur die Bronzemedaille.

Kokichi Tsuburaya nahm sich 1968 wenige Monate vor den Olympischen Spielen das Leben, weil er befürchtete, die Erwartungen seiner Landsleute nicht erfüllen zu können. Abebe Bikila aber hatte bewiesen, dass er auf der Marathonstrecke der Dominator war.

Bei den Olympischen Spielen 1968 in Mexiko City ging er erneut im Marathonlauf an den Start, gab aber nach 15 Kilometern wegen Knieproblemen auf. Die Goldmedaille gewann sein Landsmann Mamo Wolde.

Am 22. März 1969 verunglückte Abebe Bikila in Addis Abeba mit seinem Auto, weil er drei Studenten, die vor der Polizei flohen und vor seinen Wagen liefen, ausweichen wollte. Das Auto überschlug sich mehrfach. Dabei zog er sich eine schwere Rückenverletzung zu. Der bis dato beste Marathonläufer aller Zeiten war infolge des Unfalls querschnittsgelähmt. Nachdem sich sein Zustand durch die Behandlung in Addis Abeba nicht gebessert hatte, ließ er sich im Stoke Mandeville Hospital in England behandeln. Auch diese Behandlung führte zu keiner Besserung seines Zustandes. Abebe Bikila stellte sich auf ein Leben im Rollstuhl ein. Am 25. Oktober 1973 starb er im Alter von 41 Jahren nach einer Hirnblutung. In Addis Abeba trägt das Stadion seinen Namen.

FANNY BLANKERS-KOEN

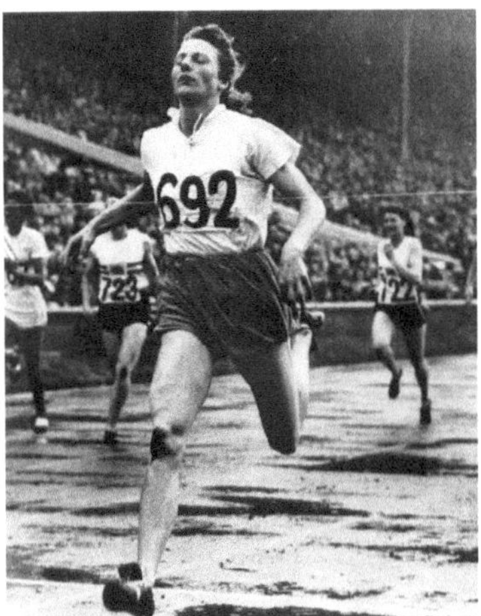

Fanny Blankers-Koen, die man die fliegende Hausfrau nannte, schrieb Leichtathletik-Geschichte, als sie bei den Olympischen Spielen 1948 in London vier Goldmedaillen gewann.

Francina Elsje „Fanny" Koen wurde am 26. April 1918 in Lage Vuursche in der Gemeinde Baarn/Niederlande geboren. Sie begann erst mit 16 Jahren mit der Leichtathletik, startete aber bereits mit 18 Jahren bei den Olympischen Spielen 1936 in Berlin. Im Hochsprung belegte sie mit 1,55 m den 6. Platz. Mit der niederländischen Sprintstaffel wurde sie Fünfte. Zwei Jahre später wurde sie bei den Europameisterschaften in

Wien über 100 m und 200 m Dritte. Kurz vor den Europameisterschaften verbesserte sie am 19. Juni 1938 mit 11,0 Sek. den Weltrekord über 100 Yards. 1940 heiratete sie ihren Trainer Jan Blankers und bekam zwei Kinder.

Während des Krieges ließ sie mit Weltrekorden in zwei Sprungdisziplinen aufhorchen sowie Weltrekorden über 100 y, 100 m und über 80 m Hürden. Am 20. September 1942 stellte Fanny Blankers-Koen in Amsterdam in ihrem ersten Rennen über 80 m-Hürden mit 11,3 Sek. den Weltrekord der Italienerin Claudia Testoni ein. Am 30. Mai 1943 verbesserte sie in Amsterdam dreimal den gültigen Weltrekord im Hochsprung von 1,66 m auf schließlich 1,71 m. Am 19. September 1943 ließ sie in Leiden einen neuen Weltrekord von 6,25 m im Weitsprung folgen. Es folgten mit 11,5 Sek. der Weltrekord über 100 m und mit 10,8 Sek. der Weltrekord über 100 y. Die niederländische 4 x 200 m-Staffel mit Fanny Blankers-Koen lief am 27. August 1944 in Hilversum mit 1:41,0 Min einen neuen Weltrekord über diese Strecke.

Bei den Europameisterschaften 1946 in Oslo gewann Fanny Blankers-Koen den Titel über 80 m Hürden und mit der 4 x 100 m-Staffel der Niederlande. Im Hochsprung blieb sie weit unter ihren Möglichkeiten und belegte mit 1,57 m nur den 4. Platz. Im Vorfeld der Olympischen Spiele verbesserte sie in Amsterdam die Weltrekorde über 100 m auf 11,5 Sek. und über 80 m Hürden auf 11,0 Sek.

Bei den Olympischen Spielen 1948 in London gewann Fanny Blankers-Koen den 100 m-Lauf mit 11,9 Sek. vor der Britin Dorothy Manley und der Australierin Shirley Strickland. Zwei Tage später ließ sie über 80 m Hürden mit 11,2 Sek. die zweite Goldmedaille folgen. Silber ging an die zeitgleiche Britin Maureen Gardner, Bronze wie über 100 m an die Australierin Shirley Strickland. Am 6. August folgte der dritte Streich. Mit dem unfassbaren Vorsprung von sieben Zehntelsekunden gewann Fanny Blankers-Koen in 24,4 Sek. die Goldmedaille über 200 m. Einen Tag später führte sie die niederländische 4 x 100 m-Staffel zur Goldmedaille vor den Australierinnen und den Kanadierinnen. Die Leistungen der Olympiasiegerinnen im Hochsprung und Weitsprung lagen deutlich niedriger als die Weltrekorde von Fanny Blankers-Koen. Nach dieser unglaublichen Leistung schlug Königin Juliana der Niederlande Fanny Blankers-Koen zum Ritter. Die „Königin der Aschenbahn" wurde in Amsterdam wie eine Königin empfangen.

Am 25. Juni 1950 verbesserte sie in Brescia den Weltrekord über 220 y auf 24,2 Sek. Bei den Europameisterschaften 1950 in Brüssel gewann Fanny Blankers-Koen drei Titel. Sie gewann die 100 m, die 200 m und den 80 m Hürden-Lauf, wobei sie über 200 m mit 24,0 Sek. Weltrekord lief. Über 4 x 100 m gewannen die Niederlande mit der überragenden Fanny Blankers-Koen zeitgleich mit den siegreichen Britinnen die Silbermedaille. Am 15. und 16. September 1951 stellte sie mit 4.692 Punkten in Amsterdam einen neuen Weltrekord im Fünfkampf auf. 1952 nahm sie zwar an den Olympischen Spielen teil, trat im Endlauf über 80 m Hürden aber mit dem Fuß in eine Hürde, stürzte und gab auf. 1956 beendete sie ihre erfolgreiche Karriere. Man stelle sich vor, welche Medaillen sie noch gewonnen hätte, wenn die Olympischen Spiele 1940 und 1944 nicht wegen des 2. Weltkrieges ausgefallen wären.

In ihren letzten Lebensjahren lebte Fanny Blankers-Koen in einem Pflegeheim in Hoofddorp, wo sie am 25. Januar 2004 im Alter von 85 Jahren verstarb. Fanny Blankers-Koen war zweifellos die größte Athletin, die die Leichtathletik hervorgebracht hat, wenn sie auch mangels Startmöglichkeiten während des Krieges nicht so erfolgreich war wie Allyson Felix. Das Stadion in Hengelo trägt seit 1981 den Namen Fanny Blankers-Koen-Stadion.

LILLIAN BOARD

Lillian Board wurde am 13. Dezember 1948 in Durban/Südafrika als Tochter eines britischen Brunnenbauers geboren. Mit 19 Jahren qualifizierte sie sich für die Olympischen Spiele in Mexiko City. Nach ihren vorolympischen Leistungen und nach der besten Zeit nach den Zwischen-

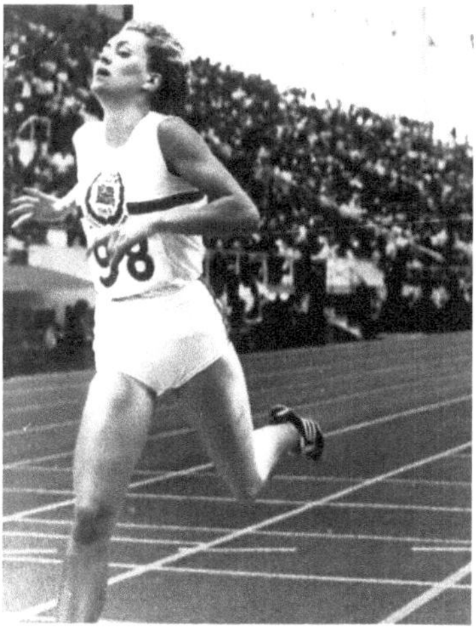

läufen wurde sie von den Experten als Favoritin für die Goldmedaille über 400 m gehandelt. Im Endlauf stürmte Lillian Board auf der Innenbahn startend über die Bahn und bog mit klarem Vorsprung auf die Zielgerade ein. Niemand zweifelte zu diesem Zeitpunkt an ihrem Sieg. Doch auf Bahn fünf flog die Französin Colette Besson an ihren Gegnerinnen vorbei. Auf den letzten Metern passierte sie zu aller Erstaunen auch Lillian Board und gewann die Goldmedaille (Lillian Board: „Ich sah sie kommen, konnte aber nichts machen"). Eine Zehntelsekunde hinter ihr blieb Lillian Board nur die Silbermedaille. Der neue britische Rekord von 52,1 Sek. konnte ihre Niederlage nicht verhindern. Ihre Enttäuschung über die Niederlage konnte Lillian Board auch bei der Siegerehrung nicht verbergen.

Ein Jahr später bei den Europameisterschaften in Athen startete Lillian Board über 800 m. Sie diktierte das Rennen und setzte eingangs der Zielgeraden zu einem unwiderstehlichen Endspurt an. Mit einem Vorsprung von 1,2 Sekunden lief sie ins Ziel. Ihre größte Leistung aber vollbrachte sie als Schlussläuferin der britischen 4 x 400 m-Staffel. Sie lag Mitte der Zielkurve bereits zehn Meter hinter der frischgekürten Weltrekordlerin Colette Besson. Ab 80 m vor dem Ziel kam sie der Französin immer näher. 20 m vor dem Ziel betrug der Rückstand nur noch zwei Meter. Die nachlassende Colette Besson vermochte dem nichts mehr entgegenzusetzen und wurde auf der Ziellinie von Lillian Board noch abgefangen. Beide Staffeln liefen mit 3:30,8 Min. Weltrekord, den Titel aber gewannen die Britinnen.

Ihr letztes internationales Rennen lief Lillian Board am 16. Mai 1970 in Rom über eine Meile, die sie knapp geschlagen als Zweite in 4:44,6 Min.

absolvierte. Im Sommer des Jahres 1970 wurde Lillian Board von heftigen Magenschmerzen geplagt. Diese Magenschmerzen verhinderten einen Start bei den Commonwealth Games in Edinburgh. Sie suchte die Klinik des Arztes Dr. Issels in Rottach-Egern auf, der einen nicht mehr operablen Magenkrebs diagnostizierte. Im Dezember verschlechterte sich ihr Zustand und sie wurde erneut in die Klinik in Rottach-Egern gebracht. Am 24. Dezember fiel sie ins Koma, aus dem sie nicht mehr erwachte. Sie verstarb am 2. Weihnachtsfeiertag 1970.

Im Olympiapark in München erinnert der Lillian-Board-Weg an die Läuferin, die mit 21 Jahren keine Zukunft mehr hatte.

FEMKE BOL

Sie ist nicht die neue Fanny Blankers-Koen. Die war einzigartig. Doch Femke Bol ist das größte Talent, das die holländische Leichtathletik seit Fanny Blankers-Koen hervorgebracht hat.

Femke Bol wurde am 23. Februar 2000 in Amersfort geboren. International trat Femke Bol erstmalig in Erscheinung, als sie 2019 bei den U 20-Europameisterschaften im schwedischen Boras die Goldmedaille über 400 m Hürden gewann. 2020 verbesserte sie den niederländischen Rekord über 400 m Hürden auf 53,79 Sek. und blieb in diesem Jahr über die Hürdenstrecke ungeschlagen. Die Hallensaison 2021 krönte sie mit einem Sieg über 400 m bei den Hallen-Europameisterschaften im polnischen Torun. Ihren zweiten Titel gewann sie mit der 4 x 400 m-Staffel der Niederlande. Nach spektakulären Leistungssteigerungen im Frühjahr 2021 fuhr sie als Mitfavoritin zu den Olympischen Spielen nach Tokio. Dort entwickelte sich der 400 m Hürden-Lauf der Frauen zu einem Spektakel.

Die Amerikanerin Delilah Muhammad ging das Rennen sehr schnell an und lag vor Femke Bol bis eingangs der Zielgeraden. Dann kämpfte sich ihre Landsfrau Sydney McLaughlin an Muhammad und Bol heran, ging an der 10. Hürde an den Beiden vorbei und lief mit einer sensationellen neuen Weltrekordzeit von 51,46 Sek. zur Goldmedaille. Nur 12 Hundertstel dahinter wurde Delilah Muhammad Zweite vor Femke Bol, die mit neuem Europarekord von 52,03 Sek. die Bronzemedaille gewann.

Bei den Hallen-Weltmeisterschaften 2022 in Belgrad gewann Femke Bol hinter der Olympiasiegerin Shaunae Miller-Uibo über 400 m die Silbermedaille und war auch mit der 4 x 400 m-Staffel der Niederlande als Zweite erfolgreich. Am 31. Mai 2022 verbesserte sie im tschechischen Ostrava den Weltrekord über 300 m Hürden um mehr als eine Sekunde auf 36,86 Sek. Bei den Weltmeisterschaften in Eugene, Oregon wurde sie hinter der Olympiasiegerin Sydney McLaughlin Zweite über 400 m Hürden und gewann mit der 4 x 400 m-Mixed-Staffel der Niederlande die Silbermedaille. Ihre gute Form führte sie wenige Wochen später bei den Europameisterschaften in München zu drei Titeln. Sie gewann sowohl über 400 m als auch über 400 m Hürden die Goldmedaille und vervollständigte ihre Titelsammlung als Mitglied der siegreichen 4 x 400 m-Staffel der Niederländerinnen.

Auch 2023 geriet Femke Bol früh in die Schlagzeilen. Sie stellte in der Halle eine Weltbestzeit über 500 m auf und verbesserte über 400 m den 41 Jahre alten Weltrekord der Tschechin Jarmila Kratochvilova auf 49,26 Sek. Als logische Folge gewann sie bei den Hallen-Europameisterschaften in Istanbul sowohl die Goldmedaille über 400 m als auch mit der niederländischen 4 x 400 m-Staffel. Ein bitteres Erlebnis widerfuhr ihr bei den Weltmeisterschaften in Budapest. Als Schlussläuferin der niederländischen 4 x 400 m-Mixed-Staffel lag sie 20 m vor der Ziellinie auf Goldkurs, als sie ins Straucheln kam und stürzte. Dabei verlor sie den Staffelstab, der (ohne sie) die Ziellinie überquerte. Da ihr der Stab abhandengekommen war, nützte es ihr auch nichts, dass sie sich aufrappelte und über die Ziellinie lief. Denn sie kam ohne Staffelstab ins Ziel und folglich wurde die niederländische Staffel disqualifiziert. Welch eine großartige Athletin sie bereits ist, bewies das 400 m Hürden-Rennen, in dem sie in Abwesenheit der verletzten Weltrekordlerin Sydney McLaughlin die Goldmedaille gewann. Als krönender Abschluss der Titelkämpfe gewann sie mit der niederländischen 4 x 400 m-Staffel ihre zweite Goldmedaille. Am Ende des Jahres wurde sie wie 2022 zu Europas Leichtathletin gekürt.

Da Femke Bol erst 24 Jahre alt ist, wird man in den nächsten Jahren noch viel von ihr hören.

USAIN BOLT

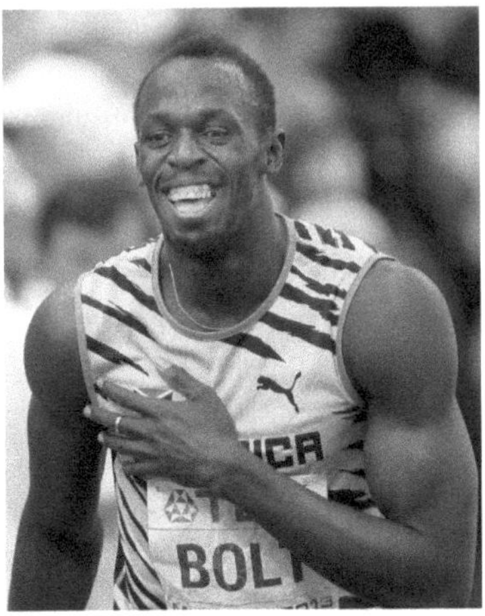

Usain Bolt ist wahrscheinlich der schnellste Mensch, der jemals Spikes an den Füßen trug. Er hält beide Sprintweltrekorde und gewann auf den Sprintstrecken bei den Olympischen Spielen acht Goldmedaillen und elf Weltmeister-Titel.

Usain Bolt wurde am 21. August 1986 in Sherwood Content/Jamaika geboren. Bereits als 15-Jähriger ließ er die Leichtathletik-Welt aufhorchen, als er am 18. Juli 2002 in Kingston die Weltbestzeit für 15-Jährige über 200 m auf 20,58 Sek. verbesserte. Ziemlich genau ein Jahr später steigerte er den Juniorenweltrekord über 200 m auf 20,13 Sek. Dieser Rekord hatte nur bis zum 11. April 2004 Bestand. Dann verbesserte ihn Usain Bolt in Hamilton auf 19,93 Sek. In den folgenden Jahren stabilisierte er seine Leistungen, ohne dass große Leistungssprünge dazu kamen. Das änderte sich am 31. Mai 2008, als er in New York den Weltrekord über 100 m auf 9,72 Sek. verbesserte. Mit dieser Leistung war er auch der große Favorit für die Olympischen Spiele in Peking.

In Peking distanzierte er die Konkurrenz über 100 m deutlich. Mit 9,69 Sek. stellte er einen neuen Weltrekord auf und verwies Richard Thompson aus Trinidad und Tobago um zwei Zehntelsekunden auf den zweiten Platz. Seine Zeit hätte wahrscheinlich noch besser sein können, wenn er nicht bereits 10 m vor dem Ziel die Arme hätte hängen lassen. Über 200 m war seine Überlegenheit noch deutlicher. Auch über diese Strecke lief er mit 19,30 Sek. Weltrekord und war 66 Hundertstelsekunden schneller als der Zweite Shawn Crawford. Die jamaikanische 4 x 100 m-Staffel in der Besetzung Nesta Carter, Michael Frater, Asafa Powell und Usain Bolt lief im Finale mit 37,10 Sek. Weltrekord und gewann mit 94 Hundertstelsekunden Vorsprung die Goldmedaille vor der Staffel von Trinidad und Tobago. Diese Goldmedaille wurde der jamaikanischen Staffel später aber aberkannt, weil der Startläufer Nesta Carter nachträglich des Dopings überführt wurde.

Bei den Leichtathletik-Weltmeisterschaften 2009 in Berlin war Usain Bolt auf der blauen Tartanbahn noch schneller als in Peking. Über 100 m verbesserte er den Weltrekord auf 9,58 Sek., über 200 m auf 19,19 Sek. Mit der 4 x 100 m-Staffel Jamaikas gewann Usain Bolt seinen dritten Weltmeister-Titel. Bei den zwei Jahre später stattfindenden Weltmeisterschaften im koreanischen Daegu machte Usain Bolt über 100 m einen Fehlstart und wurde disqualifiziert, weil nach den neuen Regeln bereits ein Fehlstart zum sofortigen Ausschluss des Athleten führte. Von dieser Disqualifikation profitierte sein Landsmann Yohan Blake, der auf diese Weise den Weltmeister-Titel gewann. Über 200 m gewann Usain Bolt mit 19,40 Sek. ebenso den Titel wie mit der jamaikanischen 4 x 100 m - Staffel.

Bei den Olympischen Spielen 2012 in London gewann Usain Bolt über 100 m in 9,63 Sek., einer Zeit, die nur er selbst unterboten hatte, die Goldmedaille vor seinem Landsmann Yohan Blake, der mit 9,75 Sek. ebenfalls eine Weltklassezeit lief. Auch über 200 m war Usain Bolt nicht zu schlagen. Mit einer Zeit von 19,32 Sek. lag er allerdings nur acht Hundertstelsekunden vor Yohan Blake. Beim Gewinn der Goldmedaille über 4 x 100 m stellte die Staffel Jamaikas in der Besetzung Nesta Carter, Michael Frater, Yohan Blake und Usain Bolt mit 36,84 Sek. einen neuen Weltrekord auf. Auch die zweitplatzierte US-Staffel unterbot mit 37,04 Sek. den alten Weltrekord.

Dieses Bild bot sich auch bei den Weltmeisterschaften 2013 in Moskau und 2015 in Peking. Usain Bolt gewann jeweils die Titel über 100 m,

200 m und mit der 4 x 100 m-Staffel. Bei den Olympischen Spielen 2016 in Rio de Janeiro peilte Usain Bolt erneut drei Goldmedaillen an. Als würde sich die Welt nicht verändern, gewann Usain Bolt über 100 m in 9,81 Sek. vor dem Amerikaner Justin Gatlin und dem Kanadier André de Grasse. Über 200 m musste André de Grasse erneut die Überlegenheit von Usain Bolt anerkennen, der in 19,78 Sek. die Goldmedaille gewann. Dritter wurde der Franzose Christoph Lemaitre. Über 4 x 100 m gewann Usain Bolt mit seinen Staffelkameraden Nickel Ashmeade, Yohan Blake und Asafa Powell seine achte Goldmedaille.

Bei den Weltmeisterschaften 2017 in London wurde Usain Bolt nach langer Zeit bei einem Großereignis über 100 m geschlagen. Hinter den Amerikanern Justin Gatlin und Christian Coleman belegte er in 9,95 Sek. nur den dritten Platz. Über 200 m trat er nicht an. In der 4 x 100 m-Staffel zog er sich eine Zerrung im Oberschenkel zu und musste das Rennen beenden. Im selben Jahr beendete der vielleicht größte Sprinter aller Zeiten seine unvergleichliche Karriere.

WALERI BORSOW

Usain Bolt war der wohl beste Sprinter aller Zeiten. Es gab aber auch andere großartige Sprinter, die es verdienen, in die Liste der Legenden der Leichtathleten aufgenommen zu werden. Einer von ihnen war Waleri Borsow.

Waleri Borsow wurde am 20. Oktober 1949 in Sambir im Verwaltungsbezirk Lwiw in der heutigen Ukraine geboren. Während seiner gesamten Karriere startete Waleri Borsow für die Sowjetunion. Als 19-Jähriger wurde er bei den Europameisterschaften 1969 in Athen Europameister vor dem zeitgleichen Franzosen Alain Sarteur. Sarteur riss hinter der Ziellinie jubelnd die Arme hoch, weil er glaubte, gewonnen zu haben. Das Zielfoto wies jedoch Waleri Borsow als Sieger aus. Mit der 4 x 100 m-Staffel der UdSSR gewann Waleri Borsow zudem eine Silbermedaille. Zwei Jahre später bei den Europameisterschaften in Helsinki gewann Waleri Borsow sowohl über 100 m als auch über 200 m und wurde einer der Favoriten für die Olympischen Spiele 1972 in München auf diesen Strecken. In der Staffel ging Waleri Borsow nicht an den Start.

Bei den Olympischen Spielen stellte Waleri Borsow im Zwischenlauf mit 10,07 Sek. einen neuen Europarekord auf. Im Endlauf war er zwar sieben Hundertstelsekunden langsamer, gewann aber souverän vor dem Amerikaner Robert Taylor und dem Jamaikaner Lennox Miller. Im 200 m-Lauf war Waleri Borsow noch überlegener. Mit dem neuen Europarekord von 20,00 Sek. gewann er die Goldmedaille vor dem Amerikaner Larry Black und dem Italiener Pietro Mennea. Über 4 x 100 m gewann die sowjetische Staffel mit Waleri Borsow als Schlussläufer hinter den Weltrekord laufenden Amerikanern die Silbermedaille.

Bei den Europameisterschaften 1974 in Rom gewann Waleri Borsow erneut den Titel über 100 m. Mit der 4 x 100 m-Staffel der UdSSR verpasste er, der über 200 m nicht an den Start ging, das Podest. Bei den Olympischen Spielen in Montreal gewann er sowohl über 100 m als auch mit der 4 x 100 m-Staffel die Bronzemedaille. Dabei lief er über 100 m exakt die gleiche Zeit wie bei seinem Sieg in München. Über 200 m ging er nicht an den Start. Bei den Europameisterschaften 1978 in Prag startete er noch einmal über 100 m, wurde im Endlauf aber Letzter. 1979 beendete Waleri Borsow seine Karriere. Neben seinen Titeln im Freien wurde Waleri Borsow siebenmal Hallen-Europameister über 60 m.

Waleri Borsow, der mit der vierfachen Turn-Olympiasiegerin Ludmilla Turischtschewa verheiratet ist, ging in die Politik und war in der Sowjetunion Minister für Jugend und Sport. Nach der Unabhängigkeit der Ukraine bekleidete er dieses Amt von 1993 bis 1994. Seit 1994 ist er IOC-Mitglied.

WALERI BRUMEL

Waleri Brumel war in den 60-iger Jahren des vorigen Jahrhunderts der beste Hochspringer der Welt.

Waleri Nikolajewitsch Brumel wurde am 14. April 1942 in Tolbusino in der Nähe der sibirischen Stadt Tschita geboren. 1960 gelang es dem 18-Jährigen als Gewinner der Olympiaqualifikation der UdSSR, sich für die Olympischen Spiele in Rom zu qualifizieren. Dort war der 19-jährige Amerikaner John Thomas, der im ersten Halbjahr des Jahres 1960 viermal den Weltrekord bis auf 2,22 m verbessert hatte, der haushohe Favorit. Man sprach davon, dass er sich nur die Goldmedaille abholen müsse. Bei der Höhe von 2,16 m waren nur noch John Thomas und die Russen Robert Schawlakadse, Waleri Brumel und Viktor Bolschow im Wettbewerb. Robert Schawlakadse übersprang 2,16 m im ersten Versuch, was neuen olympischen Rekord bedeutete. Waleri Brumel schaffte diese Höhe im zweiten Versuch. John Thomas riss zum Entsetzen der amerikanischen Zuschauer dreimal diese Höhe und belegte hinter Schawlakadse und Waleri Brumel nur den dritten Platz. Viktor Bolschow wurde Vierter.

Am 18. Juni 1961 überquerte Waleri Brumel in Moskau 2,23 m und entriss John Thomas den Weltrekord. Im selben Jahr verbesserte er ihn noch zweimal auf 2,25 m. Am 22. Juli 1962 sprang Waleri Brumel in Stanford/USA 2,26 m und reiste als hoher Favorit zu den Europameisterschaften nach Belgrad. Dort gewann er den Titel mit 2,21 m und einem Vorsprung von acht Zentimetern vor dem Schweden Stig Petersson. Nach den Europameisterschaften setzte er die Weltrekordjagd fort. Er sprang am 29. September in Moskau 2,27 m. Niemand konnte ihm auch nur annähernd „das Wasser reichen". Beim Länderkampf USA gegen die Sowjetunion verbesserte Waleri Brumel am 21. Juli 1963 in Moskau den Weltrekord auf 2,28 m.

Bei den Olympischen Spielen 1964 in Tokio fand der Hochsprung-Wettbewerb gegenüber dem von 1960 unter umgekehrten Vorzeichen statt. Dieses Mal war Waleri Brumel der hohe Favorit und John Thomas der

Außenseiter. Bei 2,18 m waren noch drei Springer im Wettbewerb. Waleri Brumel und die Amerikaner John Thomas und John Rambo. Waleri Brumel und John Thomas übersprangen diese Höhe im ersten Versuch. Dagegen scheiterte John Rambo an dieser Höhe. Da Waleri Brumel die vorherige Höhe von 2,16 m im ersten Versuch geschafft hatte, John Thomas aber erst im zweiten Versuch, wurde Waleri Brumel Olympiasieger.

1965 zog sich Waleri Brumel bei einem Motorradunfall eine schwere Beinverletzung zu. Sechs Jahre lang versuchte er, an seine alten Leistungen anzuknüpfen. Es gelang ihm jedoch nicht mehr. 1971 beendete er seine Karriere. Danach war er vor allem als Sachbuchautor tätig, schrieb aber auch einen Roman.

Er erlag am 26. Januar 2003 in Moskau einem Krebsleiden.

SERGEJ BUBKA

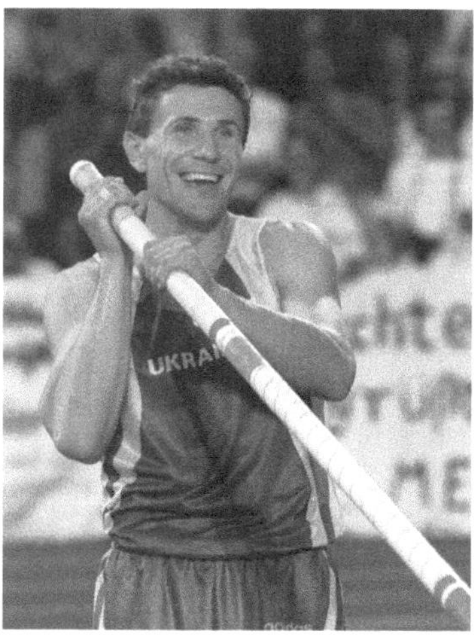

Der ukrainische Leichtathlet Sergej Bubka, der bis 1993 für die Sowjetunion startete, war anderthalb Jahrzehnte lang der beste Stabhochspringer der Welt.

Er wurde am 4. Dezember 1963 in Luhansk in der Ostukraine geboren. Als 19-jähriger sprang er 1983 in den Fokus der Öffentlichkeit, als er bei den Leichtathletik-Weltmeisterschaften in Helsinki mit 5,70 m überraschend den Titel gewann. Ein knappes Jahr später überquerte er am 26. Mai 1984 bei einem Sportfest in Bratislava 5,85 m und entriss damit dem Franzosen Thierry Vigneron den Weltrekord. Im selben Jahr verbesserte er in Paris und London den Weltrekord über 5,88 m auf 5,90 m. Er wäre der große Favorit für die Olympischen Spiele in Los Angeles gewesen, wenn die Spiele von den Ländern des Ostblocks nicht boykottiert worden wären.

Am 31. August 1984 kam es bei der Golden Gala in Rom zu einem der spektakulärsten Wettkämpfe in der Geschichte des Stabhochsprungs. Thierry Vigneron verbesserte mit einem Sprung über 5,91 m den Weltrekord von Sergej Bubka. Dieser konterte jedoch mit einem Sprung über die neue Weltrekordhöhe von 5,94 m. Thierry Vigneron versuchte danach dreimal, die Höhe von 5,97 m zu überspringen. Er scheiterte jedoch. Sergej Bubka scheiterte dann dreimal an der Höhe von 6,00 m. Diese Traumgrenze fiel am 13. Juli 1985 bei einem Sportfest in Paris. Sergej Bubka sprang als erster Mensch der Welt die Höhe von 6,00 m. Ein Jahr später wurde er in Stuttgart mit einer Höhe von 5,85 m Europameister. 1987 verteidigte er in Rom seinen Weltmeister-Titel. Den Weltrekord hatte er inzwischen am 23. Juni in Prag auf 6,03 m verbessert.

Seine einzige olympische Medaille gewann Sergej Bubka bei den Olympischen Spielen 1988 in Seoul. Mit 5,90 m gewann er die Goldmedaille vor seinen Landsleuten Rodion Gataulin und Grigori Jegorow. Bei den Weltmeisterschaften 1991 in Tokio gewann Sergej Bubka zum dritten Mal hintereinander den Titel. Den Weltrekord hatte er bis zu diesem Zeitpunkt auf 6,10 m verbessert. Bei den Olympischen Spielen 1992 in Barcelona stieg Sergej Bubka wie gewohnt erst bei einer Höhe von 5,70 m in den Wettbewerb ein, eine Höhe, die für die meisten seiner Konkurrenten bereits zu hoch war. Für viele überraschend scheiterte er jedoch dreimal an seiner Anfangshöhe.

Bei den Weltmeisterschaften 1993 in Stuttgart gewann er seinen vierten Titel mit einer Höhe von 6,00 m. Sein Weltrekord stand jetzt bei 6,13 m. Seit diesem Jahr startete er für die jetzt unabhängige Ukraine. Am 31. Juli 1994 gelang ihm in Sestriere die letzte Steigerung seines Weltrekords auf 6,14 m. Seine Weltrekordhöhe in der Halle lag noch um einen Zentimeter höher. An den zwölf Tage später stattfindenden Europameisterschaften in Helsinki nahm er nicht teil, angeblich weil er das Stadion wegen seiner ständig wechselnden Winde nicht mochte.

Bei den Weltmeisterschaften 1995 in Göteborg holte er den für ihn reservierten Titel ab. An den Olympischen Spielen 1996 in Atlanta konnte er verletzungsbedingt nicht teilnehmen. 1997 bei den Weltmeisterschaften in Athen gewann er mit 6,01 m seinen sechsten Weltmeister-Titel. Danach wurde es ruhiger um ihn. Im Jahr 2000 beendete er seine Karriere.

Zusätzlich zu seinen sechs Weltmeister-Titeln im Freien gewann Sergej Bubka vier Titel in der Halle und wurde einmal Hallen-Europameister. Von 2002 bis 2008 war Sergej Bubka Vorsitzender der Athleten-Kommission des IOC. 2015 verlor er die Wahl um den Vorsitz der IAAF gegen den Briten Sebastian Coe.

DAVID BURGHLEY

David Burghley wurde am 9. Februar 1905 als Sohn des Marquess of Exeter in Stamford/Großbritannien geboren. Während seines Studiums in Cambridge widmete er sich dem 110 m-Hürdenlauf. 1924 startete er erstmals bei Olympischen Spielen, schied aber bereits im Vorlauf aus. Nach dieser Enttäuschung versuchte er sich auch auf der Langhürdenstrecke. Am 2. Juli 1927 verbesserte David Burghley den Weltrekord über 440 y Hürden auf 54,2 Sek. Dieser Weltrekord hielt jedoch nur wenige Stunden. Noch am selben Tag wurde David Burghley von dem Amerikaner John Gibson, der 52,7 Sek. lief, als Weltrekordler abgelöst.

Ein Jahr später bei den Olympischen Spielen in Amsterdam scheiterte David Burghley zwar im Halbfinale über 110 m Hürden, qualifizierte sich aber für das Finale über 400 m Hürden. Dort schienen jedoch der amerikanische Weltrekordler Morgan Taylor und sein Landsmann Frank Cuhel unüberwindbar. David Burghley begann das Rennen in scharfem Tempo, doch eingangs der Zielgeraden schlossen die beiden Amerikaner zu ihm auf. Nun sah es nach einem Sieg der favorisierten Amerikaner aus. Doch David Burghley mobilisierte auf der Zielgeraden noch einmal alle Kräfte und verteidigte seinen Vorsprung bis ins Ziel. Mit 53,4 Sek. stellte er den olympischen Rekord ein. Morgan Taylor wurde sogar noch von seinem Landsmann Frank Cuhel abgefangen.

1930 gewann David Burghley bei den British Empire Games im kanadischen Hamilton die Goldmedaille über 110 m Hürden, über 400 m Hürden und mit der britischen 4 x 400 m-Staffel. Ein Jahr später zog David Burghley als Abgeordneter ins britische Unterhaus ein. 1932 nahm er erneut an den Olympischen Spielen teil. Über 110 m Hürden wurde er Fünfter, über 400 m Hürden Vierter. Mit der britischen 4 x 400 m-Staffel gewann David Burghley hinter den Weltrekord laufenden Amerikanern die Silbermedaille. Danach beendete er seine Karriere.

Nach seiner Sportkarriere war David Burghley 40 Jahre Präsident des britischen Leichtathletik-Verbandes und 30 Jahre Präsident der IAAF. Er war der Vorsitzende des Organisationskomitees für die Olympischen Spiele 1948 in London und war 48 Jahre Mitglied des IOC. Von 1943 bis 1945 war er Gouverneur der Kronkolonie Bermuda. Nach dem Tod seines Vaters erbte er 1956 den Adelstitel des Marquess of Exeter und nannte sich von nun an Lord Burghley. Durch diese Stellung war er Mitglied des britischen Oberhauses. Lord Burghley starb am 22. Oktober 1981 auf seinem Landsitz.

VERONICA CAMPBELL-BROWN

Veronica Campbell-Brown wurde am 15. Mai 1982 in Clark´s Town/Jamaika geboren. Im Alter von 18 Jahren nahm sie 2000 an den Olympischen Spielen in Sydney teil und gewann mit der jamaikanischen 4 x 100 m-Staffel die Silbermedaille. 2002 wurde sie bei den Commonwealth Games in Manchester Zweite über 100 m. Zwei Jahre später bei den Olympischen Spielen in Athen besiegte sie über 200 m die Amerikanerin Allyson Felix und gewann die Goldmedaille. Über 4 x 100 m gewann sie mit der jamaikanischen Staffel ihre zweite Goldmedaille. Über 100 m wurde sie hinter der Weißrussin Julia Nesterenko und der Amerikanerin Lauryn Williams Dritte.

Bei den Weltmeisterschaften 2005 in Helsinki wurde Veronica Campbell über 100 m erneut von Lauryn Williams geschlagen. Silber gewann sie auch mit der 4 x 100 m-Staffel. Über 200 m belegte sie den vierten Platz. 2006 gewann sie bei den Commonwealth Games in Melbourne über 200 m die Silbermedaille. 2007 heiratete sie den Sprinter Omar Brown. Im selben Jahr wurde sie Weltmeisterin über 100 m und gewann über 200 m und mit der 4 x 100 m-Staffel die Silbermedaille. Bei den Olympischen Spielen 2008 wiederholte sie ihren Triumph von Athen über 200 m. Die favorisierte jamaikanische Staffel verlor im Endlauf den Stab und musste das Rennen aufgeben. Bei den Weltmeisterschaften 2009 in Berlin gewann Veronica Campbell-Brown ebenso die Silbermedaille über 200 m wie zwei Jahre später im koreanischen Daegu über 100 m und mit der 4 x 100 m-Staffel. In Daegu vermochte sie aber erneut keiner über 200 m zu besiegen.

Bei den Olympischen Spielen in London gewann sie Silber mit der 4 x 100 m-Staffel und Bronze über 100 m. Über 200 m verpasste sie als Vierte knapp die Medaillenränge. Als unverzichtbare Staffelläuferin gewann sie mit der Staffel Jamaikas sowohl bei den Commonwealth Games 2014 in Glasgow als auch bei den Weltmeisterschaften 2015 in Peking die Goldmedaille. In Glasgow wurde sie außerdem Zweite über 100 m, in Peking Dritte über 200 m. Bei den Olympischen Spielen 2016 gewann sie mit der 4 x 100 m Staffel noch einmal die Silbermedaille.

Im Juni 2021 beendete sie ihre überaus erfolgreiche Karriere.

RON CLARKE

Ron Clarke gewann zwar nur eine olympische Medaille, war in den 60iger-Jahren des vorigen Jahrhunderts mit 17 Weltrekorden aber der überragende Langstreckenläufer. Größere Triumphe waren ihm versagt, weil ihm die Spurtkraft fehlte.

Ron Clarke wurde am 21. Februar 1937 in Melbourne geboren. Wegen seines schönen Laufstils wurde er vom Organisationskomitee als Schlussläu-

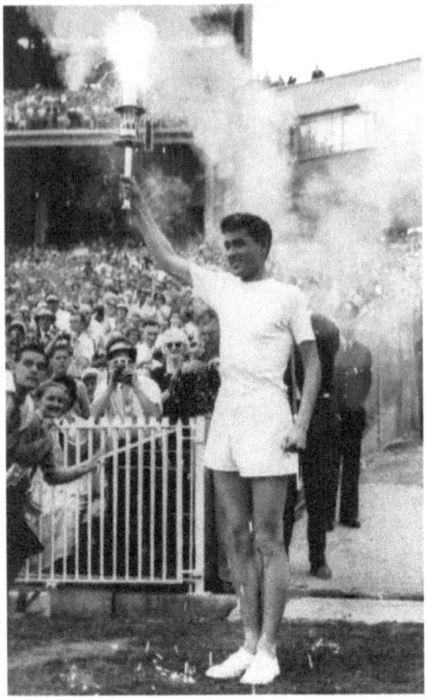

fer für den Fackellauf der Olympischen Spiele 1956 ausgewählt. Er hatte die Ehre, als 19-Jähriger das olympische Feuer zu entzünden. Bei den Commonwealth Games 1962 in Perth wurde er jeweils Zweiter über drei und sechs Meilen.

Am 18. Dezember 1963 trat Ron Clarke in den Fokus der Öffentlichkeit, als er in Melbourne die Weltrekorde über sechs Meilen auf 27:17,8 Min. und über 10.000 m auf 28:15,8 Min. verbesserte. Er brachte sich damit in die Position des Favoriten für die Olympischen Spiele 1964 in Tokio.

Im strömenden Regen von Tokio hatte der großgewachsene Clarke beim 5.000 m-Rennen auf der weichen Aschenbahn gegen die leichtfüßigeren Läufer keine Chance und wurde nur Neunter. Über 10.000 m sorgte er bis zur Schlussrunde für ein hohes Tempo. Mit deutlichem Vorsprung vor dem Rest des Feldes gingen der Tunesier Mohamed Gammoudi, Ron Clarke und der Amerikaner Billy Mills in die letzte Runde. Gammoudi ergriff eingangs der Gegengeraden die Initiative und zog an Ron Clarke vorbei. Auf der Zielgeraden sah er wie der Sieger aus, wurde aber noch von Billy Mills abgefangen. Ron Clarke, der der Spurtkraft der beiden anderen nichts entgegenzusetzen hatte, blieb nur die Bronzemedaille.

Im Marathonlauf sorgte Ron Clarke mit 30:14 Min. auf den ersten zehn Kilometern für ein höllisches Anfangstempo. Auch die zweiten zehn Kilometer wurden mit 30:44 Min. sehr schnell gelaufen. Dann musste Ron Clarke aber für sein hohes Anfangstempo büßen und fiel immer weiter zurück. Im Ziel lag er als Neunter mehr als acht Minuten hinter dem Sieger Abebe Bikila zurück.

1965 startete er eine wahre Rekordserie. Am 3. März 1965 steigerte er in Melbourne den Weltrekord über drei Meilen auf 13:34,8 Min als

Zwischenzeit eines zehn Meilen-Rennens. Den Weltrekord über zehn Meilen verbesserte er bei diesem Rennen auf 47:12,8 Min. Vorher hatte er zweimal den Weltrekord über 5.000 m verbessert und steigerte ihn schließlich am 4. Juni in Los Angeles auf 13:25,8 Min. Am 14. Juli 1965 vollbrachte Ron Clarke im Osloer Bislett-Stadion eine Leistung, die weltweit Kopfschütteln hervorrief. Er stellte mit 27:39,4 Min. über 10.000 m einen kaum fassbaren Weltrekord auf. Dabei verbesserte er den alten Weltrekord um 36,4 Sekunden. Im selben Rennen verbesserte er auch den Weltrekord über sechs Meilen mit 26:47,0 Min. Zum Ende der Saison rief er sich noch einmal in Erinnerung. Im australischen Geelong lief er mit 59:22,8 Min. ebenso einen Weltrekord über 20 km wie mit 20,232 Kilometern einen neuen Stundenweltrekord. Das Jahr war synonym für unglaubliche Leistungssteigerungen im Langstreckenlauf, weil auch der Franzose Michel Jazy Weltrekorde über eine Meile, zwei Meilen und 3.000 m aufstellte.

Am 5. Juli 1966 verbesserte Ron Clarke in Stockholm den Weltrekord über 5.000 m auf 13:16,6 Min. Bei den Commonwealth Games in Kingston gewann er die Silbermedaille über drei und sechs Meilen. Obwohl es 1967 und 1968 ruhig um ihn wurde, hatte man ihn für die Olympischen Spiele 1968 in Mexiko City auf der Rechnung. Es zeigte sich jedoch, dass Ron Clarke in der Höhe von Mexiko City gegen die in einer solchen Höhe lebenden Afrikaner keine Chance hatte. Er wurde über 5.000 m Fünfter und über 10.000 m Sechster. Über 10.000 m war er mehr als zwei Minuten langsamer als bei seinem Weltrekord. Die Bilder des von Kampfrichtern gestützten, völlig erschöpften Ron Clarke gingen um die Welt. Dem besten Langstreckenläufer der Welt, der alles „in Grund und Boden laufen" konnte, blieb die Erfüllung, der Olympiasieg, versagt. 1970 gewann er bei den Commonwealth Games in Edinburgh noch einmal eine Silbermedaille über 10.000 m. Dann beendete er seine Karriere.

Ron Clarke war von 2004 bis 2012 Bürgermeister der Stadt Gold Coast. Er starb am 17. Juni 2015.

SEBASTIAN COE

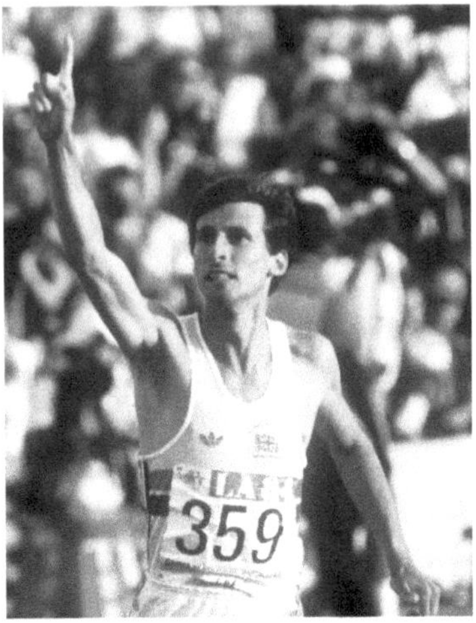

Der britische Lord Sebastian Coe steigerte den Weltrekord über 800 m in neue Dimensionen und gewann zwei olympische Goldmedaillen.

Sebastian Coe wurde am 29. September 1956 im Londoner Stadtteil Chiswick geboren. Erst im Alter von 16 Jahren begann er mit der Leichtathletik und wurde von seinem Vater Martin Coe trainiert. 1978 trat er in den Blickpunkt der Öffentlichkeit, als er bei den Europameisterschaften in Prag über 800 m in 1:44,8 Min. den dritten Platz belegte. Ein Jahr später verbesserte er bei den Bislett-Games in Oslo den Weltrekord über 800 m auf 1:42,33 Min. und den Weltrekord über eine Meile auf 3:48,95 Min. Am 1. Juli 1980 lief Sebastian Coe in Oslo mit 2:13,40 Min. einen Weltrekord über 1.000 m. Damit brachte er sich in die Favoritenstellung für die Olympischen Spielen in Moskau über 800 m und 1.500 m. Im Gegensatz zu den amerikanischen und bundesdeutschen Athleten boykottierten die Briten die Olympischen Spiele nicht.

In Moskau war Sebastian Coes größter Rivale sein Landsmann Steve Ovett. Die erste Runde im 800 m-Lauf wurde mit 54,55 Sek. relativ langsam zurückgelegt. Während sich Steve Ovett in der zweiten Runde nach vorn arbeitete, bummelte Sebastian Coe am Ende des Feldes. 80 m vor dem Ziel setzte Steve Ovett zum Spurt an. Sebastian Coe rollte jetzt das Feld von hinten auf, konnte Steve Ovett aber nicht mehr erreichen. Ihm blieb mit fünf Zehntelsekunden Rückstand nur die Silbermedaille. Er hatte sich verzockt. Über 1.500 m hatte Sebastian Coe die Chance auf eine Revanche. Anders als beim 800 m-Lauf machte Sebastian Coe nicht den Fehler, am Ende des Feldes zu laufen, sondern reihte sich hinter dem führenden DDR-Läufer Jürgen Straub auf dem zweiten Platz ein. Steve Ovett ließ zu den beiden eine Lücke. Dies nutzte Sebastian Coe und spurtete entschlossen zum Sieg vor Jürgen Straub und Steve Ovett.

Nur wenige Tage nach den Olympischen Spielen unterstrich Sebastian Coe seine gute Form und stellte am 15. August beim Abendsportfest in Zürich mit 3:32,03 Min. einen neuen Weltrekord über 1.500 m auf. Damit befand er sich im Besitz der Weltrekorde über alle vier Mittelstrecken. Am 10. Juni 1981 steigerte Sebastian Coe in Florenz den Weltrekord über 800 m auf damals kaum für möglich gehaltene 1:41,73 Min. Dieser Weltrekord hatte 16 Jahre Bestand. Wer sollte ihn bei den ein Jahr später stattfindenden Europameisterschaften in Athen schlagen? Zu seinem Entsetzen wurde er jedoch von dem international kaum bekannten Deutschen Hans-Peter Ferner geschlagen. Ferner nutzte das langsame Rennen, um im entscheidenden Moment zum Spurt anzusetzen und Coe zu distanzieren. Sebastian Coe musste auf seiner Paradestrecke wie in Moskau eine bittere Niederlage einstecken. An den ersten Weltmeisterschaften 1983 in Helsinki nahm er wegen einer Infektionskrankheit nicht teil.

Bei den Olympischen Spielen 1984 in Los Angeles gehörte Sebastian Coe erneut zu den Favoriten über beide Mittelstrecken. Über 800 m ergriff der Brasilianer Joaquim Cruz am Beginn der Zielgerade die Initiative und begann zu spurten. Der überraschte Sebastian Coe versuchte, ihm zu folgen, musste aber erkennen, dass er Joaquim Cruz an diesem Tag nicht besiegen konnte, und sicherte sich die Silbermedaille.

Im 1.500 m-Lauf hatte Sebastian Coe das Renngeschehen jederzeit im Blick. In der letzten Runde ließ er sich nicht mehr von der auf der Gegengeraden eroberten Spitze verdrängen und spurtete zu einem ungefährdeten Sieg in neuer olympischer Rekordzeit von 3:32,53 Min. 1986 bei den Europameisterschaften in Stuttgart war er endlich auch über 800 m erfolgreich. Er gewann den Titel vor seinen Landsleuten Tom McKean und Steve Cram. Über 1.500 m drehte Steve Cram den Spieß um und verwies Sebastian Coe auf den zweiten Platz. Für die Olympischen Spiele 1988 in

Seoul konnte sich Sebastian Coe nicht mehr qualifizieren und beendete 1990 seine großartige Karriere.

Nach seiner sportlichen Karriere wechselte Sebastian Coe in die Politik und wurde Abgeordneter des Unterhauses. Nach seinem Ausscheiden aus dem Unterhaus ernannte ihn die Queen zum Lord, wodurch er Mitglied des Oberhauses wurde. 2005 wurde er mit dem Vorsitz des Organisationskomitees für die Olympischen Spiele 2012 in London beauftragt. 2015 wählten ihn die Delegierten zum Präsidenten der IAAF. Im September 2019 und im August 2023 wurde er wiedergewählt.

RYAN CROUSER

Ryan Crouser wurde am 18. Dezember 1992 in Boring, Oregon/USA geboren. Er gilt derzeit als bester Kugelstoßer der Welt. 2009 machte Ryan Crouser zum ersten Mal auf sich aufmerksam, als er bei den U 18-Weltmeisterschaften in Brixen den Titel im Kugelstoßen und im Diskuswurf die Silbermedaille gewann.

Bei den US-Trials 2016 qualifizierte sich Ryan Crouser im Kugelstoßen für die Olympischen Spiele in Rio de Janeiro. In Rio de Janeiro eröffnete der Amerikaner Joe Kovacs mit 21,78 m den Wettbewerb. Ryan Crouser steigerte sich über 22,22 m auf den neuen olympischen Rekord von 22,52 m und gewann vor Joe Kovacs die Goldmedaille. Der Neuseeländer Tom Walsh gewann Bronze. Alle drei Medaillengewinner sind Drehstoßtechniker, was zu beweisen scheint, dass den Drehstoßtechnikern, wenn sie die Technik beherrschen, wohl die Zukunft gehört.

Im Vorfeld der Weltmeisterschaften in Doha verbesserte sich Ryan Crouser auf 22,74 m. Bei den Weltmeisterschaften gab es einen an Spannung kaum zu überbietenden Wettbewerb. Der Sieger und der Dritte lagen nur einen Zentimeter auseinander. Joe Kovacs wurde mit 22,91 m Weltmeister vor Ryan Crouser mit 22,90 m und Tom Walsh mit 22,90 m. Ryan Crouser bekam die Silbermedaille, weil sein zweitbester Stoß weiter war als der zweitbeste Stoß von Tom Walsh.

Am 24. Januar 2021 verbesserte Ryan Crouser in Fayetteville den Hallen-Weltrekord auf 22,82 m. Dem ließ er am 18. Juni 2021 bei den US-Trials in Eugene den Freiluft-Weltrekord von 23,37 m folgen. Er verbesserte den 31 Jahre alten Weltrekord seines Landsmanns Randy Barnes um 25 Zentimeter. Bei den Olympischen Spielen in Tokio waren die Protagonisten Ryan Crouser, Joe Kovacs und Tom Walsh wieder unter sich. Ryan Crouser begann den Wettbewerb mit einem Stoß auf 22,83 m, dem er 22,93 m folgen ließ. Joe Kovacs kam im vierten Versuch auf 22,65 m. Im sechsten Versuch verbesserte sich Tom Walsh auf 22,47 m. Ryan Crouser aber schloss den Wettkampf mit dem weitesten Stoß des Tages ab. Erst bei dem neuen olympischen Rekord von 23,30 m schlug seine Kugel in den Rasen. Ryan Crouser gewann zum zweiten Mal die olympische Goldmedaille.

Bei den Weltmeisterschaften 2022 in Eugene kam es zum erwarteten Duell mit dem amtierenden Weltmeister Joe Kovacs. Ryan Crouser führte lange das Feld an. Im fünften Versuch übernahm Joe Kovacs mit einem Stoß auf 22,89 m die Spitze. Ryan Crouser konterte jedoch umgehend mit einem Stoß auf 22,94 m und gewann damit erstmals den Weltmeister-Titel. Bei einem Sportfest in Los Angeles verbesserte er am 27. Mai 2023 seinen eigenen Weltrekord auf 23,56 m. Bei seinem erneuten Titelgewinn bei den Weltmeisterschaften in Budapest verfehlte Ryan Crouser seinen Weltrekord nur um fünf Zentimeter.

BETTY CUTHBERT

Betty Cuthbert gewann vier olympische Goldmedaillen und ist damit die erfolgreichste australische Leichtathletin.

Sie wurde am 20. April 1938 in Sydney geboren und begann auf der High School mit der Leichtathletik. Am 16. September 1956 ließ sie die Leichtathletik-Welt aufhorchen, als sie in Perth den Weltrekord über 200 m auf 23,2 Sek. verbesserte. Zehn Wochen später avancierte die 18-Jährige bei den Olympischen Spielen in Melbourne mit drei Goldme-

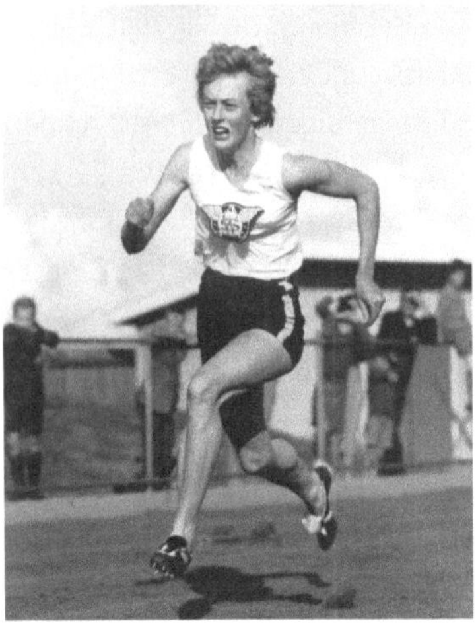

daillen zu einem der großen Stars der Spiele. Im Finale des 100 m-Laufs nutzte Betty Cuthbert den schlechten Start der Geheimfavoritin, der DDR-Sprinterin Christa Stubnick, aus, beschleunigte auf den ersten 40 m enorm und ließ der am Schluss heranfliegenden Christa Stubnick keine Chance. Im 200 m-Lauf wurde Christa Stubnick die Außenbahn zugelost. Betty Cuthbert ging auf Bahn fünf die ersten 100 m schnell an, schloss zu Christa Stubnick auf und bog als Erste auf die Zielgerade. Christa Stubnick versuchte verzweifelt, den Abstand zu der wie entfesselt laufenden Betty Cuthbert zu verringern. Ohne Erfolg. Betty Cuthbert gewann mit drei Zehntelsekunden Vorsprung ihre zweite Goldmedaille, Christa Stubnick ihre zweite Silbermedaille. In der 4 x 100 m-Staffel liefen die australische und die deutsche Staffel im Vorlauf mit 44,9 Sek. Weltrekord. Man stellte sich auf einen spannenden Zweikampf zwischen diesen beiden Staffeln ein. Im Finale kam es jedoch ganz anders. Während die deutsche Staffel wegen schlechter Wechsel abgeschlagen Letzte wurde, führte Betty Cuthbert die australische Staffel zur Goldmedaille und mit 44,5 Sek. zu einem neuen Weltrekord. Betty Cuthbert, die Schnelligkeit mit vollendeter Anmut verband, wurde „Königin der Spiele" genannt.

Bei den Commonwealth Games in Cardiff gewann sie 1958 die Silbermedaille über 220 y und mit der 4 x 110 y-Staffel. 1959 tauchte Betty Cuthbert auf der langen Sprintstrecke auf und verbesserte zweimal den Weltrekord über 440 y auf zuletzt 54,3 Sek. Ein Jahr später verbesserte sie am 7. März 1960 in Hobart den Weltrekord über 220 y auf 23,5 Sek. Bei den Olympischen Spielen in Rom verletzte sie sich im Vorlauf des 100 m-Wettbewerbs und konnte für den Rest der Spiele nicht mehr an den Start gehen. Bei den Commonwealth Games 1962 in Perth gewann Betty Cuthbert mit der australischen 4 x 110 Yards-Staffel die Goldmedaille. Über 220 y war sie als Fünfte chancenlos. 1963 schien sie sich wieder an ihre Leistungen auf der langen Sprintstrecke zu erinnern. Sie verbesserte wie im Jahre 1959 zweimal den Weltrekord über 440 y auf zuletzt 53,3 Sek. Bei den Olympischen Spielen 1964 in Tokio gewann Betty Cuthbert die Goldmedaille über 400 m mit zwei Zehntelsekunden Vorsprung vor der Britin Ann Packer. Damit hatte sie die Goldmedaille auf allen Sprintstrecken gewonnen. Den Weltrekord der Nordkoreanerin Sin Kim Dan verfehlte sie nur um eine Zehntelsekunde. Danach beendete sie ihre Karriere.

1979 erkrankte die 41-jährige Betty Cuthbert an multipler Sklerose. Die einstmals schnellste Frau der Welt landete im Rollstuhl. Bei den Olympischen Spielen 2000 trug sie bei der Eröffnungsfeier die olympische Fackel im Rollstuhl ins Stadion. Am 6. August 2017 erlag Betty Cuthbert nach 38 Jahren ihrer Krankheit.

IVO VAN DAMME

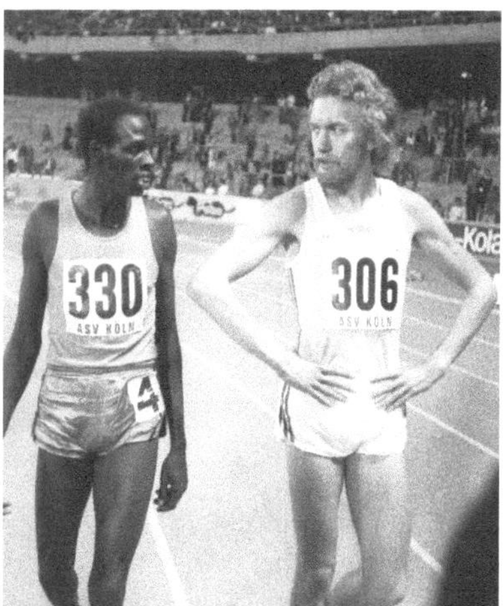

Ivo van Damme wurde am 21. Februar 1954 in Brüssel geboren. Mit 16 Jahren wechselte er vom Fußball zur Leichtathletik. 1974 wurde er bei den Hallen-Europameisterschaften in Kattowitz Zweiter über 800 m. Zwei Jahre später gewann er bei den Hallen-Europameisterschaften in München den Titel über diese Strecke und wurde als einer der Favoriten für die Olympischen Spiele in Montreal gehandelt.

Im 800 m-Lauf lag das Feld bis zur 500 m-Marke zusammen. Dann ging der Kubaner Alberto Juantorena entschlossen an die Spitze. Der Amerikaner Rick Wohlhuter heftete sich an seine Fersen und bog hinter Juantorena als Zweiter auf die Zielgerade ein, konnte ihn aber nicht mehr erreichen. Rick Wohlhuter sah wie der sichere Zweite aus, wurde aber auf den letzten Metern von Ivo van Damme abgefangen. Die Zeit des Belgiers von 1:43,86 Min. ist heute noch belgischer Rekord.

Im 1.500 m-Lauf waren der Neuseeländer John Walker, der Amerikaner Rick Wohlhuter und nach seinem starken Auftritt über 800 m Ivo van Damme die Favoriten. Im Finale führte der Ire Eamonn Coghlan lange das Feld an. 250 Meter vor dem Ziel zog John Walker den Spurt an und übernahm die Führung, gefolgt von Ivo van Damme und Eamonn Coghlan. Diese Führung verteidigte John Walker bis ins Ziel. Ivo van Damme behauptete den zweiten Platz vor dem Deutschen Paul Heinz Wellmann.

Dem 22-jährigen Ivo van Damme sagte man nach den beiden gewonnenen Silbermedaillen eine große Zukunft voraus. Dazu kam es jedoch nicht. Ivo van Damme verunglückte am 29. Dezember 1976 mit seinem Auto auf der Rückfahrt von einem Trainingslager in Südfrankreich tödlich. An ihn erinnert das jährlich in Brüssel stattfindende „Ivo van Damme-Memorial".

GLENN DAVIS

Glenn Davis wurde am 12. September 1934 in Wellsburg, West Virginia/USA geboren. Er begann seine sportliche Karriere als Footballspieler und wechselte dann zur Leichtathletik. Dort spezialisierte er sich auf die lange Hürdenstrecke.

Bei den US-Trials in Los Angeles lief er am 29. Juni 1956 mit 49,5 Sek. einen neuen Weltrekord über 400 m Hürden und damit als erster Mensch über diese Strecke schneller als 50 Sekunden. Damit war er haushoher Favorit für die Goldmedaille bei den Olympischen Spielen in Melbourne. In den Vorläufen war sein Landsmann Josh Culbreath der Schnellste, nach dem Halbfinale der 18-jährige Eddie Southern. Im Endlauf zeigte sich jedoch, dass Glenn Davis sein wahres Können in den Vorentscheidungen nicht gezeigt hatte. Glenn Davis wurde mit einem Vorsprung von sieben Zehntelsekunden überlegen Olympiasieger vor Eddie Southern. Josh Culbreath komplettierte das rein amerikanische Podest.

Bei den amerikanischen Meisterschaften in Bakersfield verbesserte Glenn Davis am 20. Juni 1958 den Weltrekord über 440 y Hürden auf 49,9 Sek. Zwei Monate später steigerte er seinen Weltrekord über 400 m Hürden in Budapest auf 49,2 Sek. Bei den Olympischen Spielen 1960 in Rom erreichte Glenn Davis mühelos den Endlauf, in dem er das Rennen zügig anging. Der Deutsche Helmut Janz fasste sich ein Herz und heftete sich an seine Fersen. Auf der Zielgeraden lag Glenn Davis deutlich in Front vor seinem Landsmann Dick Howard. Helmut Janz sah lange wie der Bronzemedaillengewinner aus, wurde nach der letzten Hürde aber noch von dem Amerikaner Clifton Cushman niedergerungen und belegte trotz des neuen Europarekords von 49,9 Sek. nur den vierten Platz. Glenn Davis gewann mit einer Zeit von 49,3 Sek., die nur eine Zehntelsekunde über seinem Weltrekord lag, die Goldmedaille. Wie in Melbourne standen nur US-Boys auf dem „Treppchen". Clifton Cushman fiel 1966 als Soldat im Vietnamkrieg.

Glenn Davis wurde auch als dritter Läufer in der 4 x 400 m-Staffel der USA eingesetzt. Nachdem seine Staffelkameraden Yerman und Young einen Vorsprung herausgelaufen hatten, hielt er diesen Vorsprung souverän und übergab den Staffelstab mit fünf Metern Vorsprung an den 400 m-Olympiasieger Otis Davis, der gegen den heranstürmenden Carl Kaufmann zwar etwas Boden verlor, die amerikanische Staffel aber in Weltrekordzeit von 3:02,2 Min. zum Sieg führte. Die deutsche Staffel gewann in neuer Europarekordzeit von 3:02,7 Min. die Silbermedaille. Nach dieser dritten Goldmedaille beendete Glenn Davis seine Leichtathletik-Karriere und spielte noch ein Jahr als Footballspieler, bevor er Ende 1961 dem Sport ade sagte.

Glenn Davis starb am 28. Januar 2009 in Barberton, Ohio/USA.

GAIL DEVERS

Gail Devers gewann drei Weltmeister-Titel über 100 m Hürden, aber keine olympische Medaille in dieser Disziplin. Die gewann sie im Sprint.

Gail Devers wurde am 19. November 1966 in Seattle geboren. 1988 qualifizierte sie sich über 100 m Hürden für die Olympischen Spiele in Seoul, schied dort aber im Halbfinale aus. Danach wurde es drei Jahre wegen gesundheitlicher Probleme ruhig um sie. Bei den Weltmeisterschaften 1991 in Tokio tauchte sie wieder auf und gewann hinter der Russin Ludmilla Naroschilenko die Silbermedaille. Ein Jahr später bei den Olympischen Spielen in Barcelona war sie die Favoritin über 100 m Hürden.

Vor dem Hürdenlauf ging sie aber über 100 m an den Start. Das 100 m-Finale von Barcelona war wohl das knappste Finale der olympischen Geschichte. Fünf Sprinterinnen lagen nur sechs Hundertstelsekunden auseinander. Gail Devers gewann überraschend mit einer Hundertstelsekunde Vorsprung vor der Jamaikanerin Juliet Cuthbert. Über 100 m Hürden fand Gail Devers wie erwartet am schnellsten ihren Rhythmus und führte ab der fünften Hürde das Rennen an. An der neunten Hürde lag Gail Devers zwei Meter vor der Griechin Paraskevi Patoulidou. Das Schicksal ereilte Gail Devers an der letzten Hürde. Sie trat in die Hürde, geriet ins Straucheln und stürzte ins Ziel. Sie verlor dadurch nicht nur die Goldmedaille, sondern fiel auch aus den Medaillenrängen. Statt der erhofften zweiten Goldmedaille blieb ihr nur der fünfte Platz.

Der ersehnte Doppelschlag gelang Gail Devers bei den Weltmeisterschaften 1993 in Stuttgart, wo sie sowohl über 100 m als auch über 100 m Hürden den Titel gewann. Auch zwei Jahre später bei den Weltmeisterschaften in Göteborg gewann sie den Titel über 100 m Hürden. Sie war zu dieser Zeit unumstritten die beste Hürdenläuferin der Welt.

Bei den Olympischen Spielen 1996 in Atlanta hatten die Zuschauer den Eindruck, dass sich das Geschehen von Barcelona zu wiederholen schien. Über 100 m kam Gail Devers am schnellsten aus den Startblöcken und baute ihren Vorsprung bis zur Hälfte des Rennens aus. Dann flogen die Jamaikanerin Merlene Ottey und die Amerikanerin Gwen Torrence mit gewaltigem Speed heran. Gleichauf und mit exakt gleicher Zeit passierten Gail Devers und Merlene Ottey die Ziellinie. Mit bloßem Auge schien Merlene Ottey die Nase vorn gehabt zu haben. Das Zielfoto sah jedoch Gail Devers vorn. Sie wiederholte damit ihren Triumph von Barcelona. Anders als beim 100 m-Lauf kam Gail Devers im 100 m Hürden-Lauf nicht so explosiv aus dem Startblock wie bei ihr gewohnt. Hinzu kam, dass sie hinter der Hürde nicht schnell genug Bodenkontakt bekam, was zur Folge hatte, dass der Lauf nicht flüssig wirkte. Mit einer Hundertstelsekunde Rückstand verpasste die hohe Favoritin die Medaillenränge. Gail Devers blieb in olympischen Hürdenrennen die Unvollendete. Sie entschädigte sich jedoch mit der Goldmedaille als Mitglied der 4 x 100 m-Staffel der USA.

Ein Jahr später bei den Weltmeisterschaften in Athen wurde Gail Devers nur in der Staffel eingesetzt und gewann dort den Weltmeister-Titel. 1999 gewann sie bei den Weltmeisterschaften in Sevilla erneut den Titel über 100 m Hürden. Wie in Barcelona trat Gail Devers bei den Olympischen Spielen 2000 in Sydney im Halbfinale in eine Hürde, geriet aus dem Rhythmus und schaffte die nächste Hürde nicht mehr. Bei den Weltmeisterschaften 2001 in Edmonton gewann Gail Devers noch einmal eine Silbermedaille über 100 m Hürden. Ihr Versuch, als 37-Jährige bei den Olympischen Spielen 2004 über 100 m und 100 m Hürden noch einmal eine Medaille zu gewinnen, scheiterte kläglich. Sie schied jeweils in den Vorläufen aus und beendete danach ihre Karriere.

Neben ihren drei olympischen Goldmedaillen und fünf Weltmeister-Titeln im Freien wurde Gail Devers auch viermal Hallen-Weltmeisterin, dreimal über 60 m und einmal über 60 m Hürden.

TIRUNESH DIBABA

Tirunesh Dibaba wurde am 1. Juni 1985 in Bekoji/Äthiopien geboren. 2002 hörte man erstmalig von ihr, als die 17-Jährige bei den Crosslauf-Weltmeisterschaften in Dublin im Juniorinnen-Rennen ebenso den zweiten Platz belegte wie mit der Mannschaft Äthiopiens. Ein Jahr später gewann sie in Lausanne sowohl den Juniorinnen-Titel im Einzel als auch mit der Mannschaft. Im selben Jahr wurde sie in Paris Weltmeisterin über 5.000 m. 2004 gewann sie bei den Olympischen Spielen in Athen hinter ihrer Landsfrau Meseret Defar und der Kenianerin Isabella Ochichi die Bronzemedaille über 5.000 m.

Nachdem sie Anfang 2005 in Boston mit 14:32,93 Min. einen neuen Hallenweltrekord über 5.000 m aufgestellt hatte, gewann sie kurz darauf bei den Crosslauf-Weltmeisterschaften auf der Pferderennbahn im französischen Saint-Galmier den Titel über die Kurzstrecke und die Langstrecke und gewann auch mit Äthiopien jeweils die Mannschaftswertung. Im Sommer desselben Jahres wurde sie in Helsinki Weltmeisterin über 5.000 m und 10.000 m. 2006 gewann sie im japanischen Fukuoka erneut auf der Langstrecke den Crosslauf-Weltmeister-Titel. Auch bei den Weltmeisterschaften 2007 in Osaka gewann Tirunesh Dibaba den Titel über 10.000 m. Die große Favoritin für die olympischen Langstreckenrennen in Peking stand fest.

Das olympische 5.000 m-Rennen begann sehr langsam. Die ersten 1.000 m wurden in 3:40 Min. zurückgelegt, ein Tempo, das auch Amateurinnen nicht schreckt. Auf dem letzten Kilometer sorgte die in Äthiopien geborene Türkin Elvan Abeylegesse für ein schnelles Tempo. Ab der letzten Runde ergriff Tirunesh Dibaba die Initiative und zog einen langen Spurt an. Niemand war mehr in der Lage, ihr zu folgen. Mit 15 m Vorsprung lief Tirunesh Dibaba zur Goldmedaille. Die zweitplatzierte Türkin Elvan Abeylegesse wurde des Dopings überführt und ihr die Silbermedaille aberkannt. Im 10.000 m-Rennen sorgte die Niederländerin Lornah Kiplagat für ein hohes Anfangstempo, das das Feld auseinanderriss. Nach 6.000 m verließen sie die Kräfte und Tirunesh Dibaba übernahm die Führung. Ab dem siebten Kilometer verschärfte Tirunesh Dibaba das Tempo so sehr, dass ihr nur noch die Türkin Elvan Abeylegesse folgen konnte. In der letzten Runde hatten diese beiden Läuferinnen einen Vorsprung von mehr als 20 Sekunden. Das Rennen endete wie das 5.000 m-Rennen. Dem Schlussspurt von Tirunesh Dibaba war auch Elvan Abeylegesse nicht gewachsen. Tirunesh Dibaba gewann ihre zweite Goldmedaille. Elvan Abeylegesse wurde auch in diesem Rennen disqualifiziert.

Im selben Jahr verbesserte Tirunesh Dibaba bei den Bislett-Games in Oslo den 5.000 m-Weltrekord auf 14:11,15 Min. 2009 steigerte sie in Nijmegen den Weltrekord im 15 km-Straßenlauf um 27 Sekunden auf 46:28 Min. In den folgenden Jahren hatte sie mit einer hartnäckigen Sprunggelenksverletzung zu kämpfen. Bei den Olympischen Spielen 2012 in London war sie jedoch wieder in Topform.

Im 10.000 m-Lauf bildete sich ab 6.000 m eine siebenköpfige Spitzengruppe, in der sich drei Kenianerinnen und drei Äthiopierinnen befanden. 600 m vor dem Ziel ging Tirunesh Dibaba an die Spitze und forcierte enorm das Tempo. Nur die Kenianerinnen Vivian Cheruiyot und Sally Kipyego konnten ihr einigermaßen folgen. Tirunesh Dibaba konnte den Abstand zu ihren Verfolgerinnen jedoch ständig vergrößern und passierte mit einem Vorsprung von mehr als fünf Sekunden die Ziellinie. Sieben Tage später fand der 5.000 m-Lauf statt. Nachdem das Rennen zunächst langsam begonnen hatte, übernahm Tirunesh Dibaba vier Runden vor Schluss die Führungsarbeit und verschärfte das Tempo. Nun lagen sechs Ostafrikanerinnen und die Britinnen Joanne Pavey und Julia Bleasdale an der Spitze. 450 m vor dem Ziel wurde das Tempo noch einmal deutlich schneller. Nun mussten auch die Britinnen abreißen lassen. Eingangs der Zielgeraden lag Tirunesh Dibaba an der Spitze. 70 m vor dem Ziel ging Meseret Defar an Tirunesh Dibaba vorbei. Auch die Weltmeisterin Vivian Cheruyiot hatte noch genügend Speed, um an Tirunesh Dibaba vorbeizuziehen, der die Bronzemedaille blieb.

Ein Jahr später bei den Weltmeisterschaften in Moskau gewann Tirunesh Dibaba zum dritten Mal den Titel über 10.000 m. Bei den Olympischen Spielen 2016 in Rio de Janeiro fand ein 10.000 m-Lauf statt, bei dem fünf Läuferinnen unter 30 Minuten blieben.

Nachdem das Rennen schon schnell begonnen hatte, übernahm die Äthiopierin Almaz Ayana zwölf Runden vor Schluss resolut die Spitze und schlug ein Höllentempo an. Mit 70iger-Rundenzeiten verabschiedete sie sich vom Rest des Feldes. Eingangs der letzten Runde hatte Almaz Ayana einen Vorsprung von 100 Metern vor Vivian Cheruyiot. Weitere 70 Meter zurück lag Tirunesh Dibaba. Almaz Ayana verbesserte den Weltrekord um mehr als 14 Sekunden. Obwohl Tirunesh Dibaba mit 29:42,56 Min. die schnellste Zeit ihres Lebens lief, blieb ihr nur die Bronzemedaille. Über 5.000 m ging Tirunesh Dibaba nicht an den Start.

Bei den Weltmeisterschaften 2017 in London gewann Tirunesh Dibaba hinter der erneut überlegen siegenden Almaz Ayana die Silbermedaille über 10.000 m. Vor den Weltmeisterschaften hatte sie auch beim London-Marathon den zweiten Platz belegt. Dabei lief sie mit 2:17:56 Std. die drittschnellste Zeit aller Zeiten. Im Oktober 2017 gewann sie den Chicago-Marathon.

Im Mai 2018 gewann sie zum fünften Mal den Great Manchester Run. Danach wurde es still um sie. Tirunesh Dibaba ist mit dem Langstreckenläufer Sileshi Sihine verheiratet. Ihre jüngere Schwester Genzebe Dibaba hielt mehrere Jahre den Weltrekord über 1.500 m.

MILDRED DIDRIKSON

Nach Auskunft von Guiness World Records ist Mildred Didrikson neben Charlotte Dod die vielseitigste Sportlerin der Geschichte. In das Gedächtnis der Sportwelt hat sie sich als Leichtathletin eingebrannt.

Mildred Ella „Babe" Didrikson Zaharias wurde am 26. Juni 1911 in Port Arthur, Texas/USA geboren. Bei den US-Meisterschaften 1932 in Evanston, Illinois startete Mildred Didrikson in acht Wettbewerben und siegte sechsmal. Ihre Vielseitigkeit bewies sie auch, als sie sich für drei Wettbewerbe der Olympischen Spiele 1932 in Los Angeles qualifizierte. Bereits im Vorlauf über 80 m Hürden lief Mildred Didrikson Weltrekord. Diesen Weltrekord verbesserte sie im Endlauf noch einmal, als sie ihre Landsfrau Evelyne Hall besiegte und die Goldmedaille gewann.

Im Hochsprung überquerte Mildred Didrikson wie ihre Landsfrau Jean Shiley die neue Weltrekord-Höhe von 1,65 m. Mildred Didrikson sprang eine Art Tauchroller, den die Kampfrichter zunächst nicht beanstandeten. Erst nachdem beide Springerinnen in einem Stichkampf sogar 1,67 m bezwungen hatten, erklärten die Kampfrichter den Tauchroller für unzulässig und sprachen Jean Shiley den Olympiasieg zu. Mildred Didrikson blieb nur die Silbermedaille, weshalb sie die Welt nicht mehr verstand. Wenn der Tauchroller wirklich regelwidrig war, hätte ihr auch die Silbermedaille aberkannt werden müssen, da sie in diesem Stil den gesamten Wettkampf bestritt. Die IAAF erkannte die mit dem (unzulässigen) Tauchroller erzielten 1,65 m als Weltrekord an.

Im Speerwerfen kam es zu einem Dreikampf zwischen Mildred Didrikson und den beiden Deutschen Tilly Fleischer und Ellen Braumüller. Gleich im ersten Versuch warf Mildred Didrikson den Speer auf die neue olympische Rekordweite von 43,69 m. So sehr sie sich auch bemühten, gelang es den beiden Deutschen nicht, die Amerikanerin zu übertreffen, und sie mussten ihr die Goldmedaille überlassen.

Neben der Leichtathletik betrieb Mildred Didrikson, die den Spitznamen „Babe" trug, weil ihre Wurfkraft an den Baseballspieler Babe Ruth erinnerte, zehn weitere Sportarten, darunter Tennis, Golf, Fechten, Schießen, Reiten und Eisschnelllauf. Im Golf spielte sie so gut, dass sie mit den Profis mithalten konnte und dreimal die US-Open gewann. 1954 gewann sie, bereits schwer an Krebs erkrankt, zum letzten Mal die US-Open.

Am 27. September 1956 erlag Mildred Didrikson ihrem Krebsleiden. Mehr als 60 Jahre nach ihrem Tod verlieh ihr Präsident Donald Trump posthum die Presidential Medal of Freedom, die höchste zivile Auszeichnung der Vereinigten Staaten.

HARRISON DILLARD

William Harrison „Bones" Dillard wurde am 8. Juli 1923 in Cleveland, Ohio/USA geboren. Am 8. Juni 1946 verbesserte Harrison Dillard den Weltrekord über 220 y Hürden in Delaware auf 22,5 Sek. Ein gutes Jahr später lief er in Salt Lake City über diese Strecke 22,3 Sek. Am 17. April 1948 verbesserte er auch über 120 y Hürden in Lawrence den Weltrekord auf 13,6 Sek. und avancierte durch diese Leistung zum Favoriten für die Olympischen Spiele in London. Harrison Dillard hatte ununterbrochen 82mal in Folge über 110 m Hürden gesiegt. Diese Serie riss ausgerechnet bei den US-Trials. Im Endlauf trat Dillard gegen die sechste Hürde, verlor den Rhythmus, stoppte an der siebten Hürde ab und verließ die Bahn. Sein Traum vom Olympiasieg über 110 m Hürden endete in dieser Minute. Dennoch konnte sich Harrison Dillard für die Olympischen Spiele qualifizieren, weil er über 100 m Dritter wurde. So blieb ihm auch die Chance auf einen Einsatz in der favorisierten US-Staffel.

In London siegte Dillard in allen Vorentscheidungen über 100 m. Die beste Zeit lief jedoch mit 10,4 Sek. sein Landsmann Melvin Patton. Harrison Dillard startete im Finale auf der Außenbahn. Als der Amerikaner Norwood Ewell ins Ziel lief, hielt er sich für den Sieger. Den tatsächlichen Sieger, Harrison Dillard, der mit 10,3 Sek. die Goldmedaille gewann, hatte er während des ganzen Rennens nicht gesehen. Ewell wurde mit einer Zeit von 10,4 Sek. Zweiter. Der favorisierte Melvin Patton belegte sogar nur den fünften Platz. Beim Endlauf über 110 m Hürden musste Harrison Dillard auf der Tribüne zusehen, wie sein Landsmann William Porter mit 13,9 Sek. die Goldmedaille gewann, einer Zeit, die drei Zehntelsekunden über Dillards Weltrekord vom April lag. In der 4 x 100 m-Staffel gewann Harrison Dillard mit der US-Staffel seine zweite Goldmedaille. Die Staffel musste allerdings um die Goldmedaille bangen, weil sie zunächst wegen eines angeblichen Wechselfehlers beim ersten Wechsel disqualifiziert worden war. Eine Filmaufnahme bewies jedoch, dass der beanstandete Wechsel korrekt war. Die Disqualifikation wurde rückgängig gemacht.

Wie Gail Devers entschädigte sich Harrison Dillard mehr als 40 Jahre vor ihr mit dem 100 m-Sieg für die verlorene Hürden-Goldmedaille.

Auch bei den Olympischen Spielen 1952 in Helsinki war Harrison Dillard einer der Favoriten über die 110 m Hürden. In einem packenden Finish rang Harrison Dillard den sieben Jahre jüngeren Jack Davis knapp nieder. Für beide wurde der neue olympische Rekord von 13,7 Sek. gestoppt. Harrison Dillard gewann endlich die ersehnte Goldmedaille über 110 m Hürden. Wie in London wurde Harrison Dillard auch in Helsinki in der 4 x 100 m-Staffel der USA eingesetzt und gewann seine insgesamt vierte Goldmedaille.

1956 versuchte Harrison Dillard, sich zum dritten Mal für Olympische Spiele zu qualifizieren, scheiterte jedoch und beendete danach seine Karriere. In den folgenden Jahrzehnten nahm er in seiner Heimatstadt verschiedene Funktionen wahr und starb am 15. November 2019 im Alter von 96 Jahren.

HEIKE DRECHSLER

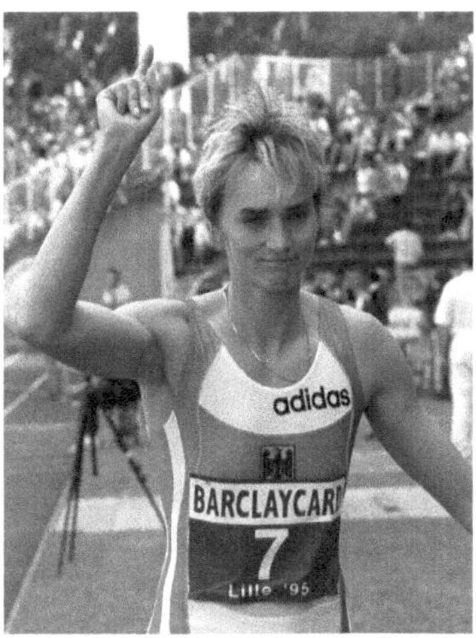

Als Heike Drechsler am 16. Dezember 1964 als Heike Gabriela Daute in Gera geboren wurde, war noch nicht abzusehen, dass sie einmal Legendenstatus erlangen würde. Sie begann mit der Leichtathletik bei BSG Wismut Gera. 1977 wechselte sie zum SC Motor Jena. Hier konzentrierte sie sich auf den Sprint und den Weitsprung. Ihre Liebe gehörte aber auch dem Siebenkampf. Heike Drechsler hat in ihrer Karriere 17 Weltrekorde aufgestellt, die an dieser Stelle nicht alle Erwähnung finden können.

Mit 16 Jahren sprang Heike Daute mit 6,91 m in Jena Junioren-Weltrekord im Weitsprung. Als sie als 18-Jährige mit 7,27 m bei den Weltmeisterschaften in Helsinki den Weltmeister-Titel im Weitsprung gewann, sprach man schon vom neuen Stern am Leichtathletik-Himmel. Zu starker Rückenwind verhinderte, dass diese Leistung als Junioren-Weltrekord anerkannt wurde. Im Olympiajahr 1984 verhinderte der Boykott der Olympischen Spiele durch die Ostblockländer die Möglichkeit, um weitere Medaillen zu kämpfen. Sie nutzte dieses Jahr ohne Saisonhöhepunkt, um den Sohn Andreas ihres Trainers Erich Drechsler zu heiraten.

Bei den Europameisterschaften 1986 in Stuttgart gewann Heike Drechsler die Goldmedaille im 200 m-Lauf und im Weitsprung. Bei ihrem Sieg über 200 m stellte sie mit 21,71 Sek. den Weltrekord ihrer Landsfrau Marita Koch ein. In diesem Jahr wurde Heike Drechsler Weltsportlerin des Jahres. Das Jahr 1987 begann mit Erfolgen in der Halle. Bei den Hallen-Weltmeisterschaften in Indianapolis gewann sie die Titel über 200 m und im Weitsprung. Nicht ganz so erfolgreich war sie bei den im selben Jahr stattfindenden Weltmeisterschaften in Rom, wo sie über 100 m Zweite und im Weitsprung Dritte wurde. Auch bei den Olympischen Spielen in Seoul blieb Heike Drechsler ohne Olympiasieg, wenngleich sie drei Medaillen gewann. Sie wurde über 100 m und 200 m Dritte und Zweite im Weitsprung. In allen Wettbewerben stand ihr die Familie Joyner im Weg. Über 100 m und 200 m war Florence Griffith-Joyner damals unschlagbar. Im Weitsprung befand sich Jackie Joyner-Kersee zum damaligen Zeitpunkt auf dem Höhepunkt ihres Leistungsvermögens.

Bei ihrem letzten Start für die DDR bei einem internationalen Großereignis gewann Heike Drechsler bei den Europameisterschaften 1990 in Split mit 7,30 m den Titel im Weitsprung und wurde Zweite über 200 m. Bei den Weltmeisterschaften 1991 in Tokio verstellte ihr erneut Jackie Joyner-Kersee den Weg zum Weitsprung-Titel. Bei ihren zweiten Olympischen Spielen 1992 in Barcelona war es endlich so weit. Heike Drechsler gewann die ersehnte Goldmedaille im Weitsprung mit 7,14 m vor der Ukrainerin Inessa Kravets und Jackie Joyner-Kersee. Ein Jahr später gewann sie bei den Heim-Weltmeisterschaften in Stuttgart zehn Jahre nach ihrem ersten Titel erneut den Weltmeister-Titel. Heike Drechsler aber blieb hungrig.

Nachdem sie bereits bei den Hallen-Europameisterschaften in Paris erfolgreich war, gewann sie bei den Europameisterschaften 1994 in Helsinki mit 7,14 m, exakt der Weite, die ihr auch den Olympiasieg brachte, den Titel. Am Ende der Saison nahm sie die Gelegenheit zu einer Teilnahme am Siebenkampf im französischen Talence wahr und kam auf die Weltklasseleistung von 6.741 Punkten. Dieser Start blieb aber nur ein Ausflug zum Siebenkampf. Obwohl sie wieder einmal Jackie Joyner-Kersee hinter sich ließ, reichte es bei den Weltmeisterschaften 1997 in Athen nicht zu einer Medaille. In einem Finale mit knappem Ausgang wurde Heike Drechsler im Weitsprung Vierte. Ein Jahr später kehrte sie bei den Europameisterschaften in Budapest auf das Podest zurück. Sie gewann den Titel im Weitsprung. Der Europameister-Titel von Budapest war ihr vierter Europameister-Titel im Weitsprung hintereinander.

1999 war es etwas ruhiger um Heike Drechsler. Bei den Olympischen Spielen 2000 in Sydney kehrte die inzwischen 35-Jährige aber auf die große Bühne zurück. Für alle Beobachter überraschend wurde sie in Sydney mit 6,99 m noch einmal Olympiasiegerin im Weitsprung. Am Ende des Jahres wählten sie die deutschen Sportjournalisten zur Sportlerin des Jahres. 2005 beendete Heike Drechsler ihre Karriere. Auch wenn sie nicht wie Bärbel Wöckel vier Goldmedaillen bei Olympischen Spielen gewann, ist Heike Drechsler die größte deutsche Leichtathletin.

ARMAND DUPLANTIS

Armand Duplantis ist erst 24 Jahre alt. Er hat voraussichtlich eine lange und erfolgreiche Karriere vor sich. Armand Duplantis hat jedoch schon jetzt Leistungen gezeigt und Siege errungen, die ihn bereits heute zu einer Legende machen. Man wird noch Jahrzehnte von diesem großartigen Leichtathleten sprechen.

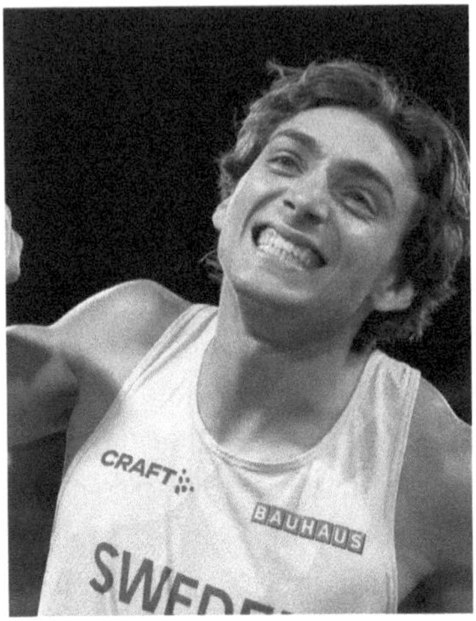

Armand „Mondo" Gustav Duplantis wurde am 10. November 1999 in Lafayette, Louisiana/USA als Sohn einer Schwedin und eines Amerikaners geboren und besitzt deshalb die doppelte Staatsbürgerschaft. Schon mit sieben Jahren begann Armand Duplantis mit dem Stabhochsprung. Als Jugendlicher entschied er sich für ein Startrecht für Schweden.

Bereits mit 15 Jahren sprang er 5,30 m hoch und wurde damit in Cali U 18-Weltmeister. Ein Jahr später wurde er bei den U 20-Weltmeisterschaften in Bydgoszcz mit 5,45 m Dritter. 2017 stellte Armand Duplantis mehrere U 20-Hallen-Weltrekorde auf. Zuletzt steigerte er den Weltrekord auf 5,82 m. Am 1. April 2017 sprang er mit 5,90 m einen neuen U 20-Weltrekord. Im Sommer wurde er mit einer Höhe von 5,65 m in Grosseto U 20-Europameister. Am 25. Februar 2018 sprang der nunmehr 18-Jährige in der Halle 5,88 m und verbesserte erneut den U 20-Hallen-Weltrekord. Im Frühjahr folgten Sprünge über 5,92 m und 5,93 m. Bei den U 20-Weltmeisterschaften gewann Armand Duplantis in Tampere den Titel mit übersprungenen 5,82 m.

Bei den Europameisterschaften in Berlin zeigte er auch bei den Erwachsenen, dass künftig an ihm kein Weg vorbeiführen würde. Er verbesserte dreimal den U 20-Weltrekord und gewann mit einer Höhe von 6,05 m den Europameister-Titel.

2019 belegte Armand Duplantis bei den Weltmeisterschaften in Doha mit 5,97 m den zweiten Platz. Er musste sich dem höhengleichen Amerikaner Sam Kendricks geschlagen geben, der bei gleicher Höhe weniger Fehlversuche hatte. Am 8. Februar 2020 steigerte Armand Duplantis in Torun in der Halle den Weltrekord des Franzosen Renaud Lavillenie um einen Zentimeter auf 6,17 m. Nur sieben Tage später verbesserte er diesen Weltrekord in Glasgow auf 6,18 m. Beim Diamond-League-Meeting in Rom fiel am 17. September auch der 26 Jahre alte Freiluft-Weltrekord von Sergej Bubka. Armand Duplantis steigerte ihn auf 6,15 m. Am Ende des Jahres wurde er zum Welt-Leichtathleten des Jahres gekürt.

2021 gewann er mit 6,05 m den Titel bei den Hallen-Europameisterschaften in Torun. Auch bei den Olympischen Spielen in Tokio war Armand Duplantis nicht zu bezwingen. Bis zur Höhe von 5,97 m bot ihm der Amerikaner Christopher Nilsen die Stirn, musste sich dann aber dem mit 6,02 m siegenden Schweden beugen. Armand Duplantis ließ die neue Weltrekordhöhe von 6,19 m auflegen, scheiterte aber dreimal nur knapp. Diesen Weltrekord holte er am 7. März 2022 in Belgrad nach. Die dort gesprungenen 6,19 m hatten aber nur knapp zwei Wochen Bestand. Bei den Hallen-Weltmeisterschaften in Belgrad fiel die Traummarke von 6,20 m.

Am 24. Juli 2022 gewann Armand Duplantis bei den Weltmeisterschaften in Eugene, Oregon/USA den Titel mit dem neuen Weltrekord von 6,21 m. Drei Wochen später gewann er in München mit 6,06 m den Europameister-Titel mit einem Vorsprung von 21 Zentimetern vor dem Deutschen Bo Kanda Lita Baehre. Als Sahnehäubchen auf diese Erfolge wurde er am 8. September 2022 in Zürich zum zweiten Mal Gewinner der Diamond League. Zum Saisonabschluss 2022 hatte Armand Duplantis mehr als fünfzigmal die Höhe von 6,00 m gemeistert. Am Ende des Jahres wurde Armand Duplantis zum Welt-Leichtathleten des Jahres und gemeinsam mit dem Norweger Jakob Ingebrigtsen zu Europas Leichtathlet des Jahres gekürt.

Am 25. Februar 2023 verbesserte Armand Duplantis bei einem Hallensportfest in französischen Clermont-Ferrand den Weltrekord auf 6,22 m. Danach beendete er die Hallensaison. Wenige Monate später gewann er bei den Weltmeisterschaften in Budapest mit 6,10 m erneut den Weltmeister-Titel. An der neuen Weltrekord-Höhe von 6,23 m scheiterte er nur ganz knapp. Diese Höhe gelang ihm am 15. September beim Diamond

League-Finale in Eugene. Man darf gespannt sein, wie es mit ihm weiter geht. Er hat noch viel Zeit, seine Grenzen zu suchen.

ASHTON EATON

Ashton Eaton wurde am 21. Januar 1988 in Portland, Oregon/USA geboren. Im Jahr 2009 tauchte er in der Weltspitze der Zehnkämpfer auf, als er bei den US-Meisterschaften hinter Trey Hardee den zweiten Platz belegte. Ein Jahr später stellte er bei den NCAA-Meisterschaften mit 6.568 Punkten einen neuen Siebenkampf-Weltrekord in der Halle auf und wurde mit 8.729 Punkten US-Meister im Zehnkampf. Bei den Weltmeisterschaften 2011 in Daegu gewann er hinter seinem Landsmann Trey Hardee die Silbermedaille. Bei den US-Trials 2012 in Eugene, Oregon verbesserte Ashton Eaton den Weltrekord des Tschechen Roman Sebrle auf 9.039 Punkten Herausragend waren seine 100 m-Zeit von 10,21 Sek., sein Weitsprung auf 8,23 m, seine 400 m-Zeit von 46,70 Sek. und sein Stabhochsprung von 5,30 m. Damit war klar, dass bei den Olympischen Spielen in London kein Weg an ihm vorbeiführen würde.

Den Zehnkampf bei den Olympischen Spielen in London dominierte Ashton Eaton wie erwartet. Dabei ragten am ersten Tag besonders seine 10,35 Sek. über 100 m, sein Weitsprung auf 8,03 m und sein 400 m-Lauf unter 47 Sekunden heraus. Nach dem 1. Tag führte Ashton Eaton das Feld mit 4.661 Punkten an. Nach einem Hürdensprint in 13,56 Sek. reichte ihm ein solider zweiter Tag, um mit 8.869 Punkten die Goldmedaille vor Trey Hardee zu gewinnen.

Bei den Weltmeisterschaften 2013 in Moskau gewann Ashton Eaton den Zehnkampf mit 8.809 Punkten vor dem Deutschen Michael Schrader. Zwei Jahre später bei den Weltmeisterschaften in Peking verbesserte er mit 9.045 Punkten seinen eigenen Weltrekord um sechs Punkte. Dabei ragten besonders sein 100 m-Lauf mit 10,23 Sek. und die schnellste jemals in einem Zehnkampf gelaufene 400 m-Zeit von 45,00 Sek. heraus.

Bei den Olympischen Spielen 2016 in Rio de Janeiro gab es einen harten Kopf an Kopf-Wettkampf mit dem Franzosen Kevin Mayer, der erst in der letzten Disziplin entschieden wurde. Ashton Eaton gewann den Zehnkampf mit 8.893 Punkten vor Kevin Mayer mit 8.834 Punkten.

2017 beendete Ashton Eaton gemeinsam mit seiner Ehefrau, der kanadischen Siebenkämpferin Brianne Theisen-Eaton, überraschend im besten Zehnkampf-Alter seine Karriere. Neben seinen zwei Goldmedaillen und zwei Weltmeister-Titeln gewann Ashton Eaton auch zwei Weltmeister-Titel im Siebenkampf in der Halle. Dabei verbesserte er bei seinem Titelgewinn 2012 in Istanbul den Weltrekord im Siebenkampf auf 6.645 Punkten.

JONATHAN EDWARDS

Jonathan Edwards wurde am 10. Mai 1966 in London geboren. In den Blickpunkt der Öffentlichkeit trat er, als er bei den Commonwealth Games 1990 in Auckland die Silbermedaille im Dreisprung errang. Dem folgte ein dritter Platz bei den Weltmeisterschaften 1993 in Stuttgart mit 17,44 m hinter dem Amerikaner Mike Conley Sr. und dem Russen Leonid Woloschin. 1994 wiederholte er seinen zweiten Platz von 1990 bei den Commonwealth Games in Victoria.

Der Durchbruch gelang ihm bei den Weltmeisterschaften 1995 in Göteborg, wo er mit dem neuen Weltrekord von 18,29 m mit großem Vorsprung Weltmeister wurde. Der Weltrekord hat heute noch Bestand. Bereits im ersten Versuch hatte er Geschichte geschrieben, als er mit 18,16 m als erster Mensch im Dreisprung 18 Meter übertraf. Im zweiten Versuch gelang ihm dann der neue Weltrekord. Im Vorfeld dieser Weltmeisterschaften hatte er am 18. Juli 1995 in Salamanca den Weltrekord des Amerikaners Willie Banks um einen Zentimeter gesteigert. Damit galt er als großer Favorit für die Olympischen Spiele 1996 in Atlanta.

Das Finale bei den Olympischen Spielen begann mit einem Paukenschlag. Der Amerikaner Kenny Harrison kratzte gleich im ersten Versuch mit 17,99 m an der 18 m-Marke. Im dritten Versuch verbesserte sich Kenny Harrison auf 18,09 m. Danach war Kenny Harrison mangels Konzentration nicht mehr in der Lage, weiter zu springen. Der große Favorit Jonathan Edwards sprang 17,88 m, musste sich aber hinter dem an diesem Tag überragenden Kenny Harrison mit der Silbermedaille begnügen. Bei den Weltmeisterschaften 1997 in Athen genügte Jonathan Edwards ein Sprung auf 17,69 m nicht, um den Kubaner Yoelbi Quesada von der Spitze zu verdrängen. Erneut musste sich Jonathan Edwards mit dem zweiten Platz begnügen. Ein Jahr später war die europäische Konkurrenz in Budapest nicht in der Lage, Jonathan Edwards den Titel streitig zu machen.

Bei den Weltmeisterschaften 1999 in Sevilla überraschte der Deutsche Charles Friedek die gesamte Dreisprung-Konkurrenz und wurde mit 17,59 m überraschend Weltmeister. Der Bulgare Rostislaw Dimitrow sprang einen Zentimeter weiter als Jonathan Edwards und verwies diesen auf den dritten Platz. Bei den Olympischen Spielen 2000 in Sydney begann der Wettkampf mit einem Sprung des Briten Onochie Achike auf 17,29 m. Im zweiten Versuch wurde Achike sowohl von Jonathan Edwards mit 17,37 m als auch von dem Russen Dennis Kapustin mit 17,46 m überholt. Im dritten Versuch zeigte Jonathan Edwards der Konkurrenz, „wo der Hammer hängt" und verbesserte sich auf 17,71 m. Nur ein Springer vermochte sich nach diesem Sprung noch zu steigern. Der Kubaner Yoel Garcia sprang 17,47 m und gewann hinter Jonathan Edwards die Silbermedaille. Jonathan Edwards war nunmehr Olympiasieger, Weltmeister, Europameister und Inhaber des Weltrekordes.

Bei den Hallen-Weltmeisterschaften 2001 in Lissabon wurde Jonathan Edwards Zweiter, gewann aber im Sommer bei den Weltmeisterschaften in Edmonton erneut den Weltmeister-Titel. Bei den Commonwealth Games 2002 in Manchester gewann Jonathan Edwards nach zwei zweiten Plätzen jetzt endlich auch diesen Titel. Bei den Europameisterschaften im gleichen Jahr in München musste sich Jonathan Edwards sowohl dem neuen schwedischen Star am Dreisprung-Himmel Christian Olsson als auch Charles Friedek geschlagen geben.

Nach einer Knöchelverletzung beendete Jonathan Edwards 2003 seine Karriere.

Jonathan Edwards war 1995 Welt-Leichtathlet des Jahres und Europas Sportler des Jahres. Jonathan Edwards ist Commander of the Order of the British Empire und war neben Sebastian Coe in leitender Funktion im Organisationskomitee für die Olympischen Spiele 2012 in London tätig.

LEE EVANS

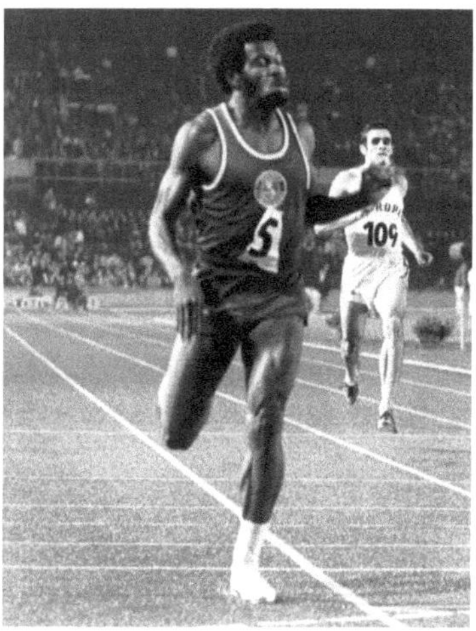

Lee Evans wurde am 25. Februar 1947 in Madera, Kalifornien/USA geboren. Er war Spezialist für die lange Sprintstrecke. Bei den US-Trials in Echo Summit lief Lee Evans am 14. September 1968 44,0 Sek. über 400 m. Diese Leistung wurde aber nicht als Weltrekord anerkannt, weil er mit einem unzulässigen Bürstenschuh gelaufen war. Der von ihm um eine Zehntelsekunde geschlagene Larry James fand als neuer Weltrekordler Eingang in die Rekordlisten, weil er im Gegensatz zu Lee Evans einen herkömmlichen Schuh benutzt hatte. Einen Monat später schrieb Lee Evans Leichtathletik-Geschichte.

Bei den Olympischen Spielen in Mexiko City profitierten die Läufer von der neuen Tartanbahn und der dünnen Höhenluft. Bereits im Halbfinale liefen drei Läufer schneller als 45 Sekunden. Dabei stellte der Deutsche Martin Jellinghaus mit 44,9 Sek. den Europarekord ein. Im Finale fragten sich die Fachleute nur, ob Lee Evans oder Larry James Olympiasieger werden würde. Es wurde das erwartete heiße Duell. Beide Läufer unterboten als erste Menschen die 44-Sekunden-Grenze. Im Ziel schlug Lee Evans mit einer Zehntelsekunde Vorsprung seinen Landsmann und stellte mit 43,8 Sek. einen neuen Weltrekord auf. Dritter wurde ebenfalls ein Amerikaner. Ronald Freeman komplettierte mit 44,4 Sek. das rein amerikanische Podest. Man war nach diesem Rennen gespannt auf die 4 x 400 m-Staffel. Der Weltrekord von Lee Evans hatte fast 20 Jahre Bestand.

Die 4 x 400 m-Staffel war das erwartete begeisternde Rennen. Allerdings stand schon nach dem zweiten Läufer fest, welche Staffel gewinnen würde. Nachdem der Kenianer Charles Asati mit einer Zeit von 44,6 Sek. den Amerikaner Vince Matthews „noch im Griff" hatte, lief Ronald Freeman als zweiter Läufer fliegend unfassbare 43,2 Sek. Larry James und Lee Evans vollendeten dann das Werk. Am Ende stand eine Zeit, die man zuvor nicht für möglich gehalten hatte. Mit 2:56,1 Min. verbesserte die US-Staffel den bis zu diesem Tage gültigen Weltrekord um 3,8 Sekunden. Obwohl die polnische Staffel wie die deutsche Staffel mit 3:00,5 Min. Europarekord lief, blieb sie als Vierte ohne Medaille. Die deutsche Staffel hatte knapp die Nase vorn. Der Weltrekord der USA hatte wie der Weltrekord von Lee Evans 20 Jahre Bestand.

Vier Jahre später qualifizierte sich Lee Evans als Staffelläufer für die Olympischen Spiele in München. Weil aber Vince Matthews und Wayne Collet wegen rüpelhaften Verhaltens bei der Siegerehrung für den 400 m-Lauf von den Spielen ausgeschlossen wurden und sich John Smith im 400 m-Endlauf einen Muskelfaserriss zuzog, hatten die Amerikaner nicht mehr genügend Läufer, um eine Staffel bilden zu können. Lee Evans blieb deshalb ohne Einsatz.

Nach seiner Karriere arbeitete Lee Evans als Trainer und Berater in Nigeria. Dort starb er am 19. Mai 2021, nachdem er wenige Tage zuvor einen Schlaganfall erlitten hatte.

RAY EWRY

Die Leistungen von Ray Ewry liegen schon zu weit zurück, um sich an sie noch erinnern zu können. Er war Anfang des 20. Jahrhunderts der überragende Athlet bei Sprüngen aus dem Stand und gewann wie Usain Bolt acht Goldmedaillen. Damit war er einer der erfolgreichsten Athleten der Olympischen Spiele der Neuzeit.

Raymond Clarence „Ray" Ewry wurde am 14. Oktober 1873 in Lafayette, Indiana/USA geboren. Er nahm an drei Olympischen Spielen 1900, 1904 und 1908 sowie den inoffiziellen Zwischenspielen 1906 in Athen teil. Er startete ausschließlich in den Standsprung-Wettbewerben und beherrschte sie ein Jahrzehnt lang.

Bei den Olympischen Spielen 1900 in Paris, die im Rahmen der Weltausstellung stattfanden, gewann Ray Ewry die Goldmedaille sowohl im Standweitsprung, im Standdreisprung als auch im Standhochsprung. Alle drei Disziplinen wurden an einem Tag ausgetragen. Vier Jahre später bei den ebenfalls innerhalb der Weltausstellung in St. Louis stattfindenden Olympischen Spielen wiederholte er seine Triumphe aus dem Jahr 1900 in allen drei Standsprung-Wettbewerben. In diesem Jahr stellte er im Standweitsprung mit 3,476 m einen Weltrekord auf, der bis 1938 Bestand hatte. Nach dem Ende des Jahres 1938 wurden Standsprung- Wettbewerbe nicht mehr ausgetragen. Nach den Olympischen Spielen 1904 wurde der Standdreisprung aus dem Olympischen Programm gestrichen.

Bei den Zwischenspielen 1906 in Athen, die vom IOC nicht als offizielle Olympische Spiele gezählt werden, gewann Ray Ewry die verbliebenen Standsprung-Wettbewerbe. Auch 1908 fanden die Olympischen Spiele innerhalb einer Ausstellung, nämlich der Franco-Britischen Ausstellung, statt. Ray Ewry ging auch bei diesen Spielen an den Start und gewann die Goldmedaille im Standweitsprung und Standhochsprung. Danach beendete er seine Karriere.

Im Alter erkrankte Ray Ewry schwer an Knochentuberkulose und starb am 29. September 1937 in New York City an einer Lungenentzündung.

MO FARAH

Mohammed „Mo" Farah wurde am 23. März 1983 als Hussein Abdi Kahin in Mogadischu/Somalia geboren. Sein Vater starb im somalischen Bürgerkrieg. Seine Mutter wurde von ihm getrennt. Als er neun Jahre alt war, brachte ihn eine Frau unter dem Namen Mohammed Farah illegal nach Großbritannien, wo er das Feltham Community College besuchte. Als sein Lauftalent über die Langstrecken erkannt wurde, startete er seine Karriere als Langstreckenläufer. Er startete für Großbritannien. Bei den Europameisterschaften 2006 in Göteborg gewann er über 5.000 m die Silbermedaille. Vier Jahre später wurde er in Barcelona Europameister über 10.000 m und Zweiter über 5.000 m.

2011 schloss er sich dem von dem umstrittenen Trainer Alberto Salazar geleiteten Nike Oregon Project in Eugene, Oregon an. Bei den Weltmeisterschaften 2011 in Daegu gewann er den Titel über 5.000 m und wurde knapp geschlagen von dem Äthiopier Ibrahim Jeilan Zweiter über 10.000 m.

Bei den Olympischen Spielen 2012 in London war er hoher Favorit für beide Langstrecken.

Das olympische 5.000 m-Rennen begann langsam. Man bemühte sich, das Tempo niedrig zu halten. Der erste Kilometer wurde in 2:55,40 Min. zurückgelegt, der zweite sogar nur in 3:01,30 Min. Fünfeinhalb Runden vor dem Ziel verschärften die Äthiopier Yebew Alamirew und Dejen Gebremeskel das Tempo. Drei Runden vor Schluss ging Mo Farah an die Spitze. Jetzt wurde das Tempo immer schneller. In der letzten Runde begann Mo Farah zu spurten, doch der Kenianer Thomas Longosiwa ließ sich nicht abschütteln. Auch eingangs der Zielgeraden lag Mo Farah nur knapp vor dem Kenianer. 70 m vor dem Ziel konnte Mo Farah seinen Spurt noch einmal verstärken und gewann die Goldmedaille. Das 10.000 m-Rennen begann ähnlich langsam wie der 5.000 m-Lauf. Ab dem sechsten Kilometer wurde das Rennen schneller. Auf dem letzten Kilometer lagen noch zwölf Läufer zusammen. Jetzt wurde das Tempo enorm verschärft. Zu Beginn der Schlussrunde setzte sich Mo Farah an die Spitze, begann einen langen Spurt und gewann in 27:30,42 Min. seine zweite Goldmedaille vor seinem Trainingspartner Galen Rupp und den Brüdern Bekele. Der letzte Kilometer wurde in 2:28,45 Min. zurückgelegt.

Am 19. Juli 2013 verbesserte Mo Farah in Monaco den Europarekord des Spaniers Fermin Cacho über 1.500 m auf 3:28,81 Min. Bei den Weltmeisterschaften 2013 in Moskau gewann Mo Farah ebenso die beiden Langstrecken wie bei den Weltmeisterschaften 2015 in Peking. Diese Erfolge ließen auch bei den Olympischen Spielen 2016 in Rio de Janeiro einen Doppelsieg Mo Farahs über die Langstrecken erwarten.

Das 5.000 m-Rennen in Rio de Janeiro begann wesentlich schneller als in London. Mo Farah bummelte am Ende des Feldes. Bei 4.000 m kämpfte er sich nach vorn. In der vorletzten Runde setzte sich Joshua Cheptegei aus Uganda an die Spitze und beschleunigte enorm. Zu Beginn der letzten Runde setzten sich der Äthiopier Hagos Gebrhiwet und Mo Farah an die Spitze. Auf der Gegengeraden versuchte Gebrhiwet Mo Farah zu überholen. Der hielt jedoch dagegen und spurtete in seiner typischen Art zum Olympiasieg. Der letzte Kilometer wurde in 2:23,92 Min. gelaufen. Im 10.000 m-Lauf stürzte Mo Farah kurz vor der 5.000 m-Marke, rappelte sich aber auf und setzte das Rennen fort. Auf dem letzten Kilometer ergriff er die Initiative und verschärfte das Tempo. Jetzt konnten ihm nur noch der Kenianer Paul Tanui und die Äthiopier Tamirat Tola und Yigrem Demelash folgen. Auf der Zielgeraden hatte aber keiner der anderen Läufer Mo Farah etwas entgegenzusetzen, der zu seiner zweiten Goldmedaille lief.

Bei den Weltmeisterschaften 2017 in London gewann Mo Farah mit dem neuen britischen Rekord von 26:49,51 Min. den Titel über 10.000 m und wurde hinter dem Äthiopier Mucktar Edris Zweiter über 5.000 m.

2014 gab Mo Farah als Achter des London-Marathons sein Marathon-Debüt. 2018 verbesserte er beim Chicago-Marathon mit 2:05,11 Min. den Europarekord. Für die Olympischen Spiele 2021 in Tokio konnte sich Mo Farah nicht mehr qualifizieren. Neben den bereits geschilderten Titeln wurde Mo Farah noch dreimal Europameister im Freien, zweimal in der Halle und einmal beim Crosslauf.

2017 wurde ihm der Adelstitel „Knight Bachelor" verliehen. Seither darf sich Mo Farah „Sir" nennen. In einer BBC-Dokumentation offenbarte er im Juli 2022, dass er unter falschem Namen in Großbritannien lebt. Die britische Regierung erklärte umgehend, dass dies für ihn keine Konsequenzen habe. Mit einem vierten Platz beim Great North Run in Newcastle/Großbritannien beendete Mo Farah am 10. September 2023 seine großartige Karriere.

ALLYSON FELIX

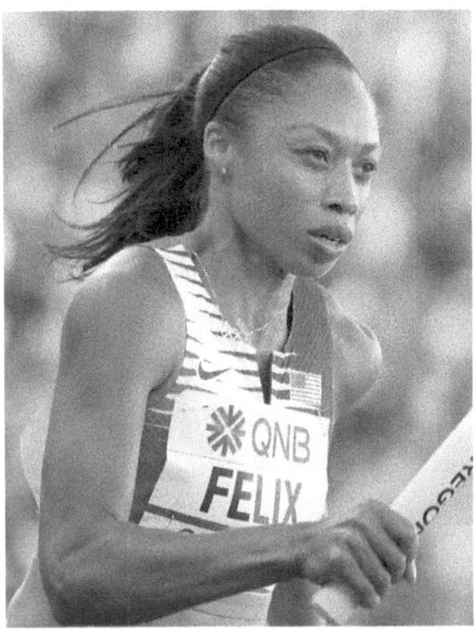

Allyson Felix wurde am 18. November 1985 in Los Angeles, Kalifornien/USA geboren. Auf sich aufmerksam machte sie als 15-Jährige bei den U 18-Weltmeisterschaften im ungarischen Debrecen, wo sie den Titel über 100 m und mit der 4 x 100 m-Staffel gewann. Bei den Olympischen Spielen 2004 in Athen lief die 18-Jährige mit 22,13 Sek. Junioren-Weltrekord und gewann hinter der Jamaikanerin Veronica Campbell-Brown die Silbermedaille. Ein Jahr später gewann sie bei den Weltmeisterschaften in Helsinki den Titel über 200 m. Gleich dreimal erfolgreich war sie bei den Titelkämpfen 2007 im japanischen Osaka. Sie gewann wieder den 200 m-Lauf und siegte mit beiden US-Staffeln.

Bei den Olympischen Spielen 2008 in Peking verbaute ihr erneut Veronica Campbell-Brown den Weg zum Olympiasieg. Wie in Athen gewann Allyson Felix die Silbermedaille über 200 m. Dafür entschädigte sie sich mit der Goldmedaille in der 4 x 400 m-Staffel der USA. Bei den Weltmeisterschaften 2009 in Berlin gewann sie wieder den Titel über 200 m und mit der 4 x 400 m-Staffel. Zwei Jahre später bei den Weltmeisterschaften in Daegu ging sie viermal an den Start. Über 200 m wurde sie hinter Veronica Campbell-Brown und ihrer Landsfrau Carmelita Jeter Dritte, über 400 m lag sie drei Hundertstelsekunden hinter der Siegerin Amantle Montsho aus Botswana auf dem zweiten Platz. In den beiden US-Staffeln gewann sie jeweils die Goldmedaille.

Bei den Olympischen Spielen 2012 in London gelang es Allyson Felix endlich, Veronica Campbell-Brown bei Olympischen Spielen über 200 m zu besiegen. Während Veronica Campbell-Brown nur auf dem 4. Platz landete, gewann Allyson Felix die Goldmedaille. Über 4 x 100 m und 4 x 400 m gewann sie mit den US-Staffeln ebenfalls Gold, in der 4 x 100 m-Staffel sogar mit einem neuen Weltrekord von 40,82 Sek. Ein Jahr später bei den Weltmeisterschaften in Moskau zog sie als Schnellste ins 200 m-Finale ein, zog sich dort aber eine Oberschenkelverletzung zu, musste aufgeben und fiel auch für die Staffeln aus. Zwei Jahre später bei den Weltmeisterschaften 2015 in Peking gewann sie ihren ersten Titel über 400 m. Mit den US-Staffeln wurde sie jeweils Zweite.

Bei den Olympischen Spielen 2016 in Rio de Janeiro wurde Allyson Felix über 400 m Zweite hinter Shaunae Miller von den Bahamas. Gold gewann sie aber wieder mit den beiden US-Staffeln. Bei den Weltmeisterschaften 2017 in London wurde sie hinter ihrer Landsfrau Phillys Francis und Salwa Eid Naser aus Brunei Dritte über 400 m. Wie so oft gewann sie mit beiden US-Staffeln den Titel. Bei den Weltmeisterschaften 2019 in Doha startete Allyson Felix nicht in den Einzelrennen und nicht in der Sprintstaffel. In der neu zum Wettkampf-Programm gehörenden 4 x 400 m Mixed-Staffel gewann sie den Titel. In der 4 x 400 m Staffel wurde sie nur im Vorlauf eingesetzt. Im Endlauf gewannen die Amerikanerinnen den Titel. Auch Allyson Felix erhielt die Goldmedaille.

Als 35-Jährige startete sie bei den Olympischen Spielen 2021 in Tokio zum fünften Mal bei Olympischen Spielen und gewann hinter Shaunae Miller-Uibo von den Bahamas und Marileidy Paulino aus der Dominikanischen Republik die Bronzemedaille über 400 m. In der 4 x 400 m-Staffel gewann sie wie gewohnt die Goldmedaille.

Bei den US-Trials für die Weltmeisterschaften 2022 in Eugene gelang es Allyson Felix nicht mehr, sich für einen Einzelstart zu qualifizieren, wohl aber für die 4 x 400 m-Mixed-Staffel, mit der sie in Eugene noch einmal die Bronzemedaille gewann. Die Amerikaner nominierten sie überraschend für den Vorlauf der 4 x 400 m-Staffel. Infolge des amerikanischen Sieges wurde Allyson Felix mit einer weiteren Goldmedaille dekoriert, weil auch die im Vorlauf eingesetzten Läuferinnen eine Medaille erhalten. Am Ende der Saison beendete sie ihre erfolgreiche Karriere.

Mit 21 Goldmedaillen bei Olympischen Spielen und Weltmeisterschaften ist Allyson Felix die erfolgreichste Leichtathletin aller Zeiten.

JOHN FLANAGAN

John Joseph Flanagan wurde am 9. Januar 1873 in Kilbreedy/Irland geboren. 1896 wanderte John Flanagan in die Vereinigten Staaten aus, um bei der New Yorker Polizei zu arbeiten. In der Leichtathletik spezialisierte er sich auf das Hammerwerfen. Am 9. September 1895 verbesserte er den Hammerwurf-Weltrekord auf 44,46 m. Diesen steigerte er bis 1899 elfmal auf 51,10 m. Wer sollte ihn bei den Olympischen Spielen in Paris schlagen?

Bei den Olympischen Spielen startete er bereits für die USA und gewann mit dem olympischen Rekord von 49,73 m den Hammerwurf-Wettbewerb. Er lag allerdings nur 60 Zentimeter vor seinem Landsmann Truxton Hare. Am 29. September 1900 übertraf er in New York seinen eigenen Weltrekord zweimal mit 51,21 m und 51,61 m. Am 2. September 1901 warf er den Hammer auf 52,35 m. Einen Monat vor den Olympischen Spielen in St. Louis warf John Flanagan mit 52,73 m erneut Weltrekord. Es verwundert nicht, dass er auch bei den Olympischen Spielen nicht zu schlagen war. Mit dem neuen olympischen Rekord von 51,23 m gewann er vor seinen Landsleuten John DeWitt und Ralph Rose. Im Gewichtwerfen wurde er knapp von dem Kanadier Etienne Desmarteau besiegt, konnte sich aber über die Silbermedaille freuen.

Nachdem ihm sein Landsmann Matt McGrath den Weltrekord mit 52,90 m weggeschnappt hatte, war John Flanagan nicht mehr der Favorit auf die Goldmedaille bei den Olympischen Spielen 1908 in London. Doch John Flanagan behielt im olympischen Wettkampf die Nerven und schlug Matt McGrath mit dem neuen olympischen Rekord von 51,92 m. Einen Monat später holte er sich mit 52,98 m auch den Weltrekord zurück. Er verbesserte 1909 noch dreimal den Weltrekord auf zuletzt 56,18 m, bevor er am 29. Oktober 1911 von Matt McGrath wieder als Weltrekordler abgelöst wurde. Mit drei Goldmedaillen in drei aufeinanderfolgenden Olympischen Spielen ist John Flanagan einer der erfolgreichsten Olympioniken.

1911 kehrte er in seine irische Heimat zurück, wo er am 4. Juni 1938 verstarb.

DICK FOSBURY

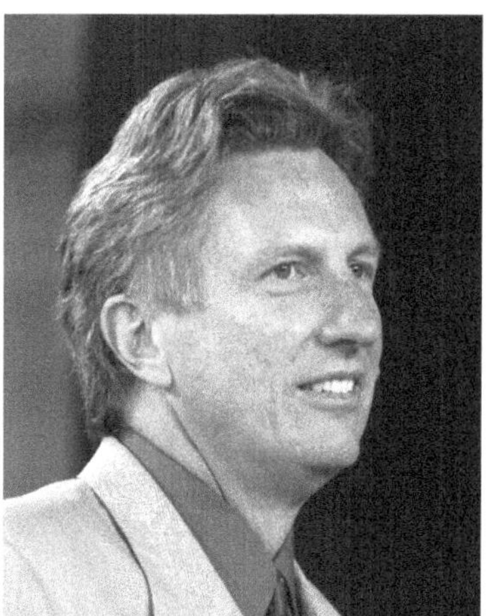

Dick Fosbury revolutionierte im vorigen Jahrhundert den Hochsprung, indem er den nach ihm benannten Fosbury-Flop kreierte. Der Fosbury-Flop verdrängte ab Anfang der 70-iger Jahre bis auf wenige Ausnahmen vollständig den Straddle-Stil.

Richard Douglas „Dick" Fosbury wurde am 6. März 1947 in Portland, Oregon/USA geboren. Aufmerksam wurde man auf ihn, als er sich bei den US-Trials des Jahres 1968 in Echo Summit für die Olympischen Spiele qualifizierte. Anders als seine Landsleute Ed Carruthers und Reynaldo Braun aber nicht im Straddle-Stil, sondern als Rückwärtsspringer. Heute kann sich jeder Leichtathletik-Interessierte etwas unter dem Flop vorstellen. Als aber Anfang Juli 1968 die Zeitungen in Europa darüber berichteten, dass sich ein Rückwärtsspringer für die Olympischen Spiele qualifiziert habe, rätselte man, wie er das gemacht haben könnte. Am 20. Oktober 1968 konnte die Welt am Fernsehgerät zuschauen, wie er das machte. Als er zu seiner Anfangshöhe von 2,03 m anlief, rieb man sich erstaunt die Augen. Während die Straddle-Springer langsam anliefen, um sich über die jeweilige Höhe zu schwingen, lief Dick Fosbury schnell an, schien sich von der Latte wegzubewegen und sprang dann mit dem Rücken zuerst über die Latte. So landete er auch. Führende Ärzte und Trainer befürchteten bei dieser Technik für die Zukunft Genickbrüche. Es kam, wie wir alle wissen, anders.

Dick Fosbury übersprang bei den Olympischen Spielen alle Höhen bis 2,22 m im ersten Versuch. Bei 2,24 m waren nur noch er und sein Landmann Ed Carruthers im Wettbewerb. Während Carruthers dreimal an der Höhe von 2,24 m scheiterte, sprang Dick Fosbury diese Höhe im dritten Versuch und gewann zur Überraschung aller die Goldmedaille.

Nur ein Jahr später beendete er seine kurze Karriere. Nach dem Ende der Karriere wurde er Bauingenieur und gründete eine Firma für Landvermessung. Dick Fosbury starb am 12. März 2023 in Salt Lake City. Seinen Namen wird die Leichtathletik-Welt nicht vergessen.

SHELLY-ANN FRASER-PRYCE

Die nur 1,52 m große Shelly-Ann Fraser-Pryce (genannt the Pocket-Rocket) war in den letzten 15 Jahren mit drei olympischen Goldmedaillen und zehn Weltmeister-Titeln eine der besten Sprinterinnen der Welt.

Shelly-Ann Fraser-Pryce wurde am 27. Dezember 1986 als Shelly-Ann Fraser in Kingston/Jamaika geboren.

Bei den Weltmeisterschaften 2007 in Osaka wurde sie mit der jamaikanischen 4 x 100 m-Staffel Zweite. Ein Jahr später gewann sie bei den Olympischen Spielen in Peking die Goldmedaille über 100 m vor ihren Landsfrauen Kerron Stewart und Sherone Simpson. Sie war damit die schnellste Frau der Welt. Bei den Weltmeisterschaften 2009 in Berlin bestätigte sie dies mit einem Sieg über 100 m in 10,73 Sek. Auch in der 4 x 100 m-Staffel Jamaikas gewann sie den Titel. Bei den Weltmeisterschaften 2011 in Daegu verpasste sie über 100 m das Podest als Vierte um eine Hundertstelsekunde. In der 4 x 100 m-Staffel musste sich die jamaikanische Staffel der US-Staffel geschlagen geben. In diesem Jahr heiratete Shelly-Ann Fraser Jason Pryce und führt seitdem den Namen Fraser-Pryce.

Ein Jahr später kehrte Shelly-Ann Fraser-Pryce bei den Olympischen Spielen in London auf den Sprint-Thron zurück. In 10,75 Sek. gewann sie die Goldmedaille über 100 m. Dieser Goldmedaille fügte sie Silbermedaillen über 200 m und mit der 4 x 100 m-Staffel hinzu. Bei den Weltmeisterschaften 2013 wurde sie gar dreifache Titelträgerin. Sie gewann die Titel über 100 m, 200 m und mit der 4 x 100 m-Staffel. In diesem Jahr wurde sie zur Welt-Leichtathletin des Jahres gekürt.

2014 gewann sie in Sopot den Hallenweltmeister-Titel über 60 m und bei den Commonwealth Games in Glasgow mit der 4 x 100 m-Staffel die Goldmedaille. Bei den Weltmeisterschaften 2015 in Peking wurde Shelly-Ann Fraser-Pryce Weltmeisterin über 100 m und mit der 4 x 100 m-Staffel. In Rio de Janeiro blieb ihr ein Olympiasieg verwehrt. Über 100 m wurde sie hinter Jamaikas neuem Sprintstar Elaine Thompson und der Amerikanerin Torie Bowie nur Dritte. In der Sprintstaffel waren wieder einmal die Amerikanerinnen nicht zu besiegen. 2017 legte Shelly-Ann Fraser-Pryce eine Babypause ein und startete deshalb während des ganzen Jahres nicht. Auch 2018 wurde sie vermisst. Bei den Weltmeisterschaften 2019 in Doha kam sie wie Phönix aus der Asche und gewann die Titel über 100 m und mit der 4 x 100 m-Staffel.

Bei den Olympischen Spielen 2021 in Tokio wurde sie über 100 m erneut von Elaine Thompson-Herah geschlagen. Die Bilder ihrer eisigen Miene nach dem Lauf gingen um die Welt. In der 4 x 100 m-Staffel waren die Jamaikanerinnen, die über 100 m alle Podestplätze belegten, mal wieder nicht zu schlagen.

Am 26. August 2021 lief Shelly-Ann Fraser-Pryce bei einem Sportfest in Lausanne mit 10,60 Sek. persönliche Bestzeit und blieb nur elf Hundertstelsekunden über dem Uralt-Weltrekord der Amerikanerin Florence Griffith-Joyner.

Bei den Weltmeisterschaften 2022 in Eugene gewann sie in 10,67 Sek. den Titel über 100 m vor ihren Landsfrauen Shericka Jackson und Elaine Thompson-Herah und wurde über 200 m hinter Shericka Jackson Zweite. Mit der jamaikanischen 4 x 100 m-Staffel gewann sie hinter den siegreichen Amerikanerinnen noch eine weitere Silbermedaille. Beim Diamond League-Meeting in Monaco lief sie im August 2022 mit 10,62 Sek. die zweitschnellste Zeit ihrer Karriere. Nach der Saison 2022 wurde Shelly-Ann Fraser-Pryce wegen ihrer herausragenden sportlichen Leistungen mit dem „Order of Jamaica" ausgezeichnet. Im Mai 2023 wurde sie zur „Weltsportlerin des Jahres 2022" ernannt. Im August 2023 wurde die inzwischen 36-Jährige, noch lange nicht müde, Shelley-Ann Fraser-Pryce bei den Weltmeisterschaften Dritte über 100 m und gewann mit der jamaikanischen Staffel die Silbermedaille.

CATHY FREEMAN

Cathy Freeman wurde in Australien schon vor ihrem 400 m-Sieg bei den Olympischen Spielen 2000 als Nachfahrin der Aborigines zur Volksheldin.

Catherine Astrid Salome „Cathy" Freeman wurde am 16. Februar 1973 in Mackay, Queensland geboren. Sie startete über alle Sprintstrecken. Ihre erste Medaille gewann sie mit der australischen 4 x 100 m-Staffel, die bei den Commonwealth Games 1990 im neuseeländischen Auckland die Goldmedaille errang. 1992 wurde sie bei den U 20-Weltmeisterschaften in Seoul Zweite über 200 m. 1994 gewann sie bei den Commonwealth

Games in Victoria sowohl über 200 m als auch 400 m die Goldmedaille und wurde Zweite mit der 4 x 100 m-Staffel der Australierinnen. Bei den Weltmeisterschaften 1995 in Göteborg gewann sie mit der 4 x 100 m-Staffel die Bronzemedaille.

Ein Jahr später bei den Olympischen Spielen in Atlanta belegte sie hinter der Französin Marie-José Perec den zweiten Platz über 400 m. Bei den Weltmeisterschaften 1997 in Athen und 1999 in Sevilla gewann sie jeweils den Titel und brachte sich so in die Favoritenstellung für die Olympischen Spiele 2000 in Sydney. Dort wurde ihr vor dem 400 m-Rennen eine große Ehre zuteil. Als Schlussläuferin des Fackelstaffellaufes entzündete sie das olympische Feuer. Mit dieser Geste wollten die Organisatoren der Spiele beweisen, dass Australien seinen Frieden mit den Aborigines gemacht hatte.

In einem schnellen 400 m-Rennen mit fünf Läuferinnen unter 50 Sekunden gewann Cathy Freeman in 49,11 Sek. die Goldmedaille vor der Jamaikanerin Lorraine Fenton und der Britin Katherine Merry. Ihre große Rivalin Marie-José Perec reiste vor dem Beginn des 400 m-Rennens aus Sydney ab, weil sie sich seit ihrer Ankunft in Sydney durch die australische Presse beleidigt und unter Druck gesetzt fühlte. Ein doch eher fader Beigeschmack des Triumphes von Cathy Freeman. Dennoch wurde kaum eine andere australische Goldmedaille bei diesen Spielen so gefeiert wie dieser Sieg Cathy Freemans. 2002 gewann sie mit der 4 x 400 m-Staffel Australiens bei den Commonwealth Games in Manchester die Goldmedaille.

2003 erklärte Cathy Freeman ihren Rücktritt vom Leistungssport.

UGO FRIGERIO

Ugo Frigerio ist der erste italienische Olympiasieger in der Leichtathletik. Er setzte den Grundstein für die lange italienische Tradition im Gehen.

Ugo Frigerio wurde am 16. September 1901 in Mailand geboren. Er gewann bei den Olympischen Spielen 1920 in Antwerpen die Goldmedaille im 3.000 m-Bahngehen vor dem Australier George L. Parker und dem Amerikaner Richard Frederick Remer. Auch den zweiten Geh-Wettbewerb der Spiele, das 10.000 m-Bahngehen, gewann Ugo Frigerio vor dem Amerikaner Joseph Pearman und dem Briten Charles E. J. Gunn.

Bei den Olympischen Spielen 1924 in Paris gab es nur einen Geh-Wettbewerb, das 10.000 m-Bahngehen. Auch diesen Wettbewerb gewann Ugo Frigerio und damit seine dritte Goldmedaille. 1928 standen Geh-Wettbewerbe nicht auf dem olympischen Programm. So musste sich Ugo Frigerio bis zu den Olympischen Spielen 1932 in Los Angeles gedulden, bis er wieder an einem Geh-Wettbewerb, dieses Mal das 50 km-Gehen, teilnehmen konnte.

In Los Angeles wurde der 50 km-Wettbewerb am 3. August in der brütenden Mittagshitze ausgetragen, was den Gehern sehr zu schaffen machte. Es siegte der bereits 39-jährige Brite Thomas W. Green vor dem Letten Janis Dahlinsch und Ugo Frigerio. Ugo Frigerio lag bereits sieben Minuten vor dem Vierten, dem Deutschen Klaus Hähnel.

Danach beendete Ugo Frigerio seine Karriere. Zu den Heim-Europameisterschaften 1934 in Turin trat er nicht mehr an. Er starb am 7. Juli 1968 in Garda/Italien.

RUTH FUCHS

Ruth Fuchs wurde am 14. Dezember 1946 als Ruth Gamm in Egeln in Sachsen-Anhalt geboren. Im Alter von 13 Jahren begann sie auf der Kinder- und Jugendsportschule in Güstrow mit der Leichtathletik. Sie spezialisierte sich auf den Speerwurf und nahm 1967 beim Europacup in Kiew zum ersten Mal an einer internationalen Veranstaltung teil. Wegen einer Verletzung konnte sie nicht an den Olympischen Spielen 1968 in Mexiko City teilnehmen. 1970 warf sie erstmals den Speer über 60 m und gewann in Budapest den Europacup. Ein Jahr später wurde sie, die nach ihrer Eheschließung Fuchs hieß, bei den Europameisterschaften in Helsinki Dritte. Am 11. Juni 1972 verbesserte sie in Potsdam den Speerwurf-Weltrekord auf 65,06 m.

Der erste große Triumph gelang ihr bei den Olympischen Spielen 1972 in München. Als Weltrekordlerin war sie bereits als Favoritin nach München gereist. Im 5. Versuch warf sie den Speer auf die olympische Rekordweite von 63,88 m, eine Weite, die bis zum Juni 1972 noch Weltrekord bedeutet hätte. Durch diesen Wurf gewann sie die Goldmedaille. 1973 steigerte sie in Edinburgh ihren Weltrekord auf 66,11 m. Bei den Europameisterschaften 1974 in Rom gewann sie mit dem neuen Weltrekord von 67,22 m und einem Vorsprung von mehr als fünf Metern vor ihrer Landsfrau Jacqueline Todten den Titel. Bei einem Olympia-Test in Berlin verbesserte sie am 10. Juli 1976 den Weltrekord auf 69,12 m und fuhr als haushohe Favoritin zu den Olympischen Spielen nach Montreal.

Im olympischen Wettbewerb sorgte Ruth Fuchs gleich für einen Paukenschlag, als sie im 1. Versuch mit 65,94 m den olympischen Rekord verbesserte. Damit war schon früh die Luft aus dem Wettbewerb. Die bundesdeutsche Speerwerferin Marion Becker kam ihr mit 64,70 m noch einmal nahe, ohne sie gefährden zu können. Ruth Fuchs gewann ihre zweite olympische Goldmedaille. Bei der Schlussfeier durfte sie die Fahne der DDR tragen.

1977 entriss ihr die Amerikanerin Kate Schmidt mit 69,32 m den Weltrekord. Ruth Fuchs aber siegte in diesem Jahr sowohl beim Europacup als auch beim neu geschaffenen Weltcup in Düsseldorf. Bei den Europameisterschaften 1978 in Prag war Ruth Fuchs hochüberlegen und gewann mit dem neuen Europarekord von 69,16 m den Titel. 1979 und 1980 warf sie noch zweimal Weltrekord, zuletzt 69,96 m. Der erste 70 m-Wurf einer Frau blieb ihr versagt. Bei den Olympischen Spielen 1980 in Moskau konnte sie in den Kampf um die Medaillen nicht mehr eingreifen und wurde nur Achte. Nach den Spielen beendete sie ihre Karriere.

Nach ihrer aktiven Zeit betätigte sie sich politisch. Sie war Mitglied der Volkskammer der DDR und nach der Wiedervereinigung des deutschen Bundestages. Von 2004-2009 war sie Abgeordnete des Thüringer Landtages. Sie starb am 20. September 2023 in Jena.

MOHAMED GAMMOUDI

Mohamed Gammoudi wurde am 11. Februar 1938 in Sidi Ach/Tunesien geboren. Er begann seine Karriere als Langstreckenläufer 1962 und machte erstmals auf sich aufmerksam bei den Olympischen Spielen 1964 in Tokio.

In der Schlussrunde des 10.000 m-Laufs lag er mit Ron Clarke und Billy Mills in Führung. Als Billy Mills und Ron Clarke die Führung übernehmen wollten, schob sich Mohamed Gammoudi mit einem robusten Angriff zwischen die beiden und erlief einen Vorsprung von fünf Metern. Als ihn Ron Clarke eingangs der Zielgeraden eingeholt hatte, wehrte sich Gammoudi mit einem energischen Antritt und sah 50 m vor dem Ziel wie der Sieger aus, wurde aber zehn Meter vor dem Ziel von dem Amerikaner Billy Mills noch abgefangen. Mohamed Gammoudi gewann die Silbermedaille.

1968 bei den Olympischen Spielen in Mexiko City startete Mohamed Gammoudi über 5.000 m und 10.000 m. Im 10.000 m-Lauf gewann er hinter dem Kenianer Naftali Temu und dem Äthiopier Mamo Wolde die Bronzemedaille. Im 5.000 m-Rennen lieferte er sich ein spannendes Rennen mit den Kenianern Kipchoge Keino und Naftali Temu. In der Schlussrunde schoss Mohamed Gammoudi plötzlich nach vorn und begann seinen Schlussspurt. In der Zielkurve begann Kipchoge Keino ebenfalls zu spurten und lag auf der Zielgeraden neben dem Tunesier. Ähnlich wie in Tokio beim Angriff von Ron Clarke reagierte Mohamed Gammoudi sofort und mobilisierte noch einmal alle Kräfte. Kipchoge Keino musste sich geschlagen geben. Mohamed Gammoudi siegte mit einem Vorsprung von zwei Zehntelsekunden.

Bei den Olympischen Spielen 1972 in München präsentierte sich Mohamed Gammoudi über 5.000 m in einer Topverfassung. Obwohl der Amerikaner Steve Prefontaine das Tempo auf dem letzten Kilometer enorm verschärfte, ließ sich Mohamed Gammoudi nicht beeindrucken und blieb im Schlepptau des Amerikaners. Eingangs der Zielkurve der letzten Runde ging Mohamed Gammoudi an Steve Prefontaine vorbei und beschleunigte noch einmal. Lasse Viren, der 10.000 m-Olympiasieger, aber war einfach zu stark für den Rest des Feldes. Er überholte Mohamed Gammoudi und stürmte zu seiner zweiten Goldmedaille. Mohamed Gammoudi aber gewann noch einmal die Silbermedaille.

1976 in Montreal startete Mohamed Gammoudi bei seinen vierten Olympischen Spielen noch einmal über 10.000 m, gab aber im Vorlauf auf und beendete danach seine Karriere.

HAILE GEBRSELASSIE

Haile Gebrselassie war über 15 Jahre der beste Langstreckenläufer der Welt. Er stellte 26 Weltrekorde auf der Bahn und der Straße auf.

Haile Gebrselassie wurde am 18. April 1973 in Assela/Äthiopien geboren. Als 13-Jähriger begann er mit der Leichtathletik, nachdem man sein Talent für den Langstreckenlauf erkannt hatte. 1992 gewann er bei den U-20 Weltmeisterschaften in Seoul die Titel über 5.000 m und 10.000 m. Ein Jahr später stieß er mit seinem Sieg über 10.000 m bei den Leichtathletik-Weltmeisterschaften in Stuttgart in die Weltelite vor. Über 5.000 m wurde er Zweiter hinter dem Kenianer Ismail Kirui. Am 4. Juni 1994 verbesserte Haile Gebrselassie in Hengelo den Weltrekord über 5.000 m auf 12:56,96 Min. Ein Jahr später steigerte er wiederum in Hengelo auch den Weltrekord über 10.000 m auf 26:43,53 Min. Bei den Weltmeisterschaften 1995 in Göteborg gewann er erneut den Titel über 10.000 m. Kurz nach den Weltmeisterschaften steigerte er am 16. August 1995 in Zürich den 5.000 m-Weltrekord auf 12:44,39 Min. Als haushoher Favorit reiste er zu den Olympischen Spielen nach Atlanta.

In Atlanta trat Haile Gebrselassie jedoch über 5.000 m nicht an, weil er sich wenige Tage vorher beim 10.000 m-Lauf auf der harten Tartanbahn heftige Fußschmerzen zugezogen hatte, von denen er befürchtete, sie könnten sich verschlimmern. Über 10.000 m zählte Haile Gebrselassie als Weltrekordler ebenfalls zu den Favoriten. Im 10.000 m-Rennen erhöhte der Kenianer Paul Tergat fünf Runden vor Schluss das Tempo so sehr, dass ihm nur noch Haile Gebrselassie folgen konnte. Zu Beginn der letzten Runde ging Haile Gebrselassie an Paul Tergat vorbei und setzte zu einem langen Spurt an. Paul Tergat versuchte verzweifelt, ihm zu folgen. Er kam ihm zwar näher, konnte ihn aber nicht mehr erreichen. Haile Gebrselassie gewann in neuer olympischer Rekordzeit von 27:07,34 Min. vor Paul Tergat die Goldmedaille.

Am 4. Juli 1997 verbesserte Haile Gebrselassie in Oslo den Weltrekord über 10.000 m auf 26:31,32 Min. und gewann wenige Wochen später in Athen bei den Weltmeisterschaften den Titel. Nachdem ihm Paul Tergat 1997 den Weltrekord entrissen hatte, revanchierte sich Haile Gebrselassie am 1. Juni 1998 in Hengelo mit einem neuen Weltrekord von 26:22,75 Min. Ein Jahr später wiederholte Haile Gebrselassie bei den Weltmeisterschaften in Sevilla seine Titel von 1993, 1995 und 1997 über 10.000 m. Bei den Olympischen Spielen 2000 in Sydney erwartete die Leichtathletik-Welt ein erneutes heißes Duell zwischen Paul Tergat und Haile Gebrselassie. Sie sollte nicht enttäuscht werden. Das Duell von Sydney stellte dasjenige von Atlanta noch in den Schatten.

In der Schlussrunde des 10.000 m-Rennens kämpften zwei Äthiopier und zwei Kenianer um die Medaillen. 250 m vor dem Ziel trat Paul Tergat zu seinem Schlussspurt an. Haile Gebrselassie heftete sich an seine Fersen. 80 m vor dem Ziel lag Paul Tergat zwei Meter vor dem Äthiopier. Der mobilisierte aber noch einmal alle Kräfte und kam Paul Tergat immer näher. 20 m vor dem Ziel lag er neben ihm und schob sich dann mit den letzten Schritten an ihm vorbei. Im Ziel gewann er mit neun Hundertstelsekunden Vorsprung die Goldmedaille. Dieser Endspurt riss die Zuschauer förmlich von den Sitzen.

Bei den Weltmeisterschaften 2001 im kanadischen Edmonton wurde Haile Gebrselassie über 10.000 m hinter dem Kenianer Charles Waweru Kamethi und seinem Landsmann Assefa Mezgebu Dritter. Im selben Jahr wurde er in Bristol im Einzel und mit dem Team Weltmeister im Halbmarathon. 2003 belegte er hinter seinem Landsmann Kenenisa Bekele bei den Weltmeisterschaften in Paris über 10.000 m den zweiten Platz. Bei den Olympischen Spielen 2004 in Athen wurde er Fünfter über 10.000 m und humpelte nach dem Rennen von der Bahn.

2006 wechselte Haile Gebrselassie von der Bahn auf die Straße. Beim Berlin -Marathon am 30. September 2007 verbesserte er den Marathon-Weltrekord auf 2:04,26 Std. Bei den Olympischen Spielen 2008 in Peking startete er wegen der hohen Luftverschmutzung und Asthmaproblemen nicht beim Marathon, sondern erneut über 10.000 m, wo er nur Sechster wurde. Am 28. September 2008 startete Haile Gebrselassie erneut beim Berlin-Marathon und verbesserte seinen eigenen Weltrekord auf 2:03,59 Std., eine Zeit, die der bekannte deutsche Laufexperte Burkhard Swara vor dem Rennen bis auf die Sekunde vorhergesagt hatte.

Im Jahr 2015 beendete Haile Gebrselassie im Alter von 42 Jahren seine Karriere. Neben den geschilderten Erfolgen wurde Haile Gebrselassie noch viermal Weltmeister in der Halle und gewann bei Cross-Weltmeisterschaften sieben Medaillen.

MARLIES GÖHR

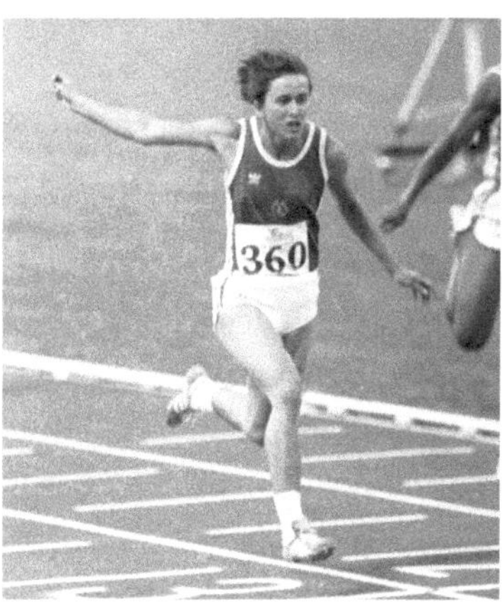

Marlies Göhr wurde am 21. März 1958 in Gera als Marlies Oelsner geboren. Marlies Oelsner erwies sich schon früh als gute Sprinterin. Sie startete für den SC Motor Jena. Als 18-Jährige schaffte sie bei den Olympischen Spielen 1976 in Montreal den Sprung in die 4 x 100 m-Staffel der DDR, mit der sie in einem mitreißenden Duell mit der bundesdeutschen Staffel die Goldmedaille gewann.

1977 wurde sie, die für ihren explosiven Start und ihren Trommelschritt bekannt war, in San Sebastian Hallen-Europameisterin über 60 m. Am 1. Juli1977 durchbrach sie in Dresden eine Schallmauer, indem sie mit 10,88 Sek. als erste Frau der Welt die 100 m unter 11 Sekunden bewältigte. Bei den Europameisterschaften 1978 in Prag triumphierte sie über 100 m und gewann über 200 m die Silbermedaille. Ihre dritte Medaille gewann sie mit der 4 x 100 m-Staffel der DDR. Bei den Olympischen Spielen in Moskau unterlag die favorisierte Marlies Göhr (sie hatte inzwischen den Fußballspieler Ulrich Göhr geheiratet) über 100 m der Russin Ludmilla Kondratjewa um eine Hundertstelsekunde. Mit der 4 x 100 m-Staffel der DDR gewann sie wie in Montreal die Goldmedaille. Zweimal Gold gab es für sie bei den Europameisterschaften 1982 in Athen, wo sie über 100 m und mit der Sprintstaffel triumphierte.

Im Vorfeld der ersten Weltmeisterschaften in Helsinki verbesserte sie in Berlin ihren eigenen Weltrekord auf 10,81 Sek. Bei den Weltmeisterschaften wurde sie ihrer Favoritenrolle gerecht und gewann den Titel über 100 m. Mit der DDR-Sprintstaffel gewann sie ihre zweite Goldmedaille. 1984 verhinderte der Boykott der Olympischen Spiele in Los Angeles durch die DDR ihre Teilnahme an diesem sportlichen Großereignis. 1986 wiederholte sie bei den Europameisterschaften in Stuttgart ihre Siege über 100 m und mit der Sprintstaffel von den Europameisterschaften in Athen. Dann riss ihre Siegesserie. Nur mit der Sprintstaffel konnte sie bei den Weltmeisterschaften 1987 in Rom und bei den Olympischen Spielen 1988 in Seoul noch einmal Medaillen, jeweils Silber, gewinnen. Über 100 m schaffte sie es jeweils nicht mehr in den Endlauf.

Neben ihrem Sieg bei den Hallen-Europameisterschaften 1977 gewann sie noch viermal den Europameister-Titel über 60 m. Nach den Olympischen Spielen 1988 beendete sie ihre Karriere. Sie ist mit 23 Medaillen bei Olympischen Spielen, Weltmeisterschaften und Europameisterschaften eine der erfolgreichsten deutschen Leichtathletinnen.

WLADIMIR GOLUBNITSCHI

Wladimir Golubnitschi war einer der besten Geher der Leichtathletik-Geschichte. Er wurde am 2. Juni 1936 in der damals noch zur Sowjetunion gehörenden ukrainischen Stadt Sumy geboren. Über seine Anfänge als Leichtathlet ist nichts bekannt. Erstmalig erwähnt wurde er über die Grenzen der Sowjetunion hinaus, als er am 23. September 1958 in Simferopol im 20.000 m-Bahngehen einen Weltrekord aufstellte. 1960 nahm er in Rom zum ersten Mal an Olympischen Spielen teil und gewann die Goldmedaille im 20 km Gehen. Von diesem Tag an wurde er zum Medaillensammler in seiner Spezialdisziplin. Bei den Europameisterschaften 1962 in Belgrad gewann er ebenso die Bronzemedaille im 20 km Gehen wie bei den Olympischen Spielen 1964 in Tokio. Bei den Europameisterschaften 1966 in Budapest musste er sich nur dem DDR-Geher Dieter Lindner geschlagen geben.

Acht Jahre nach seinem Gold-Triumph von Rom war Wladimir Golubnitschi bei den Olympischen Spielen 1968 in Mexiko City wieder ein Gold-Kandidat im 20 km Gehen. Er kam als erster ins Olympiastadion, knapp vor seinem Landsmann Nikolai Smaga und dem Mexikaner José Pedraza. Als dieser unter dem ohrenbetäubenden Jubel der Zuschauer „zu laufen" begann, wagten die Kampfrichter nicht, ihn zu disqualifizieren. Pedraza ging an Smaga vorbei, konnte Waldimir Golubnitschi aber nicht mehr erreichen. Mit dem winzigen Vorsprung von 1,6 Sekunden gewann der stilreine Geher Wladimir Golubnitschi die Goldmedaille.

Vier Jahre später bei den Olympischen Spielen in München führte der Weg zur Goldmedaille nur über Wladimir Golubnitschi. An diesem Tag war der DDR-Geher Peter Frenkel aber nicht zu schlagen. Wladimir Golubnitschi gewann 12,8 Sekunden hinter Peter Frenkel die Silbermedaille. Bei den Europameisterschaften 1974 in Rom kam es im 20 km Gehen zum Duell zwischen Wladimir Golubnitschi und dem Olympiasieger von München über 50 km Bernd Kannenberg. Während Golubnitschi sich bereits deutlich vom Feld abgesetzt hatte, lag Kannenberg zunächst deutlich zurück, steigerte sich auf der zweiten Rennhälfte aber enorm.

Er überholte alle Geher bis auf Golubnitschi. Zwar konnte Kannenberg sich ihm bis auf acht Sekunden nähern. Zum Sieg reichte es jedoch nicht mehr. Zwei Jahre später verabschiedete sich der inzwischen 40-jährige Wladimir Golubnitschi bei den Olympischen Spielen in Montreal mit einem siebten Platz vom Leistungssport.

Wladimir Golubnitschi erhielt den sowjetischen Orden des Roten Banners der Arbeit und das Ehrenzeichen der Sowjetunion. Er starb am 16. August 2021 in seiner Heimatstadt.

FLORENCE GRIFFITH-JOYNER

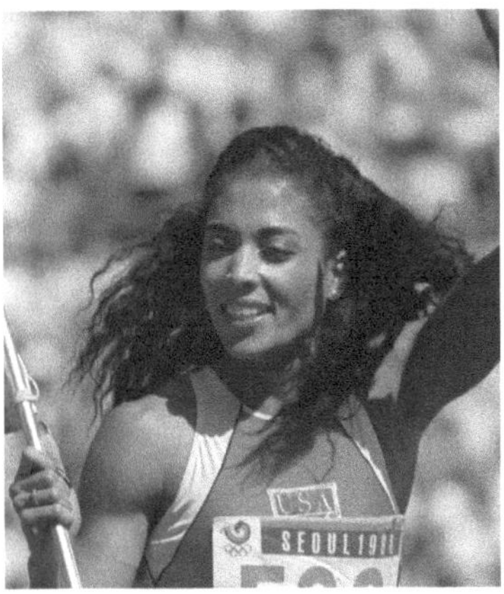

Florence Griffith-Joyner war bis 1987 eine gute Sprinterin, aber keine Siegläuferin. Sie wurde zu vielen Leichtathletik-Sportfesten wegen ihres Könnens und ihrer attraktiven Erscheinung eingeladen. Kurz gesagt, sie war ein echter Blickfang, ihre Leistungen jedoch nicht überragend. Im Jahr 1988 aber avancierte sie zur unschlagbaren Dominatorin der Sprintszene.

Florence Griffith-Joyner wurde am 21. Dezember 1959 in Los Angeles/USA geboren. Sie entwickelte sich zu einer guten Sprinterin, konnte sich aber nicht für die Olympischen Spiele 1980 in Moskau qualifizieren, was wegen des Boykotts der Olympischen Spiele durch die Amerikaner zu verschmerzen war. Bei den ersten Leichtathletik-Weltmeisterschaften 1983 in Helsinki belegte sie über 200 m den vierten Platz. 1984 gewann Florence Griffith bei den Olympischen Spielen in ihrer Heimatstadt hinter ihrer Landsfrau Valerie Brisco-Hooks über 200 m in 22,04 Sek. die Silbermedaille. In der siegreichen US-Staffel wurde sie aber nicht eingesetzt.

Bei den Weltmeisterschaften 1987 in Rom wurde Florence Griffith Zweite über 200 m hinter der DDR-Läuferin Silke Gladisch. Mit der 4 x 100 m-Staffel der Amerikanerinnen gewann sie den Titel. Im selben Jahr heiratete sie den Dreisprung-Olympiasieger von Los Angeles Al Joyner. Mit einer 100 m-Bestzeit von 10,96 Sek. ging sie in ihr großes Jahr1988.

Im Viertelfinale der US-Trials in Indianapolis verbesserte Florence Griffith-Joyner am 16. Juli 1988 über 100 m den Weltrekord ihrer Landsfrau Evelyn Ashford um 27 Hundertstelsekunden auf 10,49 Sek. Die Zeitnehmer trauten ihren Augen nicht und auch der Windmesser zeigte eine zulässige Windstärke an. Es war alles korrekt. Die Zuschauer hatten eine Leistung gesehen, die ihresgleichen suchte. Unnötig zu erwähnen, dass dieser Weltrekord auch heute noch Bestand hat. An dieser Leistung beißen sich bis heute alle Sprinterinnen die Zähne aus.

Im 100 m-Finale bei den Olympischen Spielen in Seoul lagen die Läuferinnen bei 40 m noch gleichauf. Doch ab der 40 m-Marke zog Florence Griffith-Joyner wie von Geisterhand gezogen unwiderstehlich davon, vergrößerte ihren Vorsprung immer mehr und lag im Ziel 29 Hundertstelsekunden vor ihrer Landsfrau Evelyn Ashford. Angesichts der bekannten Klasse von Evelyn Ashford ein unvorstellbarer Vorsprung. Im Halbfinale über 200 m steigerte Florence Griffith-Joyner den Weltrekord von Marita Koch und Heike Drechsler um 15 Hundertstelsekunden auf 21,56 Sek. Im 200 m-Finale lag Florence Griffith-Joyner eingangs der Zielgeraden knapp vor der Jamaikanerin Merlene Ottey. Dann entstand der Eindruck, als würde Florence Griffith-Joyner einen Turbo zünden. Sie entfernte sich einfach von den anderen Läuferinnen, als habe sie mit dem Rennen der anderen nichts zu tun. Mit großem Vorsprung passierte sie die Ziellinie. Die Uhren blieben bei 21,34 Sek. stehen, eine Verbesserung des im Halbfinale aufgestellten Weltrekords um 22 Hundertstelsekunden. Müßig zu erwähnen, dass auch dieser Weltrekord noch heute Bestand hat.

Die Leichtathletik-Welt rätselte über diese unerklärlichen Leistungssteigerungen. Alle Experten waren sich einig, dass man solche Verbesserungen des eigenen Könnens innerhalb eines Jahres mit herkömmlichen Trainingsmethoden nicht erreichen kann. Es war nur mit Doping zu erklären. Überführt hat man Florence Griffith-Joyner aber nie. Gerüchte gab es jahrelang.

In der 4 x 100 m-Staffel gewann Florence Griffith-Joyner ihre dritte Goldmedaille, obwohl gerade der Wechsel zwischen ihr und Evelyn Ashford misslang. In der 4 x 400 m-Staffel gewannen die Amerikanerinnen mit Florence Griffith-Joyner mit nur 34 Hundertstelsekunden Rückstand auf die Weltrekord laufenden Russinnen die Silbermedaille.

Fünf Monate nach ihren großen Triumphen in Seoul beendete sie völlig überraschend ihre Karriere. Im Alter von nur 38 Jahren starb Florence Griffith-Joyner am 21. September 1998 im Schlaf. Die Todesursache konnte nicht ermittelt werden. Man vermutete einen epileptischen Anfall oder einen Schlaganfall.

HICHAM EL GUERROUJ

Hicham El Guerrouj wurde am 14. September 1974 in Berkane/Marokko geboren. Seine erste Medaille gewann er bei den U 20-Weltmeisterschaften 1992 in Seoul, wo er die Bronzemedaille über 1.500 m gewann. Zwei Jahre später gewann er mit der marokkanischen Staffel die Goldmedaille bei der Marathonstaffel-Weltmeisterschaft. 1995 wurde Hicham El Guerrouj hinter Noureddine Morceli Zweiter über 1.500 m bei der Leichtathletik-Weltmeisterschaft in Göteborg.

Bei den Olympischen Spielen 1996 in Atlanta gehörte Hicham El Guerrouj zum Kreis der Favoriten über 1.500 m. Im noch dicht geschlossenen Feld lag er 450 m vor dem Ziel an zweiter Stelle, als er den vor ihm laufenden Noureddine Morceli an den Füßen berührte, ins Straucheln geriet und auf die Bahn stürzte. Er rappelte sich zwar wieder auf, das Feld war jedoch enteilt. Statt der erhofften Medaille blieb ihm nur der letzte Platz. Bei den Weltmeisterschaften 1997 in Athen gewann Hicham El Guerrouj den Titel über 1.500 m. Am 14. Juli 1998 verbesserte er den Weltrekord über 1.500 m in Rom auf 3:26,00 Min. Diese Zeit ist heute noch Weltrekord. Kurz vor den Weltmeisterschaften in Sevilla steigerte er den Weltrekord über eine Meile am 7. Juli 1999 ebenfalls in Rom auf 3:43,13 Min. Bei den sechs Wochen später stattfindenden Weltmeisterschaften in Sevilla gewann Hicham El Guerrouj erneut den Titel über 1.500 m. Eine gute Woche nach dem Ende der Weltmeisterschaften stellte er in Berlin mit 4:44,79 Min. einen neuen Weltrekord über 2.000 m auf.

Wer sollte diesen Ausnahmeläufer bei den Olympischen Spielen in Sydney über 1.500 m schlagen? Im Rennen ergriff Hicham El Guerrouj 600 m vor dem Ziel die Initiative und verschärfte deutlich das Tempo. Doch es gelang ihm nicht, die Kenianer Noah Ngeny und Bernard Lagat abzuschütteln. Auf den letzten 50 m griff Noah Ngeny Hicham El Guerrouj an, überspurtete ihn und gewann mit einem Vorsprung von 25 Hundertstelsekunden. Dem großen Favoriten blieb nur die Silbermedaille. Über diese Enttäuschung tröstete ihn sein Weltmeister-Titel aus dem Jahr 2001 hinweg. 2003 wurde er zum vierten Mal hintereinander Weltmeister über 1.500 m. Über 5.000 m wurde er nur um vier Hundertstelsekunden von dem 18-jährigen Kenianer Eliud Kipchoge geschlagen Zweiter.

Sein großes Jahr stand ihm noch bevor. Erneut trat Hicham El Guerrouj bei den Olympischen Spielen 2004 in Athen als hoher Favorit an. Sein größter Herausforderer war der Amerikaner Bernard Lagat. Nachdem das 1.500 m-Rennen zunächst langsam begonnen hatte, verschärfte Hicham El Guerrouj zwei Runden vor Schluss das Tempo. In der letzten Runde begann er einen langen Spurt zu ziehen. Bernard Lagat folgte ihm jedoch problemlos. 70 m vor dem Ziel zog Bernard Lagat an ihm vorbei. Hicham El Guerrouj drohte das gleiche Schicksal zu ereilen wie in Sydney. Er mobilisierte aber noch einmal alle Kräfte und zog wieder an Bernard Lagat vorbei zur Goldmedaille. Elf Hundertstelsekunden hinter ihm gewann Bernard Lagat die Silbermedaille. Die letzte Runde lief Hicham El Guerrouj in unfassbaren 51,91 Sek.

Vier Tage später startete er auch über 5.000 m. Hier waren der Äthiopier Kenenisa Bekele und der Kenianer Eliud Kipchoge die Favoriten. Zum Glück für Hicham El Guerrouj wurde das Rennen nicht in einem hohen

Tempo gelaufen, so dass er gut mithalten konnte. Eliud Kipchoge führte eine sechsköpfige Spitzengruppe in die letzte Runde. 200 m vor dem Ziel griff Kenenisa Bekele Eliud Kipchoge an und hatte ihn zu Beginn der Zielgeraden passiert. Dank seiner größeren Spurtqualitäten rang Hicham El Guerrouj aber Kenenisa Bekele auf der Zielgeraden nieder und gewann seine zweite Goldmedaille. Auch in diesem Rennen wurde die letzte Runde mit 52,93 Sek. sehr schnell gelaufen.

In den Jahren 2005 und 2006 litt Hicham El Guerrouj an Rückenschmerzen und beendete im Mai 2006 seine Karriere. Neben seinen Titeln im Freien gewann Hicham El Guerrouj auch drei Weltmeister-Titel in der Halle.

RUDOLF HARBIG

Rudolf Harbig erlangte Legendenstatus durch seine phänomenalen Leistungen auf der Laufbahn und sein tragisches Schicksal. Er wurde am 8. November 1913 in Dresden geboren. Zunächst spielte er Handball. Sein Lauftalent wurde 1934 beim Tag des unbekannten Sportmanns von dem bekannten Trainer Woldemar Gerschler entdeckt. Unter der Führung von Woldemar Gerschler, der das Intervall-Training revolutionierte, verbesserte sich Harbigs Leistungspotential schnell.

Im Sommer 1936 qualifizierte sich Rudolf Harbig über 800 m für die Olympischen Spiele in Berlin. Dort schied er jedoch infolge einer Magenverstimmung bereits im Vorlauf aus, wurde aber mit der deutschen 4 x 400 m-Staffel hinter Großbritannien und den USA Dritter. Bei den deutschen Meisterschaften 1937 in Berlin verbesserte Rudolf Harbig den elf Jahre alten deutschen Rekord über 800 m um sieben Zehntelsekunden auf 1:50,9 Min. Eine Woche später unterbot er den neun Jahre alten deutschen Rekord über 400 m auf 47,6 Sek. In den folgenden Wochen stürmte er über 400 m und 800 m von Sieg zu Sieg. Beim Länderkampf Deutschland/Schweden wurde Rudolf Harbig, der als Mittelstreckler über 100 m eine Bestzeit von 10,6 Sek. hatte, sogar in der 4 x 100 m-Staffel eingesetzt.

Am 7. August 1938 verbesserte Rudolf Harbig seinen deutschen Rekord über 400 m auf 46,8 Sek. Bei den Europameisterschaften in Paris gewann er den 800 m-Lauf mit einem Vorsprung von 1,2 Sekunden und dem neuen deutschen Rekord von 1:50,6 Min. vor dem Franzosen Jacques Leveque. Der deutsche 400 m-Läufer Adolf Metzner beurteilte Harbigs Leistung wie folgt: „Der Mann ist nicht zu schlagen. Im Tempo kann ihm keiner fortlaufen, im Spurt schlägt er alle". Auch die 4 x 400 m-Staffel mit Harbig als Schlussläufer wurde Europameister. Das große Jahr des Rudolf Harbig aber sollte das Jahr 1939 werden.

Am 21. Mai 1939 lief Rudolf Harbig in Mannheim mit 1:50,5 Min. einen neuen deutschen Rekord über 800 m. Am 18. Juni 1939 verbesserte er in Erfurt den Weltrekord über die selten gelaufene 500 m-Strecke auf 61,7 Sek. Am 9. Juli gelang ihm ein weiterer Coup. Er steigerte bei den deutschen Meisterschaften in Berlin den 800 m-Weltrekord auf 1:49,4 Min. Er war damit der erste Mensch, der 800 m unter 1:50 Min. lief. Am 15. Juli 1939 hinterließ Rudolf Harbig endgültig unauslöschliche Spuren in der Leichtathletik-Geschichte.

Beim Länderkampf Deutschland/Italien in Mailand trafen Rudolf Harbig und sein langjähriger Dauerrivale Mario Lanzi, Silbermedaillengewinner über 800 m bei den Olympischen Spielen 1936 in Berlin, im 800 m-Lauf aufeinander. Mario Lanzi schlug ein höllisches Tempo an. Die 400 m wurden in 52,4 Sek. durchlaufen. Lanzi hielt dieses Höllentempo bei und lag 100 m vor dem Ziel immer noch vorn. Doch dann setzte Rudolf Harbig zum Spurt an. Er ließ Mario Lanzi förmlich stehen und gewann mit einem phantastischen neuen Weltrekord. Die Uhren blieben bei 1:46,6 Min. stehen. Eine damals unfassbare Zeit. Der gerade von Harbig am 9. Juli aufgestellte Weltrekord wurde um 2,8 Sek. verbessert. Auch der geschlagene Mario Lanzi blieb noch unter dem alten Weltrekord. Nie vorher und nachher ist der 800 m-Weltrekord so deutlich verbessert worden. Rudolf Harbigs Weltrekord wurde erst 16 Jahre später von dem Belgier Roger Moens auf 1:45,7 Min. verbessert. Einen Tag nach seiner sensationellen Leistung verbesserte Rudolf Harbig den deutschen 400 m-Rekord auf 46,7 Sek.

Bei einem Sportfest im Frankfurter Waldstadion trafen Rudolf Harbig und Mario Lanzi am 12. August über 400 m erneut aufeinander. Mitte der Zielgeraden lagen beide Läufer noch gleichauf. Dann setzte sich Rudolf Harbig dank seines größeren Stehvermögens deutlich ab. Harbig siegte mit neuem Weltrekord von 46,0 Sek. Dieser Weltrekord hatte elf Jahre Bestand. Mario Lanzi hatte seinen großen Rivalen zum zweiten Mal zu einem phantastischen Weltrekord getrieben. Die Fachwelt war sich einig, dass bei den bevorstehenden Olympischen Spielen 1940 in Tokio niemand in der Lage sein würde, Rudolf Harbig zu schlagen. Der Krieg zerstörte jedoch alle Träume. Die Olympischen Spiele fanden nicht statt.

1940 blieb Rudolf Harbig über 800 m bis auf einen Lauf ungeschlagen. Noch nicht von einer Erkältungskrankheit vollständig genesen, stellte er sich in Como seinem großen italienischen Widersacher Mario Lanzi zum Duell und verlor. Am 18. Mai 1941 verbesserte Rudolf Harbig in Berlin den deutschen Rekord über 1.000 m auf 2:24,9 Min. Sechs Tage später startete er in Dresden erneut über 1.000 m. Obwohl die Bahn wegen des Regens schwer war, verbesserte er den Weltrekord auf 2:21,5 Min. Am 23. August stellte die deutsche 4 x 800 m-Staffel in Braunschweig in der Besetzung Hans Seibert, Alfred Grau, Ludwig Kaindl und Rudolf Harbig mit 7:30,4 Min. einen neuen Weltrekord auf. Harbigs letzter Start fand am 8. November 1942, Harbigs Geburtstag, bei einem Hallensportfest in Magdeburg statt.

Wenige Monate später wurde der Fallschirmjäger Harbig in die Sowjetunion abkommandiert. Dort kam er am 5. März 1944 in Olschowez in der heutigen Ukraine ums Leben. Die genauen Umstände seines Todes sind nicht bekannt. Seine Leiche wurde nie gefunden. Seit den deutschen Meisterschaften 1950 wird der Rudolf Harbig-Gedächtnispreis als Wanderpreis an verdiente Leichtathleten vergeben. Das Dresdener Fußballstadion, in dem Dynamo Dresden spielt, wurde nach Rudolf Harbig benannt.

ROBERT HARTING

Robert Harting ist neben dem fünffachen Weltmeister Lars Riedel und dem Weltrekordler und Olympiasieger Jürgen Schult der beste deutsche Diskuswerfer aller Zeiten. Er wurde am 18. Oktober 1984 in Cottbus geboren. Als Kind spielte er zunächst Handball, bevor er sich für die Leichtathletik entschied und sich dort auf den Diskuswurf und das Kugelstoßen konzentrierte. 2001 belegte er bei den U 18-Weltmeisterschaften im ungarischen Debrecen im Diskuswurf den zweiten Platz. 2005 gewann er bei den U 23-Europameisterschaften in Erfurt die Goldmedaille. 2007 qualifizierte er sich für die Weltmeisterschaften in Osaka und gewann dort überraschend hinter dem Esten Gerd Kanter die Silbermedaille. Im folgenden Olympiajahr wurde Gerd Kanter in Peking auch Olympiasieger, Robert Harting blieb mit 67,09 m nur der vierte Platz hinter Kanter, dem Polen Pjotr Malachowski und dem Litauer Virgilius Alekna.

Bei den Heimweltmeisterschaften 2009 in Berlin gelang Robert Harting dann der Sturm auf den Gipfel. Mit 69,43 m ließ er die Pekinger Medaillengewinner hinter sich. Ein Jahr später drehte der Vizeweltmeister von Berlin Pjotr Malachowski bei den Europameisterschaften in Barcelona den Spieß um und verwies Robert Harting auf den zweiten Platz. Bei den Weltmeisterschaften im koreanischen Daegu verteidigte Robert Harting vor dem Olympiasieger Gerd Kanter seinen Weltmeister-Titel mit einem Wurf auf 68,97 m.

Im Mai 2012 gelang Robert Harting bei den Werfertagen in Halle mit 70,31 m der erste Wurf über 70 m. Mit dieser Leistung und der in den letzten Jahren bei Großereignissen gezeigten Konstanz avancierte er zum Favoriten auf die Goldmedaille bei den Olympischen Spielen in London. Als Geheimtipp wurde der Iraner Ehsan Hadadi gehandelt. Bei den vor den Olympischen Spielen stattgefundenen Europameisterschaften in Helsinki errang Robert Harting mit 68,30 m die Goldmedaille.

Im olympischen Diskusfinale warf Ehsan Hadadi gleich im 1. Versuch den Diskus auf 68,18 m. Robert Harting mit 67,79 m und Virgilius

Alekna mit 67,38 m lagen nicht weit zurück. Dann geschah aber in den nächsten Versuchen nichts Erwähnenswertes mehr. Hatte der 1. Versuch bereits die Entscheidung gebracht? Im 5. Versuch gelang Robert Harting ein Wurf auf 68,27 m, mit dem er Ehsan Hadadi von der Spitze verdrängte. Alle warteten gespannt auf den letzten Versuch des Iraners. Dessen Versuch landete in der Nähe des Versuchs von Robert Harting. Hadadi aber hatte die Begrenzung des Wurfrings berührt, weshalb sein Wurf ungültig gegeben wurde. Robert Harting gewann die ersehnte Goldmedaille. Mit seinem letzten Wurf entriss der Peking-Olympiasieger Gerd Kanter Virgilius Alekna noch die Bronzemedaille.

Robert Harting war dafür bekannt, dass er sich vor lauter Freude über seine Titel das Trikot zerriss. Die Fotographen warteten schon auf diese Szene. Nach den Olympischen Spielen in London verzichtete er auf diese Geste. Als er gefragt wurde, warum er das nicht mehr machte, erklärte er: „Meine Großmutter mag das nicht".

Ein Jahr später verteidigte Robert Harting bei den Weltmeisterschaften in Moskau mit einem Wurf auf 69,11 m erneut seinen Weltmeister-Titel. 2014 war er bei den Europameisterschaften in Zürich erneut nicht zu schlagen. Kurz nach diesen Meisterschaften zog er sich beim Lauftraining einen Kreuzbandriss zu, was zur Folge hatte, dass er für das gesamte Jahr 2015 ausfiel.

Bei den Olympischen Spielen 2016 in Rio de Janeiro erlitt Robert Harting einen Tag vor der Diskus-Qualifikation einen Hexenschuss, was zur Folge hatte, dass er in der Qualifikation chancenlos war. Sein jüngerer Bruder Christoph sprang für ihn in die Bresche und gewann die Goldmedaille. Bei den Weltmeisterschaften 2017 in London und den Europameisterschaften 2018 in Berlin belegte Robert Harting jeweils den sechsten Platz und beendete beim ISTAF in Berlin im September 2018 seine Karriere.

Robert Harting wurde dreimal Sportler des Jahres und erhielt 2019 den Rudolf-Harbig-Gedächtnispreis.

ARMIN HARY

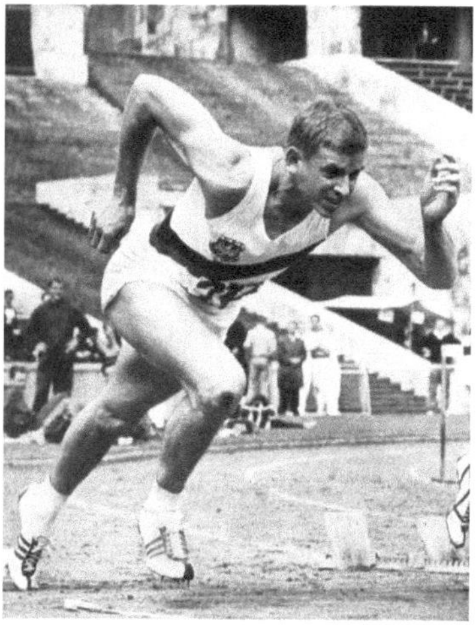

Armin Hary wurde am 22. März 1937 in Gersweiler bei Saarbrücken geboren. In der Jugend spielte Armin Hary Fußball, bevor er mit 16 Jahren zur Leichtathletik wechselte. Nachdem er 1957 bei den deutschen Meisterschaften in Düsseldorf über 100 m noch von Manfred Germar geschlagen worden war, wechselte er 1958 zu Bayer Leverkusen, wo er von dem berühmten Trainer Bert Sumser trainiert wurde.

Bei einem Sportfest in Dortmund lief Armin Hary am 29. März 1958 die 60 y in der Europarekordzeit von 6,1 Sek. Am 20. Juli 1958 stellte er in Hannover den Europarekord von Manfred Germar und Heinz Fütterer über 100 m mit 10,2 Sek. ein. Bei den Europameisterschaften in Stockholm war Manfred Germar über 100 m der Favorit. Armin Hary, der für seine Bilderbuchstarts bekannt war, kam von allen Läufern am schnellsten aus dem Startblock. Auch in der Beschleunigung auf den ersten 40 m war Armin Hary Manfred Germar überlegen. So lief er einen Vorsprung heraus, den Manfred Germar trotz eines eindrucksvollen Schlusssspurts nicht mehr aufholen konnte. Armin Hary wurde Europameister vor Manfred Germar. In der Staffel patzte Armin Hary bei der Stabübergabe von Walter Mahlendorf und kam beim Beschleunigen ins Straucheln. Heinz Fütterer und Manfred Germar rissen die Staffel aber noch aus dem Feuer und führten sie zum Sieg. Damit bescherten Fütterer und Germar Armin Hary die zweite Goldmedaille.

Wenige Tage nach den Europameisterschaften lief Armin Hary am 6. September in Friedrichshafen als erster Mensch die 100 m in 10,0 Sek. Die Zeit wurde nicht als Weltrekord anerkannt, weil die Bahn elf cm zu viel Gefälle hatte. Am 27. September 1958 stellte er in Dortmund mit 10,2 Sek. seinen eigenen Europarekord über 100 m ein. 1959 verbesserte er den deutschen Rekord über 100 y auf 9,4 Sek.

Das große Jahr des Armin Hary kam im Jahr 1960. Am 21. Juni startete er beim Abendsportfest in Zürich über 100 m. Wie gewohnt legte er einen Blitzstart hin, beschleunigte auf den ersten 40 Metern grandios und blieb auch in der zweiten Streckenhälfte locker. Die Uhren blieben bei 10,0 Sek. stehen. Die Zeit wurde aber nicht anerkannt, weil er angeblich einen Fehlstart gemacht hatte. Nachdem der bekannte Düsseldorfer Journalist Gustav Schwenk die Zeitnehmer darauf aufmerksam gemacht hatte, dass der Läufer nach einem nicht zurückgeschossenen Fehlstart nach den IAAF-Regeln das Recht zu einem zweiten Start hat, wurde 45 Minuten später noch einmal ein 100 m-Rennen mit Armin Hary gestartet. Der zweite Lauf wirkte wie eine Kopie des ersten Laufs. Erneut blieben die Uhren bei 10,0 Sek. stehen, eine sogar bei 9,9 Sek. Dieses Mal aber war alles korrekt und Armin Hary ging an diesem Abend als der erste Läufer in die Geschichte ein, der 100 m in 10,0 Sek. gelaufen ist. Damit fuhr Armin Hary als der große Favorit zu den Olympischen Spielen in Rom.

Sein zweiter großer Tag kam am 1. September in Rom. Armin Hary erreichte das Finale über 100 m. Seine Gegner waren die Amerikaner Dave Sime, Frank Budd und Ray Norton, der Brite Peter Radford und der Kubaner Enrique Figuerola. Nach zwei Fehlstarts wurde das Rennen endlich gestartet. Gewarnt durch die Fehlstarts machte Armin Hary für seine Verhältnisse einen vorsichtigen Start, beschleunigte aber enorm und lag bei 40 m in Front. Diesen Vorsprung verteidigte er bis ins Ziel, obwohl auf den letzten Metern der Amerikaner Dave Sime stark aufkam. Am Ende des Tages war Armin Hary nicht nur Weltrekordinhaber, sondern auch Olympiasieger.

In der 4 x 100 m-Staffel wurde Armin Hary als bester Sprinter auf der Gegengeraden eingesetzt. Er lief ein unglaubliches Rennen (Sein Staffelkamerad Bernd Cullmann: „Armin ist ab wie eine Rakete! Das war unglaublich!") und wurde fliegend mit 9,2 Sek. gestoppt. Dank dieser Glanzleistung lag die deutsche Staffel vor dem letzten Wechsel vor den Amerikanern in Führung. Der Silbermedaillengewinner über 100 m Dave Sime fing den deutschen Schlussläufer Martin Lauer kurz vor der Ziellinie aber noch ab. 15 Minuten später wurde die US-Staffel wegen eines Wechselfehlers beim ersten Wechsel disqualifiziert und Deutschland bekam die Goldmedaille.

Nachdem er sich bei einem Autounfall 1960 eine Knieverletzung zugezogen hatte, musste Armin Hary 1961 seine kurze Karriere beenden.

SIFAN HASSAN

Sifan Hassan steht noch nicht am Ende ihrer Karriere, dennoch hat sie mit ihren 31 Jahren so viel erreicht, dass sie es verdient, in diese Liste aufgenommen zu werden.

Sifan Hassan wurde am 1. Januar 1993 in Nazret/Äthiopien geboren. Mit 15 Jahren flüchtete sie mit ihren Eltern in die Niederlande. Am 22. November 2013 nahm die in Eindhoven lebende Sifan Hassan die niederländische Staatsbürgerschaft an. Bei den Europameisterschaften 2014 in Zürich gewann sie über 1.500 m die Goldmedaille und über 5.000 m hinter der Schwedin Meraf Bahta Silber. Im Juli 2015 verbesserte die Äthiopierin Genzebe Dibaba in Monaco den Weltrekord über 1.500 m auf 3:50,07 Min. Hinter der neuen Weltrekordlerin steigerte Sifan Hassan den niederländischen Rekord auf 3:56,05 Min. Bei den Weltmeisterschaften 2015 in Peking belegte Sifan Hassan über 1.500 m den dritten Platz hinter der Weltrekordlerin Genzebe Dibaba und der Kenianerin Faith Kipyegon. Einen kleinen Formknick hatte ihre Leistungskurve im Jahr 2016, wo sie bei den Europameisterschaften in Amsterdam zwar Silber über 1.500 m gewann, bei den Olympischen Spielen in Rio de Janeiro aber nur den fünften Platz belegte. Seit dieser Zeit trainierte Sifan Hassan beim Nike Oregon Project unter Alberto Salazar. Bei den Weltmeisterschaften 2017 in London startete sie über 1.500 m und

5.000 m. Während sie über 1.500 m wie in Rio de Janeiro Fünfte wurde, gelang ihr über 5.000 m mit dem dritten Platz ein Medaillengewinn.

2018 verbesserte Sifan Hassan vier Wochen vor den Europameisterschaften in Berlin in Rabat den 5.000 m-Europarekord auf 14:22,34 Min. Bei den Europameisterschaften sicherte sie sich den Titel über diese Distanz. Im Juli 2019 steigerte Sifan Hassan in Monaco den Meilenweltrekord von Swetlana Masterkowa auf 4:12,33 Min. Bei den Weltmeisterschaften in Doha wagte sie den Doppelstart über 1.500 m und 10.000 m und gewann beide Strecken. Dabei verbesserte sie über 1.500 m den Europarekord auf 3:51,95 Min. Beim Ivo van Damme-Memorial in Brüssel steigerte Sifan Hassan am 4. September 2020 den Stundenweltrekord auf 18.930 m. Sechs Wochen später fiel in Hengelo mit 29:36,67 Min. der Europarekord über 10.000 m. Am 6. Juni 2021 verbesserte sie den 10.000 m-Weltrekord in Hengelo auf 29:06,82 Min. Dieser Rekord hatte allerdings nur ein Haltbarkeitsdatum von zwei Tagen. Dann steigerte die Äthiopierin Gebenset Gidey bei den am selben Ort stattfindenden äthiopischen Olympia-Ausscheidungen den Weltrekord auf 29:01,03 Min.

Sifan Hassan versuchte bei den Olympischen Spielen in Tokio den Gewinn von drei Goldmedaillen. Sie meldete über 1.500 m, 5.000 m und 10.000 m. Im 5.000 m-Lauf begann das Rennen nicht so schnell, dass es die spurtstarke Sifan Hassan hätte erschrecken können. Eingangs der Schlussrunde verschärfte die Kenianerin Helen Obiri enorm das Tempo, aber Sifan Hassan erkannte jetzt Handlungsbedarf und ging das Tempo mit. 250 m vor dem Ziel zog sie an Helen Obiri vorbei und verteidigte den Vorsprung bis ins Ziel. Teil 1 ihres Plans war geschafft. Drei Tage später stand der Lauf über 1.500 m auf dem Programm. In diesem Rennen machte Sifan Hassan das Tempo, wohl um zu erreichen, dass kein zu hohes Tempo gelaufen wurde. Eingangs der Schlussrunde führte Sifan Hassan das Rennen immer noch an. Auf der Gegengeraden machte die Kenianerin Faith Kipyegon enormen Druck und zog an Sifan Hassan vorbei. Auch die Britin Laura Muir überholte sie. Sifan Hassan hatte "keine Beine mehr", um zu kontern, und musste ihren Konkurrentinnen das Feld überlassen. Ihr Plan von drei Goldmedaillen war geplatzt.

Am Schlusstag der Leichtathletik-Wettkämpfe drückte die Weltrekordlerin Gebenset Gidey über 10.000 m so enorm aufs Tempo, dass das Feld förmlich auseinanderflog. Sifan Hassan aber hing wie eine Klette an ihr. Eingangs der Schlussrunde versuchte sich die Äthiopierin noch einmal abzusetzen, hatte aber keine Chance und musste Sifan Hassan den Sieg überlassen. Wenn der Plan auch nicht aufgegangen ist, zwei Gold- und eine Bronzemedaille sind eine überragende Ausbeute. Bei der Schlussfeier durfte Sifan Hassan die Fahne ihres Landes tragen.

Ein Jahr später bei den Weltmeisterschaften in Eugene/USA war Sifan Hassan nach längerer Verletzungspause nicht in der Form, um in den Kampf um die Medaillen eingreifen zu können. Sie kam weder über 5.000 m noch über 10.000 m aufs Podium. Über 1.500 m trat sie nicht an. An den Europameisterschaften in München nahm sie nicht teil. 2023 meldete sie sich in der Weltspitze zurück und gewann im April den London-Marathon. Dass mit ihr wieder zu rechnen ist, bewies sie am 23. Juli 2023 beim Diamond League Meeting in London, wo sie mit 14:13,45 ihren eigenen Europarekord über 5.000 m um neun Sekunden verbesserte. Bei den Weltmeisterschaften stürzte sie im 10.000 m-Lauf in Führung liegend 15 m vor dem Ziel und blieb dadurch ohne Medaille. Über 5.000 m wurde sie Zweite hinter dem neuen Star am Laufhimmel Faith Kipyegon. Über 1.500 m belegte sie den dritten Platz. Im Oktober gewann sie mit der zweitschnellsten jemals gelaufenen Zeit den Chicago-Marathon. Die Zeit von 2:13:44 Std. bedeutete zugleich einen neuen Europarekord.

BOB HAYES

Bob Hayes war der einzige Leichtathlet, der Sprint-Olympiasieger wurde und als Football-Profi den Super Bowl gewann.

Robert Lee „Bob" Hayes wurde am 20. Dezember 1942 in Jacksonville, Florida/USA geboren. Bereits in der Jugend fiel sein außergewöhnliches Talent für den Sprint und den Football-Sport auf. Am 21. Juni 1963 stellte Bob Hayes in St. Louis mit 9,1 Sek. den Weltrekord über 100 y ein. Bei

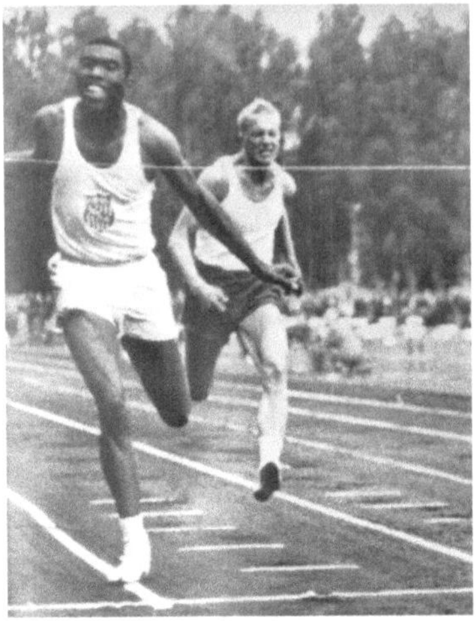

den US-Trials gewann er den 100 m-Lauf in 10,1 Sek. vor Trenton Jackson und Mel Pender und qualifizierte sich für die Olympischen Spiele in Tokio.

In Tokio lief Bob Hayes, der nichts von der Eleganz eines Jesse Owens oder Armin Hary hatte, sondern mit einer Urgewalt über die Aschenbahn stampfte, im Halbfinale, allerdings bei unzulässigem Rückenwind, 9,9 Sek. Im Endlauf schaute man den übrigen Läufern nur bis 40 m zu. Dann richteten sich alle Augen auf Bob Hayes. Er stürmte die Bahn herunter und gewann mit zwei Zehntelsekunden Vorsprung die Goldmedaille. Elektronisch wurden 10,06 Sekunden gemessen, die auf 10,0 Sek. abgerundet wurden. Tatsächlich hatten zwei Zeitnehmer 9,9 Sekunden, einer sogar 9,8 Sekunden gemessen. Diese Zeiten fanden jedoch keinen Eingang in die Ergebnisliste, so dass Bob Hayes um den Ruhm gebracht wurde, als erster Mensch die 100 m unter zehn Sekunden gelaufen zu sein.

In der 4 x 100 m-Staffel lagen die Amerikaner beim letzten Wechsel zwei Meter hinter den Polen und den Franzosen zurück. Dann übernahm Bob Hayes den Stab und schoss mit seiner Urgewalt an den Schlussläufern vorbei, als würden sie stehen. Mi 39,0 Sek. stellten die Amerikaner einen neuen Weltrekord auf. Die Polen und Franzosen verloren noch drei Zehntelsekunden auf die Amerikaner. Bob Hayes wurde fliegend mit einer Zeit von 8,6 Sek. gestoppt. Eine unfassbare Leistung.

Nach den Olympischen Spielen beendete Bob Hayes seine Leichtathletik-Karriere und wurde Football-Profi. Er gewann als Wide Receiver 1971 mit den Dallas Cowboys den Super Bowl und wechselte danach zu den San Francisco 49ers, wo er noch eine Saison spielte und dann seine Laufbahn beendete. 1978 wurde Bob Hayes, der in dieser Zeit drogen- und alkoholabhängig war, wegen Drogenhandels verurteilt und verbrachte zehn Monate im Gefängnis. Er starb völlig verarmt am 18. September 2002 in seiner Heimatstadt an Nierenversagen.

BUD HOUSER

Bud Houser war in der ersten Hälfte des vorigen Jahrhunderts der weltbeste Diskuswerfer. Er wurde als Lemuel Clarence Houser am 25. September 1901 in Winigan, Missouri/USA geboren. 1921 stieß der 19-Jährige im Diskuswurf in die Weltspitze vor, wo er sich mehrere Jahre etablierte. Für die Olympischen Spiele 1924 in Paris zählte Bud Houser zum Favoritenkreis. Er wurde von der amerikanischen Olympiamannschaft aber auch für den Kugelstoß-Wettbewerb gemeldet.

In Paris fand das Kugelstoßen vor dem Diskuswurf statt. Bei seinem ersten Auftreten bei Olympischen Spielen schockte Bud Houser die Konkurrenz, als er in der Qualifikation die Kugel 14,995 m weit stieß. Damit lag er deutlich an der Spitze. Die Qualifikationsleistung wurde auch für den Endkampf gewertet. Bud Houser nahm seine Klasseleistung „in den Endkampf mit". Im Endkampf konnte er sich nicht mehr steigern. Sein Landsmann Glenn Hartranft kam ihm mit einer Weite von 14,895 m noch einmal gefährlich nahe, konnte ihn jedoch nicht von der Spitze verdrängen. Zur Überraschung Aller gewann der Diskuswerfer Bud Houser das Kugelstoßen.

Fünf Tage später stand der Diskus-Wettbewerb auf dem Programm. Bud Houser warf in der Qualifikation mit 46,155 m einen neuen olympischen Rekord. Damit lag er mehr als einen Meter vor dem Finnen Vilho Niittymaa und seinem Landsmann Thomas Lieb. Im Finale konnte sich kein Werfer mehr steigern, sodass die Qualifikationsweiten die Medaillenvergabe bestimmten. Bud Houser gewann seine zweite Goldmedaille.

Am 3. April 1926 stellte er in Stanford mit 48,20 m einen neuen Diskus-Weltrekord auf. Auch für die Olympischen Spiele 1928 in Amsterdam gehörte Bud Houser wieder zum Favoritenkreis. Zu den Favoriten zählten aber auch die Deutschen Hans Hoffmeister und Ernst Paulus. Hans Hoffmeister hatte im Juli mit 48,77 m einen neuen Weltrekord geworfen, der allerdings nicht anerkannt wurde. Ernst Paulus wurde mit 47,35 m deutscher Meister.

Hans Hoffmeister warf in der Qualifikation für ihn indiskutable 39,17 m, mit denen er kläglich scheiterte. Auch Ernst Paulus schaffte es nicht in den Endkampf. Zwar scheiterte er nur um zwei Zentimeter, lag aber mit seiner Weite von 44,15 m immerhin mehr als drei Meter hinter seiner Siegesweite bei den deutschen Meisterschaften. Bud Houser aber präsentierte sich wieder in Topform und warf in der Qualifikation mit 47,32 m einen neuen olympischen Rekord. Diese Weite nahm er wieder mit in den Endkampf. Dort kam der Finne Antero Kivi mit 47,23 m fast auf die Weite von Bud Houser. Obwohl sich Bud Houser im Finale nicht mehr steigern konnte, gewann er wie in Paris die Goldmedaille.

Nach den Olympischen Spielen beendete Bud Houser seine Karriere und arbeitete als Zahnarzt in Palm Springs. Er starb am 1. Oktober 1994 in Gardena, Kalifornien.

JAKOB INGEBRIGTSEN

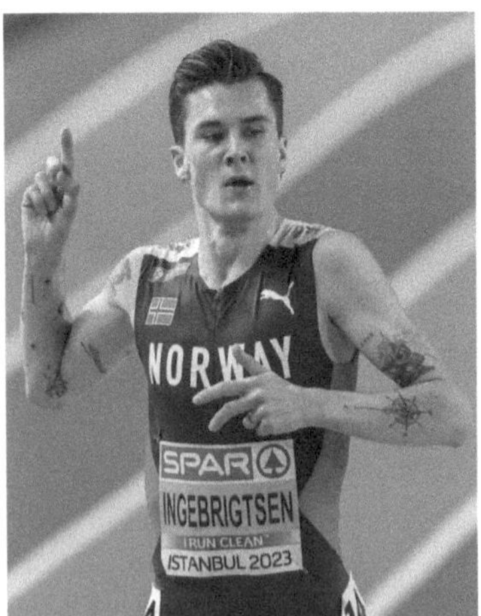

Noch ein Jahr jünger als der großartige Stabhochspringer Armand Duplantis ist der Norweger Jakob Ingebrigtsen. In seinen jungen Jahren hat er allerdings schon Erfolge erzielt, die dazu führen werden, dass er eines Tages zu den ganz großen Leichtathleten gehören wird.

Jakob Ingebrigtsen wurde am 19. September 2000 als fünftes von insgesamt sieben Geschwistern in Sandnes bei Stavanger in Norwegen geboren. Er ist der jüngere Bruder der Leichtathletik-Europameister Henrik und Filip Ingebrigtsen und wurde wie seine Brüder bis zum Sommer 2022 von seinem Vater Gjert Ingebrigtsen trainiert. Jakob Ingebrigtsen begann schon früh mit dem Laufsport und spezialisierte sich auf die Mittelstrecken und die 5.000 m. Bereits als 16-Jähriger wurde er im italienischen Grosseto U 20-Europameister über 5.000 m. Bei diesen Europameisterschaften wagte er einen Ausflug auf die 3.000 m Hindernis-Strecke und gewann auch dort den Titel. Ein Jahr später lief er als jüngster Läufer aller Zeiten die Meile mit 3:58,07 Min. unter vier Minuten und gewann bei den U 20-Weltmeisterschaften im finnischen Tampere die Silbermedaille über 1.500 m und die Bronzemedaille über 5.000 m. Eine Woche später verbesserte er sich beim Diamond-League-Meeting in Monaco über 1.500 m um fünf Sekunden auf 3:31,18 Min. Im selben Rennen lief sein Bruder Filip mit 3:30,01 Min. norwegischen Rekord. In der U 20-Klasse gewann Jakob Ingebrigtsen viermal den Einzel-Titel im Crosslauf und einmal mit der Mannschaft.

2018 startete er noch als 17-Jähriger bei den Europameisterschaften in Berlin und gewann die Titel über 1.500 m und 5.000 m. Bei den Hallen-Europameisterschaften 2019 im schottischen Glasgow gewann Jakob Ingebrigtsen den Titel über 3.000 m und die Silbermedaille über 1.500 m. Im Sommer steigerte er seine Bestzeiten über 1.500 m auf 3:30,16 Min und über 5.000 m auf 13:02,03 Min. Bei den Weltmeisterschaften in Doha musste er Lehrgeld zahlen und wurde über 1.500 m Vierter und über 5.000 m Fünfter.

2020 lief Jakob Ingebrigtsen in Oslo mit 4:50,01 Min. einen neuen Europarekord über 2.000 m. Am 14. August steigerte er beim Diamond-League-Meeting in Monaco den 1.500 m-Europarekord auf 3:28,68 Min. Coronabedingt war die Wettkampf-Saison ausgedünnt, insbesondere wurden die Olympischen Spiele auf 2021 verschoben.

Bei den Hallen-Europameisterschaften 2021 im polnischen Torun gewann Jakob Ingebrigtsen die Titel über 1.500 m und 3.000 m. Im Anschluss gewann er den Titel bei den Cross-Europameisterschaften. Am

10. Juni 2021 verbesserte er in Florenz den Europarekord über 5.000 m auf 12:48,45 Min. Bei den Olympischen Spielen in Tokio trat Jakob Ingebrigtsen nur über 1.500 m an und gewann in neuer Europarekord-Zeit von 3:28,32 Min. vor dem Kenianer Timothy Cheruiyot und dem Briten Josh Kerr die Goldmedaille.

2022 begann Jakob Ingebrigtsen das Jahr mit einem Weltrekord. Am 17. Februar steigerte er den 1.500 m-Hallen-Weltrekord im französischen Lievin auf 3:30,60 Min. Bei den Hallen-Weltmeisterschaften in Belgrad musste er sich über 1.500 m dem Äthiopier Samuel Tefera im Spurt geschlagen geben und gewann die Silbermedaille. Auch bei den Weltmeisterschaften in Eugene/USA überraschte ihn über 1.500 m ein spurtstarker Läufer. Der Brite Jake Wightman verwies ihn auf den zweiten Platz. Jakob Ingebrigtsen hielt sich jedoch über 5.000 m schadlos und gewann vor dem Kenianer Jacob Krop den Titel. Knapp vier Wochen später wagte er bei den Europameisterschaften in München den Doppelstart über 1.500 m und 5.000 m und lief auf beiden Strecken zur Goldmedaille. Die Saison beendete Jakob Ingebrigtsen mit einem Sieg über 1.500 m in 3:29,02 Min. beim Diamond-League-Meeting in Zürich. Mit diesem Sieg gewann er auch die Diamond-League-Gesamtwertung. Danach beendete er die Betreuung durch seinen Vater und wird fortan von seinem Bruder Henrik betreut. Am Ende des Jahres wurde Jakob Ingebrigtsen gemeinsam mit dem schwedischen Stabhochspringer Armand Duplantis zu Europas Leichtathlet des Jahres gewählt. Im März 2023 wurde Jakob Ingebrigtsen Hallen-Europameister über 1.500 m und 3.000 m.

In die Sommersaison 2023 stieg Jakob Ingebrigtsen am 9. Juni in Paris mit einer neuen Weltbestzeit über zwei Meilen ein. Als Zwischenzeit verbesserte er den Europarekord über 3.000 m auf 7:24,00 Min. Sechs Tage später stellte er bei den Bislett Games in Oslo mit 3:27,95 Min. einen neuen Europarekord über 1.500 m auf. Dieser Rekord hatte nicht lange Bestand. Am 16. Juli verbesserte er ihn im polnischen Chorzow auf 3:27,14 Min. Damit reiste er als großer Favorit zu den Weltmeisterschaften nach Budapest. Dort stand ihm mit dem neuen Weltmeister Josh Kerr erneut ein Brite im Weg. Für diese Enttäuschung entschädigte er sich mit dem Weltmeister-Titel über 5.000 m. Am Ende der Saison ließ er noch einmal aufhorchen. Beim Ivo van Damme-Memorial in Brüssel verbesserte er mit 4:43,13 Min. den Weltrekord über 2.000 m. Eine Woche später lief er beim Diamond League-Finale in Eugene/USA mit 3:43,73 Min. Europarekord über eine Meile und mit 7:23,63 Min. Europarekord über 3.000 m. Im Oktober wurde er erneut zu Europas Leichtathlet des Jahres gekürt.

JELENA ISINBAJEWA

Jelena Isinbajewa gilt als die erfolgreichste Stabhochspringerin aller Zeiten.

Sie wurde am 3. Juni 1982 in Wolgograd/Russland geboren. Ihr Stern am Stabhochsprung-Himmel ging bereits 1999 mit 16 Jahren auf, als sie bei den U 18- Weltmeisterschaften im polnischen Bydgoszcz den Titel gewann. Ein Jahr später ließ sie bei den U 20- Weltmeisterschaften in Santiago de Chile den nächsten Titel folgen. Auch bei den U 20-Europameisterschaften im italienischen Grosseto gewann sie den Titel. 2002 gewann Jelena Isinbajewa hinter ihrer Landsfrau Swetlana Feofanowa bei den Europameisterschaften in München die Silbermedaille. Bei den Weltmeisterschaften 2003 in Paris musste sie sich erneut Swetlana Feofanowa beugen. Zwischen die beiden schob sich noch die Deutsche Annika Becker.

2004 kam es bei den Olympischen Spielen in Athen zum erneuten Showdown mit Swetlana Feofanowa. Beide Springerinnen überquerten die Höhe von 4,75 m und waren damit nur noch allein im Wettbewerb. Jelena Isinbajewa überquerte die Höhe von 4,80 m, woraufhin Swetlana Feofanowa die Höhe von 4,90 m auflegen ließ. Sie scheiterte dreimal, was für Jelena Isinbajewa die Goldmedaille bedeutete. Damit begnügte sie sich jedoch nicht, sondern ließ die Weltrekordhöhe von 4,91 m auflegen, die sie übersprang. In den folgenden Monaten verbesserte sie mehrfach ihren eigenen Weltrekord, bis am 22. Juli 2005 in London die Traumgrenze fiel. Jelena Isinbajewa übersprang als erste Frau der Welt 5,00 m. Nur wenige Wochen später verbesserte sie bei den Weltmeisterschaften in Helsinki diesen Rekord auf 5,01 m und distanzierte die Polin Monika Pyrek und die Tschechin Pavla Hamackova.

Ein Jahr später wurde Jelena Isinbajewa in Göteborg Europameisterin. Bei den Weltmeisterschaften 2007 in Osaka verteidigte sie ihren Titel. Ein Jahr später bei den Olympischen Spielen in Peking hatte sie bereits nach zwei Sprüngen mit 4,85 m die Goldmedaille vor der amerikanischen Olympiasiegerin von Sydney Stacy Dragila gewonnen. Jelena Isinbajewa aber setzte noch einen drauf. Mit 5,05 m stellte sie einen neuen Weltrekord auf. Ein Jahr später scheiterte sie bei den Weltmeisterschaften in Berlin an ihrer Anfangshöhe. Wenig später verbesserte sie am 28. August 2009 beim IAAF Golden League-Meeting in Zürich zum letzten Mal ihren Weltrekord auf 5,06 m.

Nach einer durchwachsenen Saison mit wenigen Starts belegte sie bei den Weltmeisterschaften 2011 in Daegu nur den sechsten Platz. Bei den Olympischen Spielen 2012 in London gewann Jelena Isinbajewa mit einer deutlich unter ihren Möglichkeiten liegenden Höhe von 4,70 m hinter der Amerikanerin Jennifer Suhr und der Brasilianerin Yarisley Silva die Bronzemedaille. Bei den Heimweltmeisterschaften 2013 in Moskau gewann sie erneut den Weltmeister-Titel. 2014 gebar sie ein Kind und startete deshalb 2014 und 2015 nicht.

An den Olympischen Spielen in Rio de Janeiro 2016 konnte sie nicht teilnehmen, weil russische Sportler, die sich nicht unabhängigen Anti-Doping-Tests unterworfen hatten, bei den Spielen nicht an den Start gehen durften. Danach beendete sie ihre Karriere. Sie gilt als glühende Anhängerin von Wladimir Putin. Neben ihren zahlreichen Titeln im Freien gewann Jelena Isinbajewa noch viermal den Titel einer Hallen-Weltmeisterin und stellte eine Vielzahl von Hallenweltrekorden auf.

VOLMARI ISO-HOLLO

Volmari Fritjof „Vomma" Iso-Hollo wurde am 5. Januar 1907 in Ylöjärvi/Finnland geboren. Als Jugendlicher betrieb er Skilanglauf, Boxen und Kunstturnen. Als er in die Armee eintrat, begann er mit dem Leichtathletik-Training. Er lief alle Distanzen auf den Mittel- und Langstrecken, einschließlich des Hindernislaufs. 1932 qualifizierte er sich im 3.000 m-Hindernislauf und über 10.000 m für die Olympischen Spiele in Los Angeles. Am 31. Juli 1932 startete er über 10.000 m. Bereits kurz nach dem Start setzte er sich mit seinem Landsmann Lauri Virtanen und dem Polen Janusz Kusocinski vom Feld ab. Als Lauri Virtanen abreißen lassen musste, entwickelte sich ein Zweikampf zwischen Kusocinski und Iso-Hollo, den der Pole im Spurt für sich entschied. Volmari Iso-Hollo blieb die Silbermedaille.

Sieben Tage später trat Volmari Iso-Hollo zum 3.000 m-Hindernislauf an. Dieser Lauf ging nicht über 3.000 m, sondern über 3.400 m, weil der für die Betätigung der Rundenglocke zuständige Kampfrichter sein Augenmerk auf den gleichzeitig stattfindenden Stabhochsprung richtete und die in die letzte Runde gehenden Hindernisläufer nicht wahrnahm. Auf diese Weise liefen die Läufer eine zusätzliche Runde und damit indiskutable Zeiten. Da Volmari Iso-Hollo zu diesem Zeitpunkt weit in Führung lag, konnte auch die Zusatzrunde seinen Sieg nicht gefährden. Er gewann mit fast 13 Sekunden Vorsprung die Goldmedaille.

Im Jahr 1933 verbesserte Volmari Iso-Hollo in Lahti mit 9:09,4 Min. die Weltbestzeit über 3.000 m Hindernis. 1934 gehörte der Hindernis-Lauf nicht zum Programm der ersten Europameisterschaften in Turin. Volmari Iso-Hollo hatte deshalb keine Gelegenheit, dort sein außergewöhnliches Können auf der Hindernis-Strecke zu beweisen. Auch für die Olympischen Spiele 1936 in Berlin qualifizierte sich Volmari Iso-Hollo über 3.000 m Hindernis und 10.000 m. Über 10.000 m gewann er hinter seinen Landsleuten Ilmari Salminen und Arvo Askola die Bronzemedaille. Sechs Tage später stand der 3.000 m-Hindernislauf an, in dem Volmari Iso-Hollo der Favorit war, obwohl der Amerikaner Harold Manning drei Wochen vor dem olympischen Finale Iso-Hollos Weltbestzeit verbessert hatte.

Volmari Iso-Hollo schlug ein so hohes Tempo an, dass ihm nur noch sein Landsmann Martti Matilainen, der Amerikaner Harold Manning und der Deutsche Alfred Dompert folgen konnten. Wenig später fand der Finne Kalle Tuominen Anschluss an das Quartett. Zwei Runden vor Schluss verschärfte Iso-Hollo noch einmal das Tempo. Jetzt fielen auch der Amerikaner und der Finne Matilainen zurück. In der letzten Runde setzte sich Iso-Hollo von seinen beiden noch verbliebenen Begleitern ab und gewann in neuer Weltbestzeit von 9:03,8 Min. die Goldmedaille.

Obwohl er bereits seit Mitte der 30-iger Jahre an Rheuma litt, setzte Volmari Iso-Hollo bis 1945 seine Karriere fort. Er starb am 23. Juni 1969 in Heinola/Finnland.

MARJORIE JACKSON

Marjorie Jackson wurde am 13. September 1931 in Coffs Harbour/Australien geboren. Als 17-Jährige trat sie 1949 international erstmals in Erscheinung, als sie mehrfach die viermalige Olympiasiegerin Fanny Blankers-Koen über 100 m besiegte. 1950 bei den British Empire Games in Auckland gewann sie die 100 y, die 220 y und war Mitglied der siegreichen australischen Staffeln über 4 x 440 y und 4 x 660 y. Man gab Marjorie Jackson den Spitznamen „Pfeil von Lightgow“ (nach ihrem Wohnort in New South Wales). Nach ihren Auftritten bei den British Empire Games war sie die große Favoritin für die Sprintrennen bei den Olympischen Spielen 1952 in Helsinki.

Über 100 m bewies Marjorie Jackson ihre Sonderklasse und deklassierte die Konkurrenz. Mit drei Zehntelsekunden Vorsprung gewann sie die Goldmedaille vor der Südafrikanerin Daphne Hasenjäger und ihrer Landsfrau Shirley Strickland. Auch über 200 m war Marjorie Jackson dominant. Mit dem erstaunlichen Vorsprung von fünf Zehntelsekunden gewann sie ihre zweite Goldmedaille vor der Niederländerin Bertha Brouwer und der Russin Nadeshda Chnykina. Mit Marjorie Jackson und Shirley Strickland in ihren Reihen schien die Staffel-Goldmedaille für Australien reserviert. Bereits im Vorlauf verbesserte die australische Staffel den Weltrekord um drei Zehntelsekunden auf 46,1 Sek. Aber ausgerechnet Marjorie Jackson griff beim letzten Wechsel neben den Stab, der daraufhin zu Boden fiel. Die australische Goldmedaille lag auf der Aschenbahn. Gold gewannen die Amerikanerinnen vor der deutschen Staffel. Beide

Staffeln liefen mit 45,9 Sek. Weltrekord. Trotz des Stabverlustes wurde Australien in 46,6 Sek. noch Fünfter.

Bei den British Empire und Commonwealth Games 1954 in Vancouver gewann Marjorie Jackson die Goldmedaillen über 100 y, 220 y und mit der australischen 4 x 110 y-Staffel. Zwischen 1950 und 1954 verbesserte Marjorie Jackson zehnmal die Weltrekorde auf den Strecken 100 y, 100 m, 220 y und 200 m. Ein Jahr nach ihrer Hochzeit mit dem Radrennfahrer Peter Nelson beendete Marjorie Jackson nach den British Empire und Commonwealth Games 1954 ihre Karriere. Sie wurde von der englischen Königin als Member of the Order of the British Empire ausgezeichnet. Bei den Olympischen Spielen 2000 in Sydney trug Marjorie Jackson mit anderen Sportlern bei der Eröffnungsfeier die Fackel ins Olympiastadion.

Von November 2001 bis August 2007 war Marjorie Jackson Gouverneurin von South Australia.

MATTI JÄRVINEN

Matti Järvinen war Anfang der dreißiger Jahre des vorigen Jahrhunderts der überragende Speerwerfer.

Matti Henrikki Järvinen wurde am 18. Februar 1909 in Tampere/Finnland geboren. Am 28. Juli 1930 trat er in den Blickpunkt der Öffentlichkeit, als er in Stockholm den Weltrekord im Speerwurf auf 72,38 m verbesserte. Dieser Rekord fand jedoch keine Anerkennung. Am 8. August gelang Matti Järvinen in Vilpuri ein gültiger Weltrekord mit 71,57 m. Diesen Rekord verbesserte Matti Järvinen im Jahr 1930 noch dreimal auf schließlich 72,93 m. Im Vorfeld der Olympischen Spiele von Los Angeles gelang Matti Järvinen am 27. Juni 1932 in Turku ein Wurf auf 74,02 m. Wer sollte ihn bei den Olympischen Spielen schlagen?

Mit fünf Würfen warf Matti Järvinen in Los Angeles weiter als alle anderen Teilnehmer. Im dritten Versuch verbesserte er den olympischen Rekord auf 72,71 m und gewann damit die Goldmedaille vor seinen finnischen Landsleuten Matti Sippala und Eino Penttilä. Im nacholympischen Jahr steigerte Matti Järvinen dreimal den Weltrekord auf 76,10 m.

Bei den Europameisterschaften 1934 in Turin verbesserte er erneut den Weltrekord und wurde mit 76,66 m Europameister. Sein Dauerrivale Matti Sippala lag mehr als sieben Meter zurück. Am 18. Juni 1936 warf Matti Järvinen in Helsinki mit 77,23 m seinen letzten Weltrekord.

Vor den Olympischen Spielen 1936 in Berlin zog sich Matti Järvinen eine Rückenverletzung zu, die ihn bei den Spielen an der vollen Entfaltung seines Könnens hinderte. Er machte nur vier gültige Versuche, bei denen keiner über 70 Meter kam, und wurde mit 69,18 m nur Fünfter. Der Deutsche Gerhard Stöck nutzte diese Chance und gewann mit 71,84 m die Goldmedaille.

Zwei Jahre später bei den Europameisterschaften in Paris war Matti Järvinen wieder der Alte und gewann mit 76,87 m zum zweiten Mal den Europameister-Titel. Danach beendete er seine Karriere.

Mattis Vater Verner Järvinen gewann bei den Olympischen Spielen 1908 in London im Diskuswurf die Bronzemedaille. Mattis Bruder Akilles war Zehnkämpfer und gewann 1928 und 1932 bei den Olympischen Spielen die Silbermedaille. Matti Järvinen starb am 22. Juli 1985 in Helsinki.

MICHAEL JOHNSON

Michael Johnson war mit vier olympischen Goldmedaillen und acht Weltmeister-Titeln einer der erfolgreichsten Leichtathleten.

Michael Duane Johnson wurde am 13. September 1967 in Dallas, Texas/USA geboren. Erst als Student der Baylor University of Texas betrieb er ernsthaft Leistungssport und verbesserte sich 1990 über 200 m auf 19,85 Sek. und über 400 m auf 44,21 Sek.

Bei den Weltmeisterschaften 1991 in Tokio gewann er den 200 m-Lauf in 20,01 Sek. vor Frankie Fredericks aus Namibia, der noch über einen längeren Zeitraum sein Rivale auf dieser Strecke bleiben sollte. Bei den

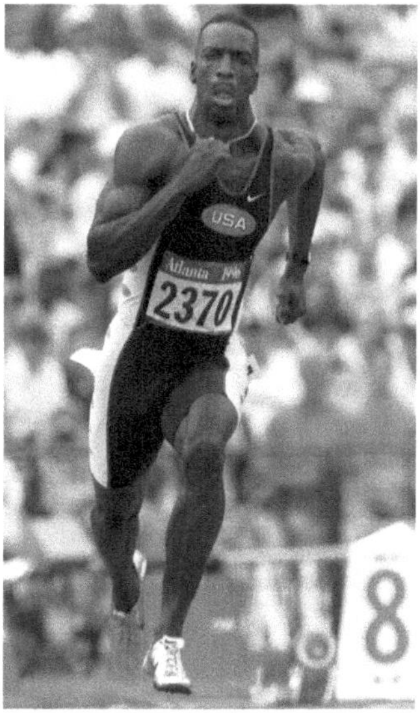

Olympischen Spielen 1992 in Barcelona litt Michael Johnson an den Folgen einer Lebensmittelvergiftung und schied im Halbfinale über 200 m aus. Über 400 m hatte er sich nicht für die Olympischen Spiele qualifiziert. Jedoch kam er in der 4 x 400 m-Staffel der USA zum Einsatz, mit der er in Weltrekordzeit die Goldmedaille gewann. Bei den US-Trials für die Weltmeisterschaften 1993 in Stuttgart lief Michael Johnson über 400 m 43,74 Sek. Diese Zeit bestätigte er in Stuttgart bei seinem Sieg in 43,65 Sek. In der 4 x 400 m-Staffel gewann er seinen zweiten Titel. Mit Andrew Valmon, Quincy Watts und Harry „Butch" Reynolds verbesserte er in diesem Rennen den Weltrekord auf 2:54,29 Min., eine Zeit, die heute noch gültiger Weltrekord ist.

Bei den Weltmeisterschaften 1995 in Göteborg gelang Michael Johnson ein Dreifach-Triumph. Er wurde Weltmeister über 200 m, 400 m und mit der 4 x 400 m-Staffel. Über 200 m hatte er einen Vorsprung von 33 Hundertstelsekunden vor dem Weltmeister von 1993 Frankie Fredericks. Über 400 m verfehlte er den Weltrekord seines Landsmanns Harry „Butch" Reynolds nur um eine Zehntelsekunde. Damit fuhr er als großer Favorit zu den Olympischen Spielen in Atlanta.

Im Vorfeld der Spiele verbesserte er bei den US-Trials in Atlanta am 23. Juni 1996 den 17 Jahre alten 200 m-Weltrekord des Italieners Pietro Mennea um sechs Hundertstelsekunden auf 19,66 Sek. Bei den Spielen drang Michael Johnson über 200 m in neue Dimensionen vor. Mit einer selten gesehenen Überlegenheit distanzierte er Frankie Fredericks und verbesserte seinen eigenen Weltrekord von 19,66 Sek. auf 19,32 Sek. Wie stark auch Frankie Fredericks lief, zeigt die Tatsache, dass er den alten Weltrekord von Michael Johnson mit 19,68 Sek nur um zwei Hundertstelsekunden verfehlte. Über 400 m enteilte Michael Johnson der Konkurrenz ähnlich souverän wie über 200 m und wurde mit einem Vorsprung von 92 Hundertstelsekunden Olympiasieger. Dennoch war das Publikum enttäuscht, weil er den Weltrekord von Harry Reynolds um zwei Zehntelsekunden verfehlt hatte. In der Staffel wurde Michael Johnson nicht eingesetzt. Die Amerikaner konnten es sich leisten, auf ihren besten Läufer zu verzichten.

Im Folgejahr gewann Michael Johnson in Athen erneut den Weltmeister-Titel über 400 m in 44,12 Sek., verzichtete aber auf einen Start über 200 m und in der Staffel. 1999 in Sevilla wartete der 400 m-Titel erneut auf Michael Johnson. Mit dem neuen Weltrekord von 43,18 Sek. verbesserte er den bisherigen Weltrekord von Harry „Butch" Reynolds um elf Hundertstelsekunden.

Bei den Olympischen Spielen 2000 in Sydney gewann Michael Johnson den 400 m-Lauf vor seinem Landsmann Alvin Harrison mit 43,84 Sek. Auch in der 4 x 400 m-Staffel waren die USA mit Schlussläufer Michael Johnson nicht zu schlagen. Der Staffel wurde jedoch die Goldmedaille aberkannt, weil sich später herausstellte, dass der zweite Läufer Antonio Pettigrew gedopt war.

Michael Johnson beendete 2001 noch vor den Weltmeisterschaften in Edmonton seine Karriere. Antonio Pettigrew nahm sich 2010 das Leben.

JACKIE JOYNER-KERSEE

Jackie Joyner wurde am 3. März 1962 in East St. Louis, Illinois/USA geboren. Wie ihr Bruder Al Joyner und ihre Schwägerin Florence Griffith-Joyner wurde Jackie Joyner von Bob Kersee trainiert, den sie 1986 heiratete. Wie ihre Schwägerin vollbrachte sie Leistungen, die damals wie heute Staunen hervorrufen.

Bei den Olympischen Spielen 1984 in Los Angeles trat Jackie Joyner in den Blickpunkt der Öffentlichkeit, als sie im Siebenkampf hinter der siegreichen Australierin Glyniss Nunn mit nur fünf Punkten Rückstand

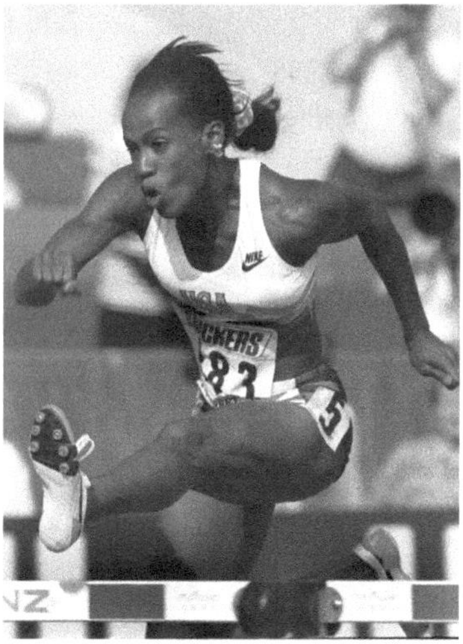

die Silbermedaille gewann. Am 6. und 7. Juli 1986 stellte sie mit 7.148 Punkten in Moskau einen neuen Siebenkampf-Weltrekord auf, den sie drei Wochen später in Houston um 10 Punkte verbesserte. Bei den Weltmeisterschaften 1987 in Rom gewann Jackie Joyner-Kersee sowohl den Titel im Weitsprung mit 7,36 m als auch im Siebenkampf mit 7.128 Punkten. Obwohl im Siebenkampf ein neuer Weltrekord möglich war, brach sie im 800 m-Lauf den Sturm auf die neue Bestmarke ab, weil sie sich für das Weitsprung-Duell mit Heike Drechsler schonen wollte. Bei den US-Trials für die Olympischen Spiele 1988 in Seoul stellte Jackie Joyner-Kersee in Indianapolis mit 7.215 Punkten einen neuen Weltrekord auf, der das Jahr 1988 allerdings nicht überstehen sollte. Dabei begeisterte sie mit einem 200 m-Lauf von 22,30 Sek.

Bei den folgenden Spielen gewann Jackie Joyner-Kersee die Goldmedaille im Weitsprung mit dem olympischen Rekord von 7,40 m vor Heike Drechsler, der trotz eines Sprungs auf 7,22 m nur die Silbermedaille blieb. Im Siebenkampf holte sich Jackie Joyner-Kersee nicht nur die Goldmedaille ab, sondern verbesserte auch den Weltrekord auf kaum zu glaubende 7.291 Punkte. Ihre Einzelleistungen lauteten: 100 m Hürden: 12,69 Sek; Hochsprung: 1,86 m; Kugelstoßen: 15,80 m; 200 m: 22,56; Weitsprung: 7,27 m; Speerwurf: 45,66 m; 800 m: 2:08,51. Es braucht nicht erwähnt zu werden, dass dieser Weltrekord heute noch Bestand hat. Ihre Leistungen liegen mehr als 200 Punkte über denen der nächstbesten Siebenkämpferin.

Bei den Weltmeisterschaften 1991 in Tokio gewann Jackie Joyner-Kersee zwar mit 7,32 m den Weitsprung-Titel, gab im Siebenkampf jedoch verletzt auf und musste der Deutschen Sabine Braun den Titel überlassen.

Bei den Olympischen Spielen 1992 in Barcelona gewann sie mit 7.044 Punkten die Goldmedaille im Siebenkampf, im Weitsprung musste sie sich aber Heike Drechsler und der für die Gemeinschaft Unabhängiger Staaten startenden Ukrainerin Inessa Kravets geschlagen geben. Ein Jahr später gewann sie bei den Weltmeisterschaften in Stuttgart wieder den Titel im Siebenkampf. Bei den Olympischen Spielen 1996 in Atlanta gewann Jackie Joyner-Kersee hinter der Nigerianerin Chioma Ajunwa und der Italienerin Fiona May mit 7,00 m die Bronzemedaille. Im Siebenkampf gab sie auf.

Nach diesen Olympischen Spielen trat sie nicht mehr in Erscheinung. Erwähnt werden muss noch, dass Jackie Joyner-Kersee im Weitsprung eine Bestleistung von 7,49 m hat. Das ist die zweitbeste jemals erzielte Weite.

ALBERTO JUANTORENA

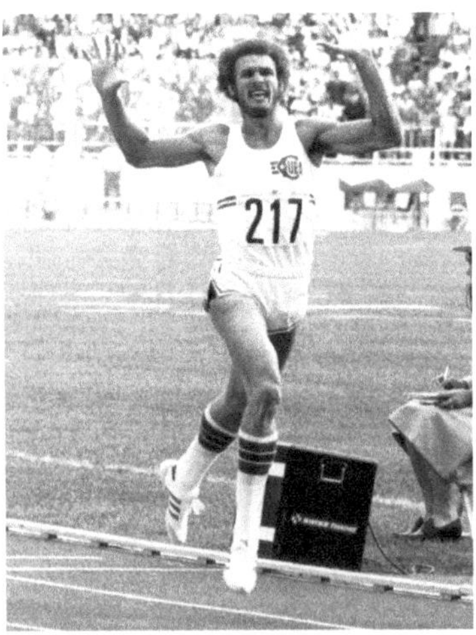

Alberto Juantorena wurde am 21. November 1950 in Santiago de Cuba auf Kuba geboren. Anfang der 70-iger Jahre wurde sein Lauftalent entdeckt. Nach nur einem Jahr Lauftraining startete er bei den Olympischen Spielen 1972 in München und schied dort im Halbfinale über 400 m aus. Ein Jahr später bei der Universiade in Moskau wurde er Studentenweltmeister über 400 m. Bei den zwei Jahre später stattfindenden Panamerikanischen Spielen in Mexiko City wurde er über 400 m und mit der 4 x 400m-Staffel Kubas Zweiter. Sein großes Jahr folgte 1976.

Bei den Olympischen Spielen in Montreal gewann Alberto Juantorena, den sie wegen seiner großen Schrittlänge „El Caballo (das Pferd)" nannten, über 400 m die Goldmedaille in 44,26 Sek. vor den Amerikanern Fred Newhouse und Herman Frazier. Sechs Tage vorher war er auch über 800 m an den Start gegangen. Das ist eine ungewöhnliche Konstellation, weil die 400 m-Strecke eine Sprintstrecke, die 800 m aber eine Mittelstrecke sind. Zwar liefen auch Rudolf Harbig und Mario Lanzi beide Strecken, vor Alberto Juantorena hat es einen solchen Doppelstart bei Olympischen Spielen aber nur durch den Amerikaner Mal Whitfield und den Jamaikaner Arthur Wint gegeben, nach Alberto Juantorena nie mehr. Alberto Juantorenas vielleicht gefährlichster Konkurrent über 800 m, der Kenianer Mike Boit, fehlte in Montreal wegen des Boykotts der Spiele durch die afrikanischen Staaten. So wurde der Amerikaner Rick Wohlhuter als Juantorenas gefährlichster Gegner eingeschätzt. Das Rennen wurde flott begonnen. An der 500 m-Marke setzte sich Alberto Juantorena entschlossen an die Spitze und vergrößerte auf der Gegengeraden das Tempo. Rick Wohlhuter heftete sich an seine Fersen und bog hinter Juantorena auf die Zielgerade ein. Juantorena aber hielt das Tempo hoch und passierte mit einem neuen Weltrekord von 1:43,50 Min. die Ziellinie. Rick Wohlhuter verließen auf der Zielgeraden die Kräfte, so dass ihn der Belgier Ivo van Damme noch überholen konnte.

Ein Jahr später startete Alberto Juantorena beim Leichtathletik-Weltcup in Düsseldorf wieder auf beiden Strecken und war auf diesen Strecken erfolgreich. Im selben Jahr gewann er bei der Universiade in Sofia die Goldmedaille über 800 m.

In den folgenden Jahren wurde Albert Juantorena von zahlreichen Verletzungen heimgesucht. Er erreichte nie mehr das Leistungsvermögen der Jahre 1976 und 1977 und beendete 1984 seine Karriere. Seit seinem Rücktritt ist Alberto Juantorena in Kuba als Sportfunktionär in Spitzenpositionen tätig.

TATJANA KASANKINA

Tatjana Wassiljewna Kasankina wurde am 17. Dezember 1951 in Petrowsk/Sowjetunion geboren. Bei den Europameisterschaften 1974 in Rom tauchte Tatjana Kasankina als Vierte über 1.500 m erstmalig in der internationalen Leichtathletik-Szene auf. Ihr Stern ging endgültig im Jahr 1976 auf.

Einen Monat vor den Olympischen Spielen in Montreal verbesserte sie im russischen Podolsk den Weltrekord über 1.500 m um sage und schreibe 5,4 Sekunden auf 3:56,0 Min. Damit bewies sie, dass sie sich in Topform befand. Das 800 m-Rennen der Olympischen Spiele begann die DDR-Läuferin Elfi Zinn in einem hohen Tempo. Vor der 400 m-Marke wurde sie jedoch eingeholt. Tatjana Kasankina lag zu diesem Zeitpunkt auf dem sechsten Platz. Auf der Gegengeraden der Schlussrunde überholte sie die fünf vor ihr liegenden Läuferinnen und erhöhte noch einmal das Tempo. Auf der Zielgeraden spurtete sie bis ins Ziel und gewann in neuer Weltrekordzeit von 1:54,94 Min. die Goldmedaille.

Über 1.500 m begann das Rennen überraschend langsam. Deshalb überraschte es nicht, dass das Feld 300 m vor dem Ziel noch geschlossen war. Eingangs der Zielgeraden lag die spurtstarke DDR-Läuferin Gunhild Hoffmeister in Führung. Dann aber begann Tatjana Kasankina zu spurten und Gunhild Hoffmeister hatte trotz ihrer bekannten Spurtstärke dem nichts entgegenzusetzen. Tatjana Kasankina gewann ihre zweite Goldmedaille. Ein Jahr später gewann sie beim Weltcup in Düsseldorf den 1.500 m-Lauf. Bei den Europameisterschaften 1978 in Prag ging Tatjana Kasankina nicht an den Start. 1979 legte sie eine Babypause ein. Im Sommer 1980 war sie aber wieder in Form.

Am 6. Juli 1980 verbesserte sie in Moskau ihren eigenen 1.500 m-Weltrekord um eine Sekunde auf 3:55,0 Min. Bei den Olympischen Spielen in Moskau begann das 1.500 m-Rennen nicht allzu schnell. Bis zur 900 m-Marke lagen die 800 m-Olympiasiegerin Nadeshda Olisarenko und ihre Landsfrau Lubow Smolka in Führung. Dann verschärfte Tatjana Kasankina das Tempo so sehr, dass das Feld auseinanderriss. Während Tatjana Kasankina ihren Vorsprung ständig vergrößerte, fielen Nadeshda Olisarenko und Lubow Smolka zurück. Der DDR-Läuferin Christiane Wartenberg gelang es, sich aus dem Feld zu lösen und Tatjana Kasankina zu folgen. Sie hatte jedoch keine Chance mehr, die Russin zu erreichen. Tatjana Kasankina gewann mit neuem olympischem Rekord von 3:56,56 Min. die Goldmedaille vor Christiane Wartenberg, die mit 3:57,71 Min. den noch heute gültigen deutschen Rekord aufstellte.

Beim Abendsportfest in Zürich verbesserte Tatjana Kasankina am 13. August 1980 ihren eigenen Weltrekord noch einmal deutlich auf 3:52,47 Min., womit sie auf dieser Strecke schneller war als es der große Paavo Nurmi jemals war. Dann wechselte sie auf die 3.000 m-Strecke. Bei den Weltmeisterschaften 1983 in Helsinki wurde sie hinter der Amerikanerin Mary Decker und der Deutschen Brigitte Kraus Dritte. Am 26. August 1984 verbesserte Tatjana Kasankina den Weltrekord auf dieser Strecke in Leningrad auf 8:22,62 Min. Danach wurde sie 18 Monate gesperrt, weil sie einen Dopingtest verweigert hatte.

Sie trat dann international nur noch einmal in Erscheinung. Bei der Weltmeisterschaft im 15 km-Straßenlauf gewann sie mit der sowjetischen Mannschaft 1986 die Goldmedaille. Danach beendete sie ihre Karriere. Ihr 1.500 m-Weltrekord von Zürich war bis 2019 Europarekord.

KIPCHOGE KEINO

Kipchoge Keino wurde am 17. Januar 1940 in Kipsamo/Kenia geboren. International trat er erstmalig bei den Olympischen Spielen 1964 in Tokio in Erscheinung, wo er über 5.000 m Fünfter wurde, obwohl dem an die Hitze Afrikas gewöhnten Läufer die äußeren Bedingungen, Regen und kühle Temperaturen, überhaupt nicht entgegenkamen. Am 27. August 1965 verbesserte Kipchoge Keino in Helsingborg den Weltrekord über 3.000 m auf 7:39,6 Min. Ein Vierteljahr später steigerte er am 30. November in Auckland den 5.000 m-Weltrekord auf 13:24,2 Min. Bei den Afrika Games 1965 in Brazzaville gewann er die Goldmedaille über 1.500 m und 5.000 m. Ein Jahr später war er bei den Commonwealth Games in Kingston über eine Meile und drei Meilen nicht zu besiegen.

Bei den Olympischen Spielen 1968 machte sich Kipchoge Keino nur Gedanken darüber, wie er über 1.500 m dem allseits gefürchteten Spurt des amerikanischen Weltrekordlers Jim Ryun standhalten könnte. Er entschloss sich ab der 800 m-Marke zu einem mutigen Tempolauf. Während er an der Spitze Tempo machte, versuchten ihm die beiden Deutschen Bodo Tümmler und Harald Norpoth zu folgen. Jim Ryun bummelte zu diesem Zeitpunkt noch am Ende des Feldes. Zu Beginn der letzten Runde lag Kipchoge Keino mehrere Meter vor den beiden Deutschen vorn. Kipchoge Keino aber verschärfte in der Zielkurve noch einmal das Tempo und war auf der Zielgeraden dem gesamten Feld enteilt. Mit einem Vorsprung von 2,9 Sekunden und dem neuen olympischen Rekord von 3:34,9 Min. passierte er vor dem heranfliegenden Jim Ryun die Ziellinie. Bodo Tümmler und Harald Norpoth wurden Dritter und Vierter.

Im 5.000 m-Lauf startete Kipchoge Keino erneut und lieferte sich bis in die Schlussrunde ein packendes Duell mit dem Tunesier Mohamed Gammoudi und seinem Landsmann Naftali Temu. In der Zielkurve griff Kipchoge Keino den vor ihm liegenden Mohamed Gammoudi an. Der aber mobilisierte seine letzten Kräfte und kam mit zwei Zehntelsekunden Vorsprung vor Kipchoge Keino ins Ziel.

Bei den Commonwealth Games 1970 in Edinburgh gewann Kipchoge Keino die Goldmedaille über 1.500 m und Bronze über 5.000 m. Bei den Olympia-Ausscheidungen der Kenianer für die Olympischen Spiele in München qualifizierte sich Kipchoge Keino nicht nur über 1.500 m, sondern auch im 3.000 m-Hindernislauf.

Im 1.500 m -Vorlauf der Olympischen Spiele touchierte der Ghanaer Billy Fordjour den großen Favoriten Jim Ryun, wodurch beide Läufer an der 1.000 m-Marke zu Fall kamen. Jim Ryun nahm das Rennen noch einmal auf, hatte aber keine Chance mehr, das enteilte Feld zu erreichen. Ohne den ausgeschiedenen Favoriten wurden die Karten neu gemischt. Im

Endlauf sorgte zunächst der Brite Brendon Foster für das Tempo. Nach 700 m übernahm Kipchoge Keino die Führung. 150 m weiter heftete sich der Finne Pekka Vasala an Keinos Fersen. 90 m vor dem Ziel ging Pekka Vasala an Keino vorbei und spurtete zur Goldmedaille. Kipchoge Keino gewann die Silbermedaille vor dem Neuseeländer Rod Dixon.

Im 3.000 m-Hindernislauf lag der Pole Bronislaw Malinowski bis zur letzten Runde vor drei Kenianern und dem Finnen Tapio Kantanen in Führung. Dann ging Kipchoge Keino in Führung und zog einen langen Spurt. Als herausragender Mittelstreckler konnte Keino sicher sein, dass er im Spurt die größte Schnelligkeit haben würde. Nur der Kenianer Ben Jipcho und der Finne konnten noch einigermaßen mithalten. Auf der Zielgeraden lief jedoch Kipchoge Keino zur Goldmedaille.

Bei den Afrika Games 1973 in Lagos gewann Kipchoge Keino noch einmal die Silbermedaille über 1.500 m. Danach beendete er seine Karriere. In Kenia ist Kipchoge Keino Präsident des Nationalen Olympischen Komitees.

ELIUD KIPCHOGE

Eliud Kipchoge ist einer der besten Langstreckenläufer aller Zeiten.

Er wurde am 5. November 1984 im kenianischen Kapsisiywa geboren. Bereits mit 17 Jahren wurde er mit dem kenianischen Team in Dublin U 20-Weltmeister im Crosslauf. Ein Jahr später wurde er in Lausanne Junioren-Weltmeister im Crosslauf im Einzel und im Team. Im selben Jahr verblüffte der 18-Jährige die Fachwelt, als er bei den Weltmeisterschaften in Paris über 5.000 m die favorisierten Hicham El Guerrouj und Kenenisa Bekele düpierte und in 12:52,79 Min. Weltmeister wurde. Die Zeit bedeutete Junioren-Weltrekord.

Das 5.000 m-Rennen bei den Olympischen Spielen 2004 in Athen begann langsam. Das Feld benötigte für den ersten Kilometer fast drei Minuten. Dann ergriffen Kenenisa Bekele und Eliud Kipchoge die Initiative und verschärften das Tempo. Eliud Kipchoge führte eine sechsköpfige

Spitzengruppe in die letzte Runde. 200 m vor dem Ziel griffen die spurtstarken Hicham El Guerrouj und Kenenisa Bekele an und gingen an Eliud Kipchoge vorbei. Dem Antritt der beiden hatte Eliud Kipchoge nichts entgegenzusetzen und musste sich mit der Bronzemedaille begnügen. Die letzte Runde wurde in 52,93 Sek. gelaufen.

Bei den Weltmeisterschaften 2007 in Osaka musste sich Eliud Kipchoge über 5.000 m nur dem von der 1.500 m-Strecke kommenden und jetzt für die USA startenden Amerikaner Bernard Lagat geschlagen geben. Im 5.000 m-Lauf bei den Olympischen Spielen 2008 in Peking lagen drei Runden vor Schluss noch fünf Läufer, unter ihnen Eliud Kipchoge, an der Spitze. Kenenisa Bekele verschärfte dann das Tempo enorm. Der letzte Kilometer wurde in 2:25,30 Min. zurückgelegt. Mit fünf Sekunden Rückstand auf den Sieger Kenenisa Bekele gewann Eliud Kipchoge die Silbermedaille. Eines seiner letzten Bahnrennen bei einem internationalen Großereignis absolvierte Eliud Kipchoge 2010 bei den Commonwealth Games in Neu Delhi, wo er über 5.000 m den zweiten Platz belegte. 2013 wechselte er von der Bahn auf die Straße und zeigte, dass dort sein wahres Potential lag.

Beim Hamburg-Marathon gab er sein Debüt auf dieser Strecke und siegte mit dem neuen Streckenrekord von 2:05:30 Std. In den beiden folgenden Jahren folgten Siege bei den Marathonläufen in Berlin, Rotterdam, London und Chicago. Bei seinem Sieg beim London-Marathon 2016 verfehlte er den Weltrekord nur um acht Sekunden. Er war der Favorit für den Marathon bei den Olympischen Spielen 2016 in Rio de Janeiro.

Beim olympischen Marathon lagen bei Kilometer 35 drei Läufer an der Spitze, Eliud Kipchoge, der Äthiopier Feyisa Lilesa und der Amerikaner Galen Rupp. Auf den folgenden fünf Kilometern löste sich Eliud Kipchoge von seinen Begleitern und lief mit 70 Sekunden Vorsprung zum Sieg. Beim Berlin-Marathon 2018 verbesserte Eliud Kipchoge den Weltrekord auf 2:01:39 Std. Am 12. Oktober 2019 versuchte er auf der Wiener Marathon-Strecke mit wechselnden Tempomachern die Marathon-Strecke unter zwei Stunden zu bewältigen. Es gelang mit einer Zeit von 1:59:40 Std. Diese Leistung wurde allerdings nicht als Weltrekord anerkannt, weil sie nicht unter Wettkampfbedingungen gelaufen wurde (man sprach von einem Weltrekord unter Laborbedingungen). Das dort praktizierte Auswechseln von Tempomachern ist unzulässig.

Beim schwül heißen Olympia-Marathon in Tokio 2021 lag die Spitzengruppe bis Kilometer 30 zusammen. Dann verschärfte Eliud Kipchoge das Tempo zwischen Kilometer 30 und 35. Diesen Abschnitt legte er in 14:28 Min. zurück. Dieser Tempoverschärfung konnte kein Läufer folgen, weshalb Eliud Kipchoge von diesem Zeitpunkt an „allein auf weiter Flur" war. Mit einem Vorsprung von 1:20 Min. überquerte er die Ziellinie und gewann zum zweiten Mal Marathon-Gold.

Im März 2022 gewann er den Tokio-Marathon in 2:02:40 Std. Am 25. September 2022 gewann Eliud Kipchoge zum vierten Mal den Berlin-Marathon und verbesserte dabei seinen Weltrekord um 30 Sekunden auf 2:01,09 Std. Er plant einen Start bei den Olympischen Spielen 2024 in Paris.

FAITH KIPYEGON

Faith Chepngetich Kipyegon wurde am 10. Januar 1994 in Bomet/Kenia geboren. Über die Grenzen ihres Heimatlandes hinaus wurde sie 2010 bekannt, als sie mit dem Team bei der Cross-Weltmeisterschaft in Bydgoszcz den U- 20- Titel gewann. 2011 wurde sie im spanischen Punta Umbria Crosslauf-Weltmeisterin und gewann in Lille auch den Weltmeister-Titel über 1.500 m in der Klasse U 18. Im folgenden Jahr wiederholte sie diesen Triumph in der Altersklasse U 20 bei der Weltmeisterschaft in Barcelona. 2013 gewann sie im polnischen Bydgoszcz erneut den Crosslauf-Titel im Einzel und mit der Mannschaft. Bei den Commonwealth Games im schottischen Glasgow war sie über 1.500 m nicht zu schlagen. Im selben Jahr stellte sie mit dem Team Kenias bei den IAAF World Relays mit 16:33,58 Min. einen Weltrekord über 4 x 1.500 m auf.

Bei den Weltmeisterschaften 2015 in Peking musste sie sich nur der äthiopischen Weltrekordlerin Genzebe Dibaba beugen. Im olympischen 1.500 m-Rennen in Rio de Janeiro drehte sie 2016 den Spieß um. Das Rennen begann sehr langsam. Die ersten 400 m wurden in 76,57 Sek. durchlaufen. Auch die zweiten 400 m waren nur unwesentlich schneller. Dann ging ein Ruck durchs Feld. Genzebe Dibaba und die Britin Laura Muir verschärften jetzt enorm das Tempo. Nur Faith Kipyegon vermochte ihnen zu folgen. Die dritten 400 m wurden in unfassbar schnellen 56,79 Sek. zurückgelegt. Laura Muir fiel jetzt zurück. Um den Sieg kämpften nur noch Genzebe Dibaba und Faith Kipyegon. Im Scheitelpunkt der Zielkurve zog Faith Kipyegon den Spurt an und ließ Genzebe Dibaba förmlich stehen. Auf der Zielgeraden nahm ihr Vorsprung noch zu und mit 15 m Vorsprung überquerte sie die Ziellinie.

Diesen Triumph bestätigte sie bei ihrem Sieg bei den Weltmeisterschaften 2017 in London. Bei den Weltmeisterschaften 2019 in Doha unterlag sie über 1.500 m der in Europarekordzeit siegreichen Niederländerin Sifan Hassan. Bei den Olympischen Spielen 2021 in Tokio gelang ihr die Revanche. Sifan Hassan wollte bei diesen Spielen drei Goldmedaillen, über 1.500 m, 5.000 m und 10.000 m, gewinnen. Dementsprechend übernahm sie im 1.500 m-Rennen sofort die Führung und sorgte für ein zügiges Tempo. Dadurch wurde das Feld auseinandergerissen. Sifan Hassan führte die Spitzengruppe in die letzte Runde. Auf der Gegengeraden beschleunigte Faith Kipyegon jedoch enorm und zog scheinbar mühelos an Sifan Hassan vorbei. Die Britin Laura Muir folgte Faith Kipyegon und versuchte an der Kenianerin dranzubleiben. Faith Kipyegon beschleunigte aber noch einmal und spurtete zum Sieg und zu ihrer zweiten Goldmedaille über 1.500 m. Zweite wurde Laura Muir vor Sifan Hassan. Bei diesem Rennen offenbarte Faith Kipyegon wie in Rio de Janeiro ein Beschleunigungsvermögen wie wir es später noch einige Male sehen sollten.

Bei den Weltmeisterschaften 2022 in Eugene wurde Faith Kipyegon erneut Weltmeisterin über 1.500 m. Am 2. Juni 2023 lief sie als erste Frau der Welt in Florenz mit dem neuen Weltrekord von 3:49,11 Min. 1.500 m unter 3:50 Min. Sieben Tage später lief sie mit der Weltklassezeit von 14:05,20 Min. kenianischen Landesrekord. Fünf Wochen später verbesserte sie in Monaco mit 4:07,64 Min. auch den Weltrekord über eine Meile und fuhr damit als haushohe Favoritin zu den Weltmeisterschaften in Budapest.

In Budapest startete sie sowohl über 1.500 m als auch über 5.000 m. In beiden Rennen beschleunigte sie in der Schlussrunde das Tempo so sehr, dass man von einem Steigerungslauf sprechen konnte. Über 1.500 m gewann sie vor der Äthiopierin Dinibe Welteji und Sifan Hassan und über 5.000 m vor Sifan Hassan und ihrer Landsfrau Beatrice Chebet. In der Form von Budapest zählt Faith Kipyegon zu den großen Favoritinnen für die Olympischen Spiele 2024 in Paris.

CAROLINA KLÜFT

Carolina Klüft wurde am 2. Februar 1983 in Sandhult/Schweden geboren. Schon früh erwies sie sich als vielseitig begabt und startete vor allem im Siebenkampf, war aber auch eine gute Dreispringerin. Bei den U 20-Weltmeisterschaften 2000 in Santiago de Chile gewann die 17-jährige die Goldmedaille im Siebenkampf. Einen Monat nach ihrem 19. Geburtstag gewann sie bei den Hallen-Europameisterschaften in Wien die Bronzemedaille im Fünfkampf und stellte dabei einen neuen U 20-Weltrekord auf. Im selben Jahr wurde sie in Kingston erneut U 20- Weltmeisterin im Siebenkampf. Auch bei den Europameisterschaften 2002 in München triumphierte sie in dieser Disziplin und stellte dabei mit 6.542 Punkten einen Juniorinnen-Weltrekord auf, der heute noch Bestand hat. Nachdem sie bei den Hallen-Weltmeisterschaften 2003 in Birmingham den Titel im Fünfkampf gewonnen hatte, übertraf Carolina Klüft bei den Weltmeisterschaften 2003 in Paris mit 7.001 Punkten zum ersten Mal die 7.000 Punkte-Grenze und gewann souverän den Titel im Siebenkampf. Mit dieser Leistung rückte sie auch in die Favoritenstellung für die Olympischen Spiele 2004 in Athen auf. Bei den im Winter vorher stattgefundenen Hallen-Weltmeisterschaften in Budapest startete sie nur im Weitsprung und gewann dort mit dem neuen Landesrekord von 6,92 m die Bronzemedaille. Am 4. Juli 2004 verbesserte sie sich in Tallinn auf 6,97 m.

Bei den Olympischen Spielen in Athen dominierte Carolina Klüft schon nach der zweiten Disziplin den Siebenkampf und war vor allem in den Sprung-Disziplinen souverän. Sie sprang 1,91 m hoch und 6,78 m weit. Mit

6.952 Punkten gewann sie mit mehr als 500 Punkten Vorsprung die Goldmedaille vor der Litauerin Austra Skujyte und der Britin Kelly Sotherton.

Bei den nachfolgenden Hallen-Europameisterschaften 2005 in Madrid gewann sie wieder den Titel im Fünfkampf und ließ im Sommer bei den Weltmeisterschaften in Helsinki die Goldmedaille im Siebenkampf folgen. Auch bei den Europameisterschaften 2006 in Göteborg war sie im Siebenkampf nicht zu schlagen, scheiterte aber mit ihrem Angriff auf den Europarekord. Die Abläufe des Jahres 2005 wiederholten sich im Jahr 2007. Nachdem sie bei den Hallen-Europameisterschaften in Birmingham die Goldmedaille im Fünfkampf gewonnen hatte, gewann sie in Osaka den Titel im Siebenkampf. Bei dieser Veranstaltung war sie auch endlich mit ihrem Angriff auf den Europarekord erfolgreich. Mit 7.032 Punkten stellte sie eine neue Bestleistung auf. Nur die Amerikanerin Jackie Joyner-Kersee hat jemals mehr Punkte bei einem Siebenkampf erzielt.

Im Olympiajahr 2008 gab Carolina Klüft bekannt, dass sie sich erschöpft und ausgebrannt fühle und deshalb bei den Olympischen Spielen in Peking nur im Weitsprung und im Dreisprung an den Start gehen wolle. Am 8. Juni 2008 steigerte sie in Växjö den schwedischen Dreisprung-Rekord auf 14,29 m. Bei den Olympischen Spielen scheiterte sie im Dreisprung jedoch bereits in der Qualifikation, im Weitsprung wurde sie Neunte. Bei den Weltmeisterschaften 2011 startete sie wieder nur im Weitsprung und belegte den vierten Platz. Wegen einer Verletzung konnte sie 2012 weder an den Europameisterschaften in Helsinki noch an den Olympischen Spielen in London teilnehmen und beendete am 25. August 2012 ihre beeindruckende Karriere. Carolina Klüft war sowohl 2003 als auch 2006 Europas Leichtathletin des Jahres. Sie gewann fünfmal das berühmte Mehrkampf-Meeting in Götzis/Österreich.

MARITA KOCH

Marita Koch wurde am 18. Februar 1957 in Wismar geboren. Seit 1972 betrieb sie Leichtathletik. 1975 wurde sie DDR-Meisterin über 400 m Hürden. Wegen eines Muskelrisses konnte sie bei den Olympischen Spielen in Montreal nicht am Halbfinale teilnehmen. Ins Rampenlicht trat sie 1977 beim Weltcup in Düsseldorf, als sie der großen Polin Irena Szewinska über 400 m ein mitreißendes Duell lieferte. Auch wenn sie unterlag, war von diesem Zeitpunkt an klar, wer künftig die Stadionrunde beherrschen würde.

Ein Jahr später stellte Marita Koch am 28. Mai in Erfurt über 200 m mit 22,06 Sek. einen neuen Weltrekord auf, den sie eine Woche später in Leipzig auf 22,02 Sek. verbesserte. Bei den Europameisterschaften 1978 in Prag gewann sie in neuer Weltrekordzeit von 48,94 Sek. den Titel über 400 m. Irena Szewinska hatte gegen sie keine Chance mehr. Auch mit der 4 x 400 m-Staffel der DDR gewann Marita Koch den Titel. Am 10. Juni 1979 verbesserte sie in Karl-Marx-Stadt, dem heutigen Chemnitz, den 200 m-Weltrekord auf 21,71 Sek.

1980 bei den Olympischen Spielen in Moskau gewann Marita Koch die Goldmedaille über 400 m. Mit der 4 x 400 m-Staffel konnte sie trotz einer grandiosen Schlussrunde den Sieg der sowjetischen Staffel nicht verhindern. Mit zwei Zehntelsekunden Rückstand gewann die DDR die Silbermedaille. Bei den Europameisterschaften 1982 in Athen wiederholte Marita Koch mit ihren Siegen über 400 m in Weltrekordzeit von 48,16 Sek. und mit der 4 x 400 m-Staffel, die ebenfalls Weltrekord lief, ihren Erfolg von 1978. Entgegen dem Erlebnis in Moskau führte sie dieses Mal auch die Staffel zum Sieg.

Ihre Goldmedaille von 1980 wurde noch übertroffen von ihren Leistungen bei den Leichtathletik-Weltmeisterschaften 1983 in Helsinki. Sie gewann den Titel über 200 m in 22,13 Sek. Über 100 m wurde sie in 11,02 Sek. Zweite hinter ihrer Landsfrau Marlies Göhr. Weitere Titel gewann sie mit der 4 x 100 m-Staffel und mit der 4 x 400 m-Staffel. Vor allem ihr phantastischer Lauf in der 4 x 400 m-Staffel wird vielen Leichtathletik-Fans in Erinnerung bleiben. Den Weltrekord über 400 m entriss ihr bei diesem Ereignis die Tschechin Jarmila Kratochvilova mit 47,99 Sek. 1984 wurde Marita Koch Opfer des Olympiaboykotts der Spiele von Los Angeles durch die DDR. Bei den Hallen-Weltmeisterschaften 1985 in Paris gewann sie den Titel über 200 m. Am 6. Oktober 1985 verbesserte Marita Koch beim Weltcup in Canberra den Weltrekord über 400 m auf 47,60 Sek., eine Zeit, die auch heute noch Weltrekord darstellt. 1986 gewann sie bei den Europameisterschaften in Stuttgart den Titel über 400 m und mit der 4 x 400 m-Staffel.

1987 beendete Marita Koch ihre Karriere. Sie stellte 22 Weltrekorde auf und wurde dreimal Weltsportlerin des Jahres.

HANNES KOLEHMAINEN

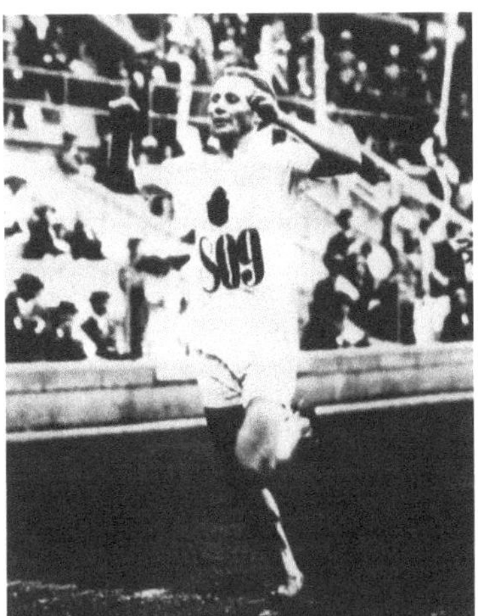

Johannes Petteri „Hannes" Kolehmainen wurde am 9. Dezember 1889 in Kuopio im damaligen russischen Kaiserreich geboren. Er trug den Spitznamen „Fliegender Finne". Hannes Kolehmainen war mit drei Goldmedaillen einer der Stars der Olympischen Spiele 1912 in Stockholm.

Im 5.000 m-Lauf nahm Hannes Kolehmainen sofort die Spitze und schlug ein hohes Tempo an. Bis auf den Franzosen Jean Bouin vermochte ihm kein Läufer zu folgen. Bis in die Schlussrunde liefen Kolehmainen und Bouin Seite an Seite. Gleichzeitig bogen sie auf die Zielgerade ein. Erst 20 m vor dem Ziel gelang es Hannes Kolehmainen, einen winzigen Vorsprung zu erringen, den er mit aller Kraft bis ins Ziel verteidigte. Mit einer Zehntelsekunde Vorsprung gewann er die Goldmedaille und stellte mit 14:36,6 Sek. einen neuen Weltrekord auf. Auch Jean Bouin unterbot den bis dahin gültigen Weltrekord des Briten Robertson deutlich.

Im Querfeldeinlauf über 8.000 m gewann Hannes Kolehmainen seine zweite Goldmedaille. In der Mannschaftswertung wurden die Finnen Zweite, weil der Olympiasieger Schweden ausgeglichener besetzt war. Im 10.000 m-Lauf trat der Weltrekordler Jean Bouin überraschend nicht an. So gab es für Hannes Kolehmainen keinen ernsthaften Konkurrenten. Mit einem Vorsprung von 45,8 Sek. und neuem olympischem Rekord von 31:20,8 Min. wurde Hannes Kolehmainen Olympiasieger. Im 3.000 m-Mannschaftswettkampf stellte Hannes Kolehmainen zwar in seinem Abschnitt mit 8:36,8 Min. einen neuen inoffiziellen Weltrekord auf, dennoch schied die finnische Mannschaft im Vorlauf aus, weil die anderen Läufer zu schwach waren.

Die Karriere von Hannes Kolehmainen wurde durch den 1. Weltkrieg unterbrochen. Das war auch der Grund für den Ausfall der für 1916 in Berlin geplanten Olympischen Spiele. Bei den Olympischen Spielen 1920 in Antwerpen startete Hannes Kolehmainen nur im Marathonlauf. Nach acht Kilometern bildete sich eine Spitzengruppe aus vier Läufern, in der Hannes Kolehmainen das Tempo bestimmte. Am Wendepunkt war nur noch der Südafrikaner Christopher Gitsham, der Olympiazweite von Stockholm, bei Kolehmainen. Während Gitsham sich offenbar überschätzt hatte, zurückfiel und aufgab, kam aus dem Verfolgerfeld der Este Jüri Lossmann immer näher. Er schloss zu Hannes Kolehmainen auf und lief neben ihm, bis Hannes Kolehmainen auf dem letzten Kilometer das Tempo verschärfte. Lössmann wehrte sich verzweifelt, konnte Hannes Kolehmainen aber nicht mehr gefährden. In neuer olympischer Rekordzeit gewann Hannes Kolehmainen die Goldmedaille. Am 10. Oktober 1920 verbesserte er den Weltrekord über 25 Kilometer. Knapp zwei Jahre später war er über diese Distanz noch einmal fast eine Minute schneller. Diesem Weltrekord ließ er am 1. Oktober 1922 in Vilpuri einen Weltrekord über die 30 km-Distanz folgen. Bei den Olympischen Spielen 1924 in Paris startete Hannes Kolehmainen erneut im Marathonlauf, beendete das Rennen jedoch nicht. Seine Karriere endete in diesem Jahr.

Bei den Olympischen Spielen 1952 in Helsinki waren Paavo Nurmi und Hannes Kolehmainen die letzten Fackelläufer. Hannes Kolehmainen starb am 11. Januar 1966. Im Münchner Olympiapark erinnert der Kolehmainen-Weg an diesen großen Leichtathleten.

ROBERT KORZENIOWSKI

Robert Korzeniowski ist der erfolgreichste Geher aller Zeiten.

Er wurde am 30. Juli 1968 in Lubaczow/Polen geboren. Bei der Universiade 1991 in Sheffield gewann Robert Korzeniowski das 20 km-Gehen und verteidigte diesen Titel 1993 in Buffalo. Bei der Weltmeisterschaft 1995 in Göteborg gewann er hinter dem Finnen Valentin Kononen und dem Italiener Giovanni Perricelli die Bronzemedaille.

Im 50 km-Wettbewerb der Olympischen Spiele 1996 in Atlanta schälte sich bei Kilometer 40 eine sechsköpfige Spitzengruppe heraus. Kurz nach der 40 km-Marke zog Robert Korzeniowski das Tempo an. Dieser Tempoverschärfung hielt nur noch der Spanier Valenti Massana stand. Robert Korzeniowski ging jetzt in hohem Tempo wie ein Uhrwerk und löste sich erfolgreich von dem Spanier, der sogar noch von dem Russen Michail Schtschennikow überholt wurde. Robert Korzeniowski aber konnte keiner mehr gefährden.

Ein Jahr später gewann Robert Korzeniowski bei den Weltmeisterschaften in Athen den Titel über 50 km. Auch bei den Europameisterschaften 1998 in Budapest war er über 50 km erfolgreich. Bei den Olympischen Spielen 2000 in Sydney ging Robert Korzeniowski über beide Strecken an den Start.

Im 20 km-Wettbewerb waren bei Kilometer 16 noch vier Geher an der Spitze, die Mexikaner Bernardo Segura und Noé Hernandez, der Russe

Wladimir Andrejew und Robert Korzeniowski. Während Andrejew deutlich zurückfiel, wurde Bernardo Segura wegen unsauberen Gehens disqualifiziert. Auf dem letzten Kilometer gelang es Robert Korzeniowski, Noé Hernandez zu distanzieren und mit vier Sekunden Vorsprung die Goldmedaille zu gewinnen. Im 50 km-Wettbewerb verschärfte Robert Korzeniowski bei Kilometer 35 das Tempo. Nur noch die Mexikaner German Sanchez und Joel Sanchez sowie der Australier Nathan Deakes vermochten ihm zu folgen. Nach zwei weiteren Tempoverschärfungen ging Robert Korzeniowski allein auf das Olympiastadion zu und gewann mit 1:18 Minuten Vorsprung die Goldmedaille.

Robert Korzeniowski gewann sowohl bei den Weltmeisterschaften 2001 in Edmonton als auch 2003 in Paris den Titel über 50 km. Auch bei der Europameisterschaft 2002 in München war er über 50 km nicht zu schlagen.

Bei den Olympischen Spielen 2004 in Athen forcierte Robert Korzeniowski im 50 km-Wettbewerb zwischen Kilometer 30 und 35 das Tempo so sehr, dass ihm niemand mehr folgen konnte. Von da an ging er ein einsames Rennen. Mit einem Vorsprung von 4:04 Min. gewann er überlegen die Goldmedaille.

Nach den Olympischen Spielen beendete Robert Korzeniowski, der seit 1992 in Frankreich lebt, seine großartige Karriere.

ALVIN KRAENZLEIN

Alvin Kraenzlein wurde am 12. Dezember 1876 in Milwaukee, Wisconsin/USA geboren. Er startete für die University of Pennsylvania, wo er Zahnmedizin studierte und dieses Studium 1900 mit dem Doktortitel abschloss. 1897 gewann Alvin Kraenzlein bei den US-Meisterschaften den Hürdenlauf über 220 y. Er kreierte schon damals den heute noch gültigen Hürdenstil, erzielte dadurch einen flüssigen Laufstil und war deshalb von seinen Konkurrenten, die vor den Hürden zu viel Zeit verloren, nicht zu schlagen. Am 18. Juni 1898 verbesserte Alvin Kraenzlein in Chicago den Weltrekord über 120 y Hürden auf 15,2 Sek. Im selben Jahr steigerte er auf gerader Bahn den Weltrekord über 220 y Hürden auf 23,6 Sek. 1899 wurde er auch US-Meister im Weitsprung. Zusammen mit einer Reihe von Studienkollegen schickte man ihn 1900 zu den Olympischen Spielen nach Paris.

Er gewann den 60 m-Lauf mit dem neuen Weltrekord von 7,0 Sek. vor seinem Landsmann John Tewksbury und dem Australier Stanley Rowley. Die 110 m Hürden gewann Alvin Kraenzlein mit dem neuen Weltrekord von 15,4 Sek. Am überlegensten war Alvin Kraenzlein über 200 m Hürden, die er mit neuem Weltrekord von 25,4 Sek. und einem Vorsprung von 10 m vor dem Inder Norman Pritchard gewann.

Im Weitsprung steigerte Alvin Kraenzlein im Jahr 1899 dreimal den Weltrekord auf zuletzt 7,43 m, reiste aber dennoch nicht als Favorit nach Paris, weil sein Landsmann Myer Prinstein den Weltrekord inzwischen auf 7,50 m verbessert hatte. In der Qualifikation sprang Myer Prinstein 7,175 m weit, Kraenzlein nur 6,93 m. Am Finaltag, einem Sonntag, durfte Myer Prinstein zum Endkampf nicht antreten, weil seine katholische Universität ihm für diesen Fall die Exmatrikulation angedroht hatte. Alvin Kraenzlein gelang es am Sonntag, sich auf 7,185 m zu verbessern und dem abwesenden und vor Wut schäumenden Myer Prinstein mit einem Zentimeter Vorsprung die Goldmedaille zu entreißen. Für Alvin Kraenzlein war es in Paris bereits die vierte Goldmedaille.

1901 beendete Alvin Kraenzlein seine Karriere, arbeitete einige Jahre als Zahnarzt, wechselte dann in den Trainerberuf und erwarb 1910 eine Professur für Leibeserziehung. Deutschland berief ihn als Trainer für die Kandidaten der Olympischen Spiele 1916, die wegen des 1. Weltkrieges ausfielen, was für Alvin Kraenzlein das Ende seiner Trainertätigkeit in Deutschland bedeutete. Alvin Kraenzlein erlag am 6. Januar 1928 im Alter von 51 Jahren einem Herzleiden. Sein Kontrahent Myer Prinstein war bereits drei Jahre früher gestorben.

INGRID KRISTIANSEN

Ingrid Kristiansen ist eine Langstreckenläuferin, die auch als Skilangläuferin erfolgreich war. Sie hat den Langstreckenlauf auf ein anderes Niveau gehoben.

Ingrid Kristiansen wurde am 21. März 1956 in Trondheim geboren. In den 70-iger Jahren des vorigen Jahrhunderts war sie als Skilangläuferin erfolgreich und wechselte 1980 zum Langstreckenlauf. 1982 wurde sie bei den Europameisterschaften in Athen Dritte im Marathonlauf.

Am 28. Juni 1984 verbesserte sie in Oslo den 5.000 m-Weltrekord auf 14:58,89 Min. Bei den Olympischen Spielen 1984 wurde sie im Marathonlauf Vierte. Ein Jahr später steigerte sie bei den Bislett-Games in Oslo den 10.000 m-Weltrekord auf 30:59,42 Min. In diesem Jahr gewann sie bei den Crosslauf-Weltmeisterschaften in Lissabon die Bronzemedaille. Als Siegerin des London-Marathons verbesserte sie den Weltrekord auf 2:21:06 Std. Dieser Rekord hatte 13 Jahre Bestand. Am 5. Juli 1986 pulverisierte sie in Oslo den 10.000 m-Weltrekord und steigerte ihn um sage und schreibe 46 Sekunden auf 30:13,74 Min., womit sie in neue Dimensionen vorstieß. Einen Monat später lief sie in Stockholm mit 14:37,33 Min. auch einen neuen Weltrekord über 5.000 m. Bei den Europameisterschaften in Stuttgart lief sie über 10.000 m ein einsames Rennen und gewann mit 34 Sekunden Vorsprung den Titel. Die zweitplatzierte Russin Olga Bondarenko lief eine Zeit, die bis zum 5. Juli noch Weltrekord gewesen wäre.

Das Jahr 1987 begann Ingrid Kristiansen mit einem dritten Platz bei den Crosslauf-Weltmeisterschaften in Warschau. Am 10. Mai gewann sie den London-Marathon. Bei den Weltmeisterschaften in Rom distanzierte sie ihre Konkurrentinnen über 10.000 m schon nach 500 m und lief von da an ein einsames Rennen zum Titel. Die Presse bezeichnete sie später als „Mutter Courage". Ein Jahr später bei den Crosslauf-Weltmeisterschaften in Auckland gewann sie den Weltmeister-Titel. In diesem Jahr gewann sie erneut den London-Marathon. Bei den Olympischen Spielen 1988 in Seoul stellte Ingrid Kristiansen als Siegerin eines Vorlaufes über 10.000 m den ersten olympischen Rekord in dieser Disziplin auf, weil 10.000 m erstmals in Seoul olympisch war. Im Finale musste sie jedoch aufgeben.

1990 beendete Ingrid Kristiansen ihre Karriere.

JANUSZ KUSOCINSKI

Janusz Kusocinski wurde am 15. Januar 1907 in Warschau geboren. Der mehrfache polnische Meister im Langstreckenlauf trat im Juni 1930 beim Länderkampf Polen-Estland-Lettland an zwei Wettkampftagen in vier Disziplinen an (800 m, 1.500 m, 5.000 m und 10.000 m) und gewann alle Wettbewerbe. Am 19. Juni 1932 verbesserte er in Antwerpen den Weltrekord über 3.000 m auf 8:18,8 Min. und fuhr als aussichtsreicher Kandidat zu den Olympischen Spielen 1932 in Los Angeles. Er war gewillt, die finnische Vorherrschaft über 10.000 m zu brechen.

Vom Start weg übernahm Janusz Kusocinski die Führung. Nachdem der Finne Lauri Virtanen zurückgefallen war, wurde das Rennen nur noch zwischen Janusz Kusocinski und dem Finnen Volmari Iso-Hollo entschieden. Auf der Schlussrunde konnte Janusz Kusocinski den Finnen in die Schranken weisen und gewann mit dem neuen olympischen Rekord von 30:11,4 Min. die Goldmedaille.

Bei den Europameisterschaften 1934 in Turin belegte Janusz Kusocinski über 5.000 m hinter dem Franzosen Roger Rochard den zweiten Platz. Wegen zahlreicher Verletzungen beendete er danach seine internationale Karriere.

Nach dem Überfall der deutschen Wehrmacht auf Polen meldete sich Janusz Kusocinski freiwillig zur polnischen Armee. Bei den Kämpfen um Warschau wurde er zweimal verwundet. Während der deutschen Besatzung schloss sich Janusz Kusocinski im Dezember 1939 der Untergrundorganisation „Wölfe" an. Am 26. März 1940 wurde er von der Gestapo festgenommen und im berüchtigten Pawiak-Gefängnis gefoltert. Drei Monate nach seiner Festnahme ermordete die Gestapo Janusz Kusocinski am 21. Juni 1940 im Zuge der AB-Aktion (Außerordentliche Befriedungsaktion) im Wald von Palmiry bei Warschau. Er liegt in einem Massengrab in Palmiry begraben.

Seit 1954 erinnert ein internationales Sportfest, das Kusocinski-Memorial, an den Sportler. Im Münchner Olympiapark ist der Kusocinski-Damm nach ihm benannt.

WLADIMIR KUZ

Wladimir Kuz wurde am 7. Februar 1927 in Oleksyne in der damals noch zur Sowjetunion gehörenden Ukraine geboren. Er diente während seiner gesamten Karriere als Offizier in der Roten Armee. Sein Stern ging 1954 auf, als er bei den Europameisterschaften in Bern mit neuem Weltrekord von 13:56,6 Min. sowohl den Briten Chris Chataway als auch den großen Emil Zatopek über 5.000 m in die Schranken wies. Seinen Weltrekord verbesserte Chris Chataway am 13. Oktober 1954 in London auf 13:51,6 Min. Das ließ Wladimir Kuz nur 10 Tage ruhen. Dann verbesserte er in Prag den Weltrekord um vier Zehntelsekunden auf 13:51,2 Min.

Am 18. September 1955 lief Wladimir Kuz in Belgrad 13:46,8 Min. und entriss dabei dem Ungarn Sandor Iharos den 10 Tage zuvor aufgestellten Weltrekord. Zwei Monate vor den Olympischen Spielen in Melbourne verbesserte Wladimir Kuz in Moskau den 10.000 m-Weltrekord auf 28:30,4 Min. und zeigte damit, dass der Weg zur Goldmedaille nur über ihn führen würde.

Im olympischen Rennen sorgte Wladimir Kuz sofort für ein hohes Tempo und streute immer wieder mörderische Zwischenspurts ein, die vor allem seinen schärfsten Gegner, den Briten Gordon Pirie, zermürbten. Gordon Pirie hatte bei 5.000 m bereits den Kontakt zu Wladimir Kuz verloren, kämpfte sich aber noch einmal heran. Als er Kuz erreicht hatte, legte der erneut einen Zwischenspurt ein, zog damit Gordon Pirie „den Stecker" und verabschiedete sich von seinen Gegnern. Mit neuem olympischem Rekord von 28:45,6 Min. gewann Wladimir Kuz die Goldmedaille vor dem Ungarn Jozsef Kovacs und dem Australier Allan Lawrence. Gordon Pirie ging förmlich unter und landete abgeschlagen auf dem achten Platz.

Drei Tage später stand der 5.000 m-Lauf auf dem Programm. Über diese Strecke hatte Gordon Pirie am 19. Juni 1956 Wladimir Kuz den Weltrekord entrissen. Wladimir Kuz übernahm vom ersten Meter an die Führung und lief die ersten 1.000 m in 2:40,1 Min. 3.000 m wurden in 8:11,2 Min. durchlaufen. Zu diesem Zeitpunkt konnte ihm nur noch das britische Trio Gordon Pirie, Derek Ibbotson und Chris Chataway folgen. Auf den restlichen zwei Kilometern zermürbte Wladimir Kuz mit seinen gefürchteten Zwischenspurts die Briten. Mit der Einstellung des sowjetischen Rekordes und einem Vorsprung von elf Sekunden gewann Wladimir Kuz seine zweite Goldmedaille vor Gordon Pirie und Derek Ibbotson.

Am 13. Oktober 1957 verbesserte Wladimir Kuz in Rom den 5.000 m-Weltrekord auf 13:35,0 Min. Dieser Weltrekord wurde erst acht Jahre später von Ron Clarke verbessert. Eine Magenkrankheit verhinderte, dass Wladimir Kuz an den Europameisterschaften 1958 in Stockholm teilnehmen konnte. 1959 beendete er seine Karriere. Er erlag am 16. August 1975 im Alter von nur 48 Jahren einem Herzinfarkt.

MARTIN LAUER

Martin Lauer wurde am 2. Januar 1937 in Köln geboren. Er war 1955 und 1956 insgesamt siebenmal deutscher Jugendmeister. Am 22. September 1956 verbesserte der 19-Jährige beim Länderkampf Deutschland/Finnland den Europarekord über 110 m Hürden auf 13,9 Sek. Diese Leistung bedeutete auch Junioren-Weltrekord. Einen Tag später gehörte ihm mit 7.201 Punkten auch der deutsche Rekord im Zehnkampf. Mit diesen Leistungen qualifizierte sich Martin Lauer in diesen Disziplinen für die Olympischen Spiele 1956 in Melbourne. Auf Kosten seines Vereins

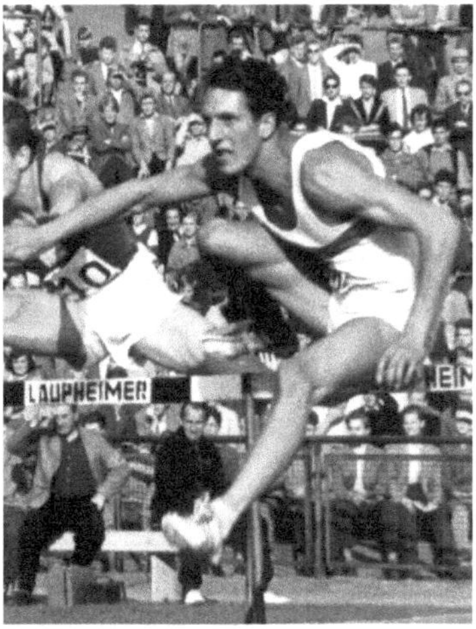

ASV Köln begleitete sein Vater den jungen Olympioniken zu den Spielen.

Bei den Spielen in Melbourne belegte er über 110 m Hürden hinter drei Amerikanern den vierten Platz. Im Zehnkampf lag Martin Lauer nach dem ersten Tag auf dem dritten Platz, wobei er im Kugelstoßen zwei Meter auf den Olympiasieger Milton Campbell verlor. Dafür war er der zweitbeste Hürdenläufer. Er verlor vor allem in den Wurfdisziplinen wichtige Punkte und belegte am Ende des zweiten Wettkampftages den fünften Platz. Für einen 19-Jährigen waren ein vierter und ein fünfter Platz eine beachtliche Ausbeute.

1957 verbesserte Martin Lauer in Köln und Ludwigshafen zweimal den Europarekord über 110 m Hürden auf 13,7 Sek. Diesen Rekord stellte er 1958 dreimal ein. Bei den Europameisterschaften in Stockholm gewann er mit vier Zehntelsekunden Vorsprung den Titel und stellte dabei erneut den Europarekord ein. Am 29. August 1958 stellte eine Staffel mit Manfred Steinbach, Heinz Fütterer, Manfred Germar und Martin Lauer in Köln mit 39,5 Sek. den Weltrekord der Amerikaner über 4 x 100 m ein.

Am 16. Mai 1959 verbesserte Martin Lauer in Zürich in einem Lauf die Europarekorde über 120 y Hürden und 110 m Hürden auf 13,5 Sek. Zwei Monate später, am 7. Juli 1959, fand wiederum in Zürich das berühmte Abendsportfest statt. Martin Lauer nutzte die schnelle Bahn und das gute Wetter und verbesserte im Duell mit dem Amerikaner Willy May die Weltrekorde über 110 m Hürden und 120 y Hürden des Amerikaners Jack Davis um zwei Zehntelsekunden auf 13,2 Sek. Angesichts dieser Leistung, die die Fachwelt den Atem anhalten ließ, rückte Martin Lauer in die Favoritenrolle für die Olympischen Spiele in Rom. Willy May bat ihn in Zürich um eine Revanche über die selten gelaufene 200 m Hürden-Strecke. Lauer willigte ein. Er besiegte den Amerikaner erneut und stellte mit 22,5 Sek. einen neuen Weltrekord auf. Am Ende des Jahres wählte ihn das amerikanische Leichtathletik-Magazin Track & Field News zum Leichtathleten des Jahres.

Im Vorfeld der Olympischen Spiele 1960 in Rom wurde Martin Lauer durch eine Knochenhautentzündung im Fußgelenk in seiner Vorbereitung auf die Spiele behindert. Er verzichtete deshalb auf einen Doppelstart über die 110 m Hürden und im Zehnkampf. In seiner Paradedisziplin lief es im Finale nicht so flüssig wie bei ihm gewohnt. Er trat in eine Hürde, verlor kurz den Rhythmus und verkrampfte. Mit für ihn indiskutablen 14,0 Sek. wurde er wie in Melbourne Vierter.

Das Schicksal wendete sich jedoch noch einmal zu seinen Gunsten. Weil der als Schlussläufer vorgesehene Manfred Germar wegen eines eitrigen Zahnes, der seine Leistungsfähigkeit beeinträchtigte, völlig außer Form war, rückte Martin Lauer als Schlussläufer in die 4 x 100 m-Staffel. Vor allem wegen eines herausragenden Laufes von Armin Hary auf der Gegengeraden lag die deutsche Staffel bei Übergabe des Staffelstabes an Martin Lauer in Führung. Er konnte den Vorsprung jedoch nicht ins Ziel bringen, weil er von dem amerikanischen Schlussläufer Dave Sime mit einem grandiosen Schlussspurt im Ziel noch abgefangen wurde. Beide Staffeln liefen mit 39,5 Sek. Weltrekord. Die siegreiche amerikanische Staffel wurde jedoch wegen Überlaufens einer Wechselmarke disqualifiziert und Martin Lauer gewann doch noch eine Goldmedaille.

Wegen seiner Knochenhautentzündung wurden Martin Lauer 1961 drei Spritzen gesetzt, bei denen sich später herausstellte, dass eine der Spritzen nicht ausreichend sterilisiert war. Martin Lauer bekam eine Blutvergiftung, die beinahe die Amputation eines Beines zur Folge gehabt hätte. Es folgte ein fast einjähriger Krankenhausaufenthalt und das damit verbundene Ende seiner Sportkarriere im Alter von 24 Jahren. Er blieb gehbehindert. Auf der Rückfahrt von einem Krankenhausbesuch in München, verunglückten seine Verlobte Edith und sein Bruder Alfred bei einem Autounfall auf der Autobahn bei Augsburg. Seine Verlobte kam bei dem Unfall zu Tode, sein Bruder starb 12 Jahre später an den Spätfolgen des Unfalls. Nach seiner Karriere war Martin Lauer ein sehr erfolgreicher Ingenieur. Bei den Olympischen Spielen in München war er als Geschäftsführer der Firma Junghans für die Zeitmessung verantwortlich. Martin Lauer starb am 6. Oktober 2019.

ERIC LEMMING

Eric Otto Valdemar Lemming gilt als Erfinder der modernen Speerwurftechnik.

Er wurde am 22. Februar 1880 in Göteborg/Schweden geboren. Bei den Olympischen Spielen 1900 in Paris nahm Eric Lemming erstmalig an Olympischen Spielen teil. Er wurde im Hochsprung Fünfter und im Stabhochsprung Vierter. Im Diskuswurf belegte er den neunten Platz. Im Weitsprung scheiterte er in der Qualifikation. Seine Spezialdisziplin Speerwurf stand nicht auf dem Programm. Bei den Schwedischen Meisterschaften warf er am 31. August 1902 in Jönköping als erster Mensch den Speer mit 50,44 m über 50 m. Bis 1911 verbesserte er den Weltrekord 11-mal bis auf 58,27 m. An den Olympischen Spielen 1904 nahm er nicht teil. Bei den Zwischenspielen in Athen 1906 gewann er vier Medaillen, u.a. die Goldmedaille im Freistil-Speerwurf. Bei den Olympischen Spielen in London 1908 gewann er die Goldmedaillen im Freistil-Speerwurf (freier Griff) und im Speerwurf (Mittelgriff). Er startete auch, allerdings erfolglos, im Hammerwurf und Diskuswurf.

Im Vorfeld der Olympischen Spiele 1912 in Stockholm verbesserte der Finne Juho Saaristo im Juni 1912 den Speerwurf-Weltrekord in Helsinki auf 61,45 m und wurde dadurch der große Gegenspieler des Schweden. Im vierten Durchgang des olympischen Wettkampfs gelang Eric Lemming eine Verbesserung des olympischen Rekords auf 60,64 m. Dem hatte Saaristo nichts mehr entgegenzusetzen und musste sich mit der Silbermedaille begnügen. Im September entriss Eric Lemming dem Finnen wieder den Weltrekord. Am 29. September 1912 warf er den Speer in Stockholm 62,32 m weit. Danach neigte sich die Karriere von Eric Lemming dem Ende zu. Eric Lemming starb am 5. Juni 1930 im Alter von 50 Jahren.

CARL LEWIS

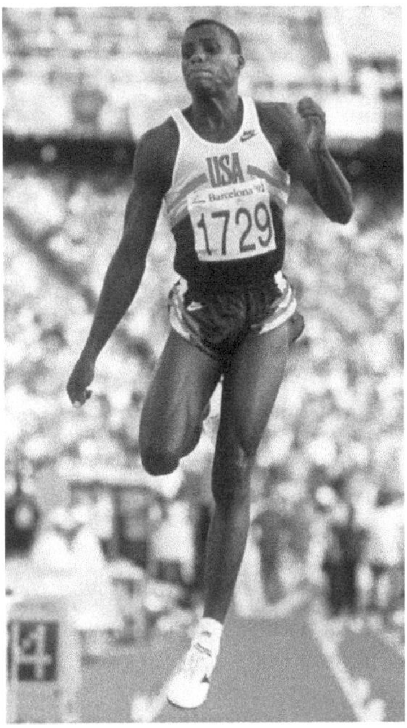

Carl Lewis war der wohl beste Leichtathlet aller Zeiten. Er wurde wie Paavo Nurmi neunmal Olympiasieger, gewann bei einer Olympiade wie Jesse Owens vier Goldmedaillen und wurde wie Al Oerter viermal hintereinander in einer Disziplin Olympiasieger. Außerdem wurde er noch achtmal Weltmeister.

Carl Lewis wurde am 1. Juli 1961 in Birmingham, Alabama/USA geboren. Seinen ersten großen Auftritt auf internationaler Bühne verhinderte der Boykott der Olympischen Spiele in Moskau durch die Amerikaner. So musste die Weltbühne der Leichtathletik auf ihren größten Darsteller bis zum Jahr 1981 warten, als er beim Abendsportfest in Zürich 8,52 m weit sprang. Bei den Weltmeisterschaften 1983 in Helsinki gewann Carl Lewis drei Titel. Über 100 m siegte er vor seinem Landsmann, dem frischgebackenen Weltrekordler Calvin Smith, im Weitsprung kam er auf 8,55 m und ließ damit alle Konkurrenten hinter sich und diese Erfolge krönte er in der 4 x 100 m-Staffel, die mit neuem Weltrekord von 37,86 Sek. den Titel gewann. Nach diesen Erfolgen reifte sein Plan, es Jesse Owens gleich zu tun und wie dieser 1936 in Berlin bei einer Olympiade vier Goldmedaillen zu gewinnen.

Bei den Olympischen Spielen 1984 in Los Angeles siegte Carl Lewis über 100 m in 9,99 Sek. vor seinem Landsmann Sam Graddy und dem Kanadier Ben Johnson. Über 200 m gewann Carl Lewis mit neuem olympischem Rekord von 19,80 Sek. vor seinen Landsleuten Kirk Baptiste und Thomas Jefferson. Im Weitsprung lag er mit 8,54 m 30 Zentimeter vor den weitengleichen Gary Honey aus Australien und dem Italiener Giovanni Evangelisti. Das geplante Werk machte Carl Lewis perfekt, als er als Schlussläufer mit der siegreichen US-Staffel den Weltrekord um drei Hundertstelsekunden auf 37,83 Sek. verbesserte und seine vierte Goldmedaille gewann.

Bei den Weltmeisterschaften 1987 in Rom kam es über 100 m zum großen Duell zwischen Carl Lewis und dem Kanadier Ben Johnson. Ben Johnson distanzierte Carl Lewis um eine Zehntelsekunde und stellte mit 9,83 Sek. einen neuen Weltrekord auf. Später stellte sich heraus, dass Ben Johnson bei diesem Lauf gedopt war. Ihm wurden der Titel und der Weltrekord aberkannt. Carl Lewis wurde nachträglich zum Weltmeister gekürt. Um Kraft für den Weitsprung zu sparen, verzichtete Carl Lewis auf den 200 m-Lauf. Mit einer Weite von 8,67 m holte er sich ausgeruht den Weitsprung-Titel. An seinem großen Ziel, den Weltrekord von Bob Beamon zu brechen, scheiterte er wieder einmal. Schließlich war er erneut mit der 4 x 100 m-Staffel der USA erfolgreich.

Bei den Olympischen Spielen 1988 kam es erneut zu dem Duell Johnson/ Lewis. Trotz hervorragender 9,92 Sek. war Carl Lewis gegen den 9,79 Sek. laufenden Ben Johnson chancenlos. Aber auch in diesem Rennen war Ben Johnson gedopt, wurde disqualifiziert und musste noch während der Spiele seine Goldmedaille an Carl Lewis abgeben. Die 9,92 Sek. wurden als Weltrekord anerkannt. Im Weitsprung war Carl Lewis, obwohl sein Landsmann Mike Powell 8,49 m weit sprang, mit einer Weite von 8,72 m erneut nicht zu schlagen. Seine dritte Goldmedaille verfehlte Carl Lewis. Mit einer Zeit von 19,79 Sek. unterlag er über 200 m um vier Hundertstelsekunden seinem Landsmann Joe DeLoach. Die Sprintstaffel der USA wurde im Vorlauf wegen eines Wechselfehlers disqualifiziert.

Seine beste Form hatte Carl Lewis wohl bei den Weltmeisterschaften 1991 in Tokio. In neuer Weltrekordzeit von 9,86 Sek. schlug er seine Landsleute Leroy Burrell und Dennis Mitchell. Dann kam es zum Weitsprung-Duell des Jahrhunderts. Carl Lewis und Mike Powell machten Jagd auf den 23 Jahre alten Weltrekord von Bob Beamon. Lewis legte gleich im ersten Versuch eine Weite von 8,68 m vor. Mike Powell blieb mit 8,54 m nur knapp dahinter. Im dritten Versuch legte Carl Lewis eine Weite von 8,83 m nach. Im vierten Versuch flog er auf eine Weite von 8,91 m, die jedoch nicht als Weltrekord Anerkennung finden konnte, weil mit 2,9 m/Sek. zu starker Rückenwind herrschte. Bei Mike Powell herrschte im fünften Versuch nur ein Rückenwind von 0,3 m/Sek. Er flog an die 9 m-Marke. Die Anzeigetafel zeigte die neue Weltrekordweite: 8,95 m. Bei seinen letzten Sprüngen sprang Carl Lewis bei zulässigem Rückenwind 8,87 m und 8,83 m weit. Obwohl er viermal über 8,80 m weit sprang, wurde er nur Vizeweltmeister. Carl Lewis entschädigte sich mit einem weiteren Titel in der in der Weltrekordzeit von 37,50 Sek. laufenden Sprintstaffel der USA.

Bei den Olympischen Spielen 1992 in Barcelona trafen Mike Powell und Carl Lewis im Weitsprung erneut aufeinander. Carl Lewis behielt mit 8,67 m gegenüber Mike Powell mit 8,64 m die Oberhand. Als Schlussläufer der in Weltrekordzeit von 37,40 Sek. siegreichen US-Sprintstaffel gewann Carl Lewis seine zweite Goldmedaille.

Bei den Weltmeisterschaften 1993 in Stuttgart gewann Carl Lewis lediglich über 200 m eine Bronzemedaille. War das der Beginn des Karriereendes? Zwar ließ er 1994 als Mitglied der 4 x 200 m-Staffel des Santa Monica Track Clubs, die Weltrekord lief, noch einmal aufhorchen, als er aber verletzungsbedingt seine Teilnahme an den Weltmeisterschaften 1995 in Göteborg absagen musste, glaubte kaum noch jemand, dass es der 35-jährige Lewis noch einmal schaffen würde, sich für die Olympischen Spiele in Atlanta zu qualifizieren. Als Dritter der US-Trials schaffte er gerade noch den Sprung ins Olympiateam. Auch die Qualifikation für das Weitsprung-Finale überstand er nur mit Mühe. Doch die Verletzungen seiner größten Konkurrenten Mike Powell und Ivan Pedroso aus Kuba eröffneten ihm die Chance, mit einem erneuten Weitsprung-Sieg unsterblich zu werden. Er nutzte diese Chance. Mit einem Sprung auf 8,50 m gewann er seine neunte olympische Goldmedaille. Als der Wettbewerb zu Ende war, brach im Stadion orkanartiger Jubel aus. Die Zuschauer hatten begriffen, dass sie Zeugen einer großen Stunde der Leichtathletik geworden waren. Unvergessen ist die Szene, in der Lewis als Erinnerung an seinen großen Triumph eine Handvoll Sand aus der Weitsprunggrube in eine Tüte schob. Die Chance, in der Sprintstaffel eine zehnte Goldmedaille zu gewinnen und damit alleiniger Rekordhalter an Olympiasiegen zu werden, gaben ihm die Amerikaner nicht.

1997 tingelte Carl Lewis außer Form durch die großen europäischen Sportfeste und beendete im September 1997 seine einzigartige Karriere. Er arbeitet heute als Trainer.

ERIC LIDDELL

Eric Henry Liddell, genannt der fliegende Pastor, wurde am 16. Januar 1902 als zweiter Sohn eines schottischen Missionars in Tianjin/China geboren. Nach der Rückkehr der Familie nach Großbritannien wurde er 1908 mit seinem Bruder auf das Eltham College in London, ein Internat für Kinder von Missionaren, geschickt. Im Internat spielte er erfolgreich Cricket und Rugby und erwies sich als talentierter Leichtathlet. Ab 1920 studierte Eric Liddell an der Universität Edinburgh Wissenschaftstheorie. Während des Studiums lief er Sprintrennen und spielte Rugby. Für die schottische Nationalmannschaft absolvierte er sieben Rugby-Länderspiele. Ebenso erfolgreich war er als Leichtathlet. Am 7. Juli 1923 lief er in Stamford 100 y in 9,7 Sek, einer Zeit, die 35 Jahre lang von keinem Briten mehr unterboten wurde. 1924 wurde Eric Liddell britischer Meister über 100 y und 220 y. Mit diesen Leistungen qualifizierte er sich für die im selben Jahr stattfindenden Olympischen Spiele in Paris.

Da die Vorläufe über 100 m in Paris an einem Sonntag stattfanden, entschied sich der tiefgläubige Christ Liddell, nicht zu starten, ließ die Meldung streichen und büßte damit alle Chancen auf eine gute Platzierung ein. Er wurde von den Briten anstelle der 100 m für die 400 m-Strecke gemeldet. Bei den Britischen Meisterschaften hatte er vor den Olympischen Spielen über 440 y gewonnen. Am 9. Juli gewann Eric Liddell in Paris über 200 m hinter den Amerikanern Scholz und Paddock die Bronzemedaille.

Am 11. Juli standen die Halbfinals über 400 m an. Mit der viertbesten Zeit qualifizierte sich Eric Liddell für das Finale. Zwei Stunden später wurde das Finale über 400 m angesetzt. Bei dieser Ansetzung stellte sich nur eine Frage: Wer hat die Strapazen des Halbfinales am besten weggesteckt? Im Finale startete Eric Liddell auf der Außenbahn und ging, da er seine Konkurrenten nicht sah, das Rennen mit einem Höllentempo an. 200 m durchlief er in 22,2 Sek., nur drei Zehntelsekunden langsamer als bei seinem dritten Platz über 200 m. Das konnte eigentlich nicht gut gehen. Zwar ließ er auf dem zweiten Teilstück etwas nach, aber keiner konnte ihn mehr gefährden. Mit dem neuen Weltrekord von 47,6 Sek. gewann er die Goldmedaille. Der zweitplatzierte Amerikaner Horatio Fitch lag acht Zehntelsekunden zurück. An der 4 x 400 m-Staffel nahm Eric Liddell nicht teil, weil der Endlauf an einem Sonntag stattfand. Während seine Mannschaftskameraden um die Medaillen kämpften, predigte Eric Liddell in einer schottischen Kirche in Paris. Wenn nicht die Goldmedaille, kostete dieser Verzicht die Briten wahrscheinlich die Silbermedaille, denn die Briten wurden knapp geschlagen hinter den Schweden Dritte.

Nach den Olympischen Spielen in Paris beendete Eric Liddell seine sportliche Karriere, ein Jahr später auch sein Studium und ging 1925 wie seine Eltern als Missionar nach China, wo er für die London Missionary Society tätig war. 1932 wurde er zum Priester geweiht. Nach dem Ausbruch des Japanisch-Chinesischen Krieges riet die britische Regierung ihren Mitbürgern, China zu verlassen. Eric Liddell blieb in China, seine Frau und seine drei Töchter gingen jedoch nach Kanada. 1943 wurde er in Tianjin von der japanischen Armee zunächst in ein Konzentrationslager und später in ein Internierungslager in Weixian gebracht, wo er an einem Hirntumor erkrankte. Er starb am 21. Februar 1943 und wurde in Shijiazhuang beigesetzt. Die Ereignisse vor und während der Olympischen Spiele wurden in dem preisgekrönten Film „Die Stunde des Siegers" dargestellt.

JAMES LIGHTBODY

James Davies „Jim" Lightbody wurde am 15. März 1882 in Pittsburgh, Pennsylvania/USA geboren. Er begann 1899 seine Karriere als Sprinter. Nachdem er bei den Highschool-Meisterschaften 1900 Zweiter über eine Meile geworden war, wechselte er auf die Mittelstrecke. 1904 qualifizierte er sich für die Olympischen Spiele in St. Louis. Im 800 m-Lauf, an dem außer dem Deutschen Johannes Runge und zwei Kanadiern nur Amerikaner teilnahmen, gewann James Lightbody mit neuem olympischem Rekord von 1:56,0 Min. die Goldmedaille.

48 Stunden später stand der 1.500 m-Lauf an. Auch in diesem Rennen war James Lightbody dem restlichen Feld überlegen. Mit der Weltrekordzeit von 4:05,4 Min. und einem Vorsprung von 1,4 Sekunden gewann er seine zweite Goldmedaille (Kommentar des deutschen Teilnehmers Johannes Runge: „Diese Zeit hatte ich einfach nicht drauf").

Im Rennen über 2.500 m Hindernis, das auf einer Grasbahn gelaufen wurde, führte lange der Ire John Daly. Als James Lightbody, der vorher nie ein Rennen über Hindernisse bestritten hatte, nach vorn ging, vermochte der Ire ihm noch mühelos zu folgen. Dann beschleunigte James Lightbody das Tempo enorm und konnte sich absetzen. James Lightbody gewann überlegen seine dritte Goldmedaille. John Daly gewann nach einem begeisternden Spurt die Silbermedaille vor dem Amerikaner Arthur Newton. Mit der amerikanischen 4 x 1 Meile-Staffel gewann James Lightbody die Silbermedaille.

James Lightbody ging auch bei den inoffiziellen Zwischenspielen 1906 in Athen an den Start. Er gewann den Lauf über 1.500 m vor dem Briten John McGough und dem Schweden Kristian Hellström und wurde hinter dem Amerikaner Paul Pilgrim Zweiter über 800 m.

Bei den Olympischen Spielen 1908 in London startete James Lightbody über 800 m, 1.500 m und im Hindernislauf, schied aber in allen Wettbewerben bereits im Vorlauf aus. Unmittelbar nach den Olympischen Spielen reiste James Lightbody nach Berlin, um dort ein Studium zu beginnen. Bis 1911 arbeitete er in Berlin für Associated Press und startete für den Berliner SC. Er nahm für den Berliner SC auch an Deutschen Meisterschaften teil.

James Lightbody starb am 2. März 1953 in Charleston, South Carolina/USA.

SPIRIDON LOUIS

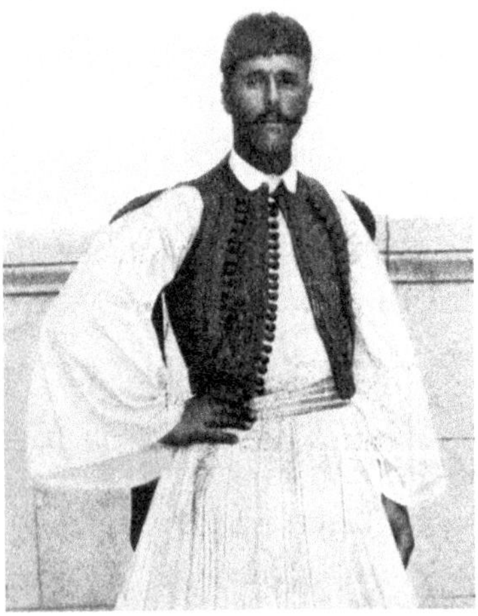

Spiridon Louis war der erste Olympiasieger der Neuzeit im Marathonlauf. Er erlangte legendären Ruf. Noch heute werden Laufshops, Laufclubs oder Laufzeitschriften nach ihm benannt.

Spiridon Louis wurde am 12. Januar 1873 in Maroussi bei Athen geboren. Er war einer von dreizehn griechischen Läufern, die bei den Olympischen Spielen 1896 im Marathonlauf an den Start gingen. Der Marathonlauf von Athen ging 1896 nicht über die heute gültige Distanz von 42,195 km. Diese Streckenlänge gibt es erst seit den Olympischen Spielen von 1908. In Athen wurden ungefähr 40 Kilometer zurückgelegt. Eine gezielte Vorbereitung auf den Marathonlauf gab es damals auch nicht. Da keiner eine Vorstellung davon hatte, welche Strapazen auf die Läufer zukommen würden, meldeten auch die drei Medaillengewinner des 1.500 m-Laufs für den Marathonlauf. 25 Läufer nahmen das Rennen in Angriff.

Der französische Mittelstreckenläufer Lermusiaux begann in flottem Tempo. Überraschend führte er noch bei der Hälfte der Strecke vor dem Amerikaner Blake und dem Australier Flack. Auf dem zweiten Teilstück verließen die Mittelstreckenläufer die Kräfte. Lermusiaux und Blake gaben das Rennen auf. Spiridon Louis begann das Rennen vorsichtig und mit seinen Kräften haushaltend. Schon bei der Hälfte der Strecke war er sich sicher, dass er das Rennen gewinnen würde. Er soll unterwegs in einem Wirtshaus in Pikermi einen Viertelliter Wein getrunken und den Zuschauern zugerufen haben: „Meine Zeit kommt noch". Andere Quellen sprechen von einem Glas Cognac. Bei Kilometer 32 schloss Spiridon Louis zu dem führenden Australier Flack auf, der einen Schwächeanfall erlitt und das Rennen aufgeben musste. Spiridon Louis lag nun allein in Front und näherte sich mit großem Vorsprung dem Stadion. Auf den letzten 100 m im Stadion begleiteten Kronprinz Konstantin und Prinz Georg den Olympiasieger. Mit einem Vorsprung von über sieben Minuten gewann Spiridon Louis vor seinem Landsmann Charolaos Vasilakos die Goldmedaille. Dritter wurde der ursprünglich als Vierter ins Ziel gekommene Ungar Gyula Kellner vor sechs weiteren Griechen. Gyula Kellner erhielt die Bronzemedaille, weil der Grieche Spiridon Velokas wegen „Verletzung der Regeln" disqualifiziert worden war.

Nach dem Olympiasieg erhielt Spiridon Louis ein kleines Stück Land und eine bescheidene Rente. An offiziellen Läufen nahm er nicht mehr teil. 1936 wurde Spiridon Louis als Ehrengast zu den Olympischen Spielen in Berlin eingeladen. Er starb am 26. März 1940 in seinem Heimatort Maroussi.

JACK LOVELOCK

Der blonde, neuseeländische Mittelstreckenläufer Jack Lovelock war der Inbegriff des eleganten Mittelstrecklers. Sein Laufstil wurde in aller Welt bewundert. In Amerika verglich man seinen Laufstil mit der Perfektion Carusos, in Großbritannien mit der Mozarts. Adolf Hitler soll während der Olympischen Spiele ein Bankett zu Ehren des Königs von Bulgarien verlassen haben, um Lovelock laufen zu sehen. Leni Riefenstahl nahm für ihren Olympiafilm in einer einzigen Einstellung den gesamten 1.500 m-Lauf auf.

John Edward „Jack" Lovelock wurde am 5. Januar 1910 in Crushington/ Neuseeland geboren. Mit 10 Jahren begann er mit der Leichtathletik. Schon mit 11 Jahren trainierte er heimlich mit der Stoppuhr. Nachdem er an der University of Otago mit dem Medizinstudium begonnen und dort bereits sein Talent bewiesen hatte, siedelte er 1930 nach England über und setzte 1931 sein Studium an der Universität von Oxford fort. Unter der Leitung von Arthur Porritt wurde sein Training professioneller.

Am 26. Mai 1932 stellte Jack Lovelock einen neuen Commonwealth-Rekord über eine Meile auf und gehörte zu den Favoriten für den 1.500 m-Lauf bei den Olympischen Spielen im gleichen Jahr in Los Angeles. Infolge seiner Unerfahrenheit in großen internationalen Rennen belegte er im olympischen 1.500 m-Rennen jedoch nur einen für ihn enttäuschenden 7. Platz.

Am 15. Juli 1933 verbesserte Jack Lovelock in Princeton den Weltrekord über eine Meile auf 4:07,8 Min. 1934 verließ er Oxford und ging an die St. Mary´s Hospital Medical School in London. 1934 gewann er den Meilenlauf bei den British Empire Games. 1935 war er durch eine Entzündung im Knie und eine Schwellung der Achillessehne gehandicapt. Nach seiner Genesung intensivierte er das Training für die Olympischen Spiele 1936 in Berlin. Bereits zu dieser Zeit litt Lovelock an Schwindelanfällen. Trotz dieser gesundheitlichen Probleme kam er aber rechtzeitig zu den Spielen in Form. Nachdem er lange gezögert hatte, ob er nicht über 5.000 m oder 10.000 m starten sollte, entschied er sich doch für einen Start über 1.500 m.

Im olympischen Rennen bestimmte zunächst der Amerikaner Glenn Cunningham das Tempo. Nachdem zwischenzeitlich der Schwede Eric Ny die Führung übernommen hatte, ging Cunningham bei 1.000 m wieder an die Spitze und zog einen langen Spurt an. Lovelock konnte ihm jedoch mühelos folgen und setzte sich bei 1.200 m an die Spitze. Cunningham versuchte zu kontern, hatte gegen den entfesselt spurtenden Lovelock jedoch keine Chance. Lovelock gewann in neuer Weltrekordzeit von 3:47,8 Min. die Goldmedaille. Die letzte Runde legte er in 56,8 Sek. zurück, eine für die damalige Zeit unglaubliche Leistung. Glenn Cunningham blieb als Zweiter ebenfalls noch unter dem alten Weltrekord. Dritter wurde der Olympiasieger von Los Angeles Luigi Beccali.

Kurz nach den Spielen beendete Jack Lovelock seine internationale Karriere. Nach einem Reitunfall litt er ab 1940 an Doppelsichtigkeit, was seine ohnehin immer wieder auftretenden Schwindelanfälle verschlimmerte. 1945 heiratete Jack Lovelock die Amerikanerin Cynthia Wells James und siedelte 1947 in die Vereinigten Staaten über. Nach seiner Promotion wurde er Direktor der Rehabilitationsabteilung am New York Hospital for Special Surgery in Manhattan. In Amerika litt er an Depressionen. Am 28. Dezember 1949 stürzte Jack Lovelock vor eine einfahrende U-Bahn und war auf der Stelle tot. Die Umstände seines Todes sind bis heute ungeklärt. Ob er infolge seiner Depressionen Suizid beging oder infolge eines Schwindelanfalls auf die U-Bahn-Gleise fiel, ließ sich nicht aufklären.

Im Münchner Olympiapark erinnert ein Weg an diesen großartigen Läufer.

DOUGLAS LOWE

Douglas Gordon Arthur Lowe wurde am 7. August 1902 in Manchester/ Großbritannien geboren. Er entdeckte früh seine Liebe zur Leichtathletik und spezialisierte sich auf die Mittelstrecken. Während seines Jura-Studiums am Pembroke College gewann er dreimal den jährlichen Vergleichskampf gegen das Oxford College. 1924 qualifizierte er sich für das britische Olympiateam.

Im olympischen 800 m-Rennen ergriff der Schnellste der Halbfinals, sein Landsmann Henry Stallard, die Flucht nach vorn und sorgte für ein schnelles Tempo. Die 400 m-Marke wurde in 54,0 Sek durchlaufen. Stallard führte bis zur 600 m-Marke. Dann verließen ihn die Kräfte. Douglas Lowe, der Schweizer Paul Martin und der Amerikaner Schuyler Enck gingen jetzt an ihm vorbei. Stallard und Enck vermochten ebenfalls dem Tempo von Lowe und Martin nicht zu folgen. In einem begeisternden Finish setzte sich Douglas Lowe auf der Zielgeraden gegen den Schweizer durch und gewann die Goldmedaille.

Bei den Meisterschaften der Amateur Athletic Association (AAA) in London lief der Deutsche Dr. Otto Peltzer am 3. Juli 1926 in 1:51,6 Min. über 880 y einen neuen Weltrekord. Douglas Lowe blieb als Zweiter dieses Rennens mit 1:52,0 Min. ebenfalls unter dem alten Weltrekord. 1927 gewann Douglas Lowe bei den AAA-Meisterschaften die Titel über 440 y, 880 y und in der Staffel. Auch 1928 war er über 440 y und 880 y nicht zu schlagen. Mit diesen Erfolgen reiste er als Favorit zu den Olympischen Spielen nach Amsterdam.

Bei den Olympischen Spielen konnte sich der Mitfavorit Dr. Peltzer überraschend nicht für das Finale qualifizieren. Nach dem Start übernahm Douglas Lowe die Spitze, wurde aber schnell von dem Amerikaner Lloyd Hahn und dem Kanadier Phil Edwards abgelöst. In der Zielkurve zog Douglas Lowe das Tempo an und setzte sich an die Spitze, gefolgt von Hahn und Edwards. Während Douglas Lowe mit deutlichem Vorsprung dem Ziel entgegenlief und in neuer olympischer Rekordzeit von 1:50,8 Min. die Goldmedaille gewann, zogen der Schwede Erik Bylehn und der Deutsche Hermann Engelhard an Hahn und Edwards vorbei und sicherten sich die Silber- und Bronzemedaille.

Nach den Olympischen Spielen beendete Douglas Lowe seine Karriere. Er wurde Richter und in den Crown Court, den britischen Strafgerichtshof, berufen. Er starb am 30. März 1981 in Cranbrook in der Grafschaft Kent.

JANIS LUSIS

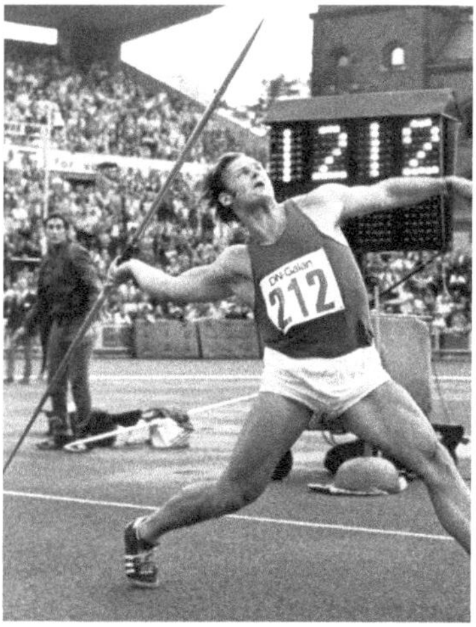

Janis Lusis wurde am 19. Mai 1939 in Jelgava/Lettland geboren. Er studierte am Staatlichen Institut für Körperkultur und startete während seiner gesamten Karriere für die Sowjetunion. Bei den Europameisterschaften 1962 in Belgrad war Janis Lusis der überragende Speerwerfer. Ihm schien der böige Wind nichts auszumachen. Während die anderen Speerwerfer mit den ungünstigen Verhältnissen zu kämpfen hatten, warf er als Einziger dreimal über 80 m und gewann mit einem Vorsprung von mehr als vier Metern den Titel.

Auch bei den Olympischen Spielen 1964 in Tokio herrschten mit Regen und böigem Wind irreguläre Bedingungen. Zunächst konnte sich Janis Lusis an die Spitze setzen. Als der Finne Pauli Nevala und der Ungar Gergely Kulcsar aber an ihm vorbeizogen, vermochte er nicht mehr zu kontern und musste sich mit der Bronzemedaille begnügen. Zwei Jahre später drehte Janis Lusis bei den Europameisterschaften in Budapest den Spieß um. Dieses Mal mussten sich ihm Pauli Nevala und Gergely Kulcsar geschlagen geben. Zwischen die beiden und Lusis schob sich noch der Pole Wladyslaw Nikiciuk.

Im Olympiajahr 1968 stellte Janis Lusis im finnischen Saarijärvi mit 91,98 m einen neuen Weltrekord auf. Damit brachte er sich in die Favoritenrolle für die Olympischen Spiele in Mexiko City. Nach dem Vorkampf führte Janis Lusis mit einem Wurf auf 86,34 m. Dann zog sein Dauerrivale Gergely Kulcsar mit einem Wurf von 87,06 m an ihm vorbei. Im letzten Versuch gelang Janis Lusis mit 90,10 m ein neuer olympischer Rekord.

Dennoch musste er noch einmal zittern, weil dem Finnen Jorma Kinnunen im letzten Versuch ein Wurf auf 88,58 m gelang. Am Ende waren die Verhältnisse aber geradegerückt. Der beste Speerwerfer wurde Olympiasieger.

Bei den Europameisterschaften 1969 in Athen war Janis Lusis erneut nicht zu schlagen. Obwohl der Finne Pauli Nevala den Speer mit 89,58 m fast 90 Meter weit warf, hatte er gegen Janis Lusis keine Chance. Janis Lusis gewann mit 91,52 m den Titel. Bei den Europameisterschaften 1971 in Helsinki hatte Janis Lusis mit 90,68 m nur einen wirklich guten Wurf. Der reichte jedoch, um zum vierten Mal den Titel zu gewinnen.

Sechs Wochen vor Beginn der Olympischen Spiele in München stellte Janis Lusis in Stockholm mit 93,80 m einen neuen Weltrekord auf. Bei den Olympischen Spielen gab es einen faszinierenden Zweikampf zwischen dem Letten und dem Deutschen Klaus Wolfermann. Janis Lusis ging mit einem Wurf auf 88,88 m in Führung. Klaus Wolfermann antwortete im vierten Versuch mit einem Wurf auf die bundesdeutsche Rekordweite von 88,40 m. Im fünften Versuch setzte Klaus Wolfermann noch einmal alles auf eine Karte und ließ den Speer bis auf die deutsche Rekordweite von 90,48 m segeln. Im letzten Versuch wollte Janis Lusis noch einmal kontern. Sein Speer bohrte sich aber bereits bei 90,46 m in den Rasen. Klaus Wolfermann wurde mit zwei Zentimetern Vorsprung Olympiasieger. Fast entschuldigend ging er auf Janis Lusis zu und umarmte ihn. Aus dieser Geste entstand eine lebenslange Freundschaft. Lusis erklärte einmal: „Ich habe um zwei Zentimeter die Goldmedaille verpasst, aber einen Freund fürs Leben gefunden."

Bei den Europameisterschaften 1974 in Rom wurde Janis Lusis Sechster. 1976 beendete er seine Karriere. Janis Lusis war mit der russischen Olympiasiegerin und Weltrekordhalterin im Speerwerfen Elvira Osolina verheiratet. Auch sein Sohn wurde Speerwerfer. Janis Lusis erlag am 29. April 2020 einem Gehirntumor.

TOMASZ MAJEWSKI

Tomasz Majewski wurde am 30. August 1981 in Nasielski/Polen geboren. Schon früh war klar, dass für den 2,04 m großen Riesen in der Leichtathletik nur die Wurfdisziplinen in Betracht kamen. Folgerichtig wurde er Kugelstoßer. Auf sich aufmerksam machte Majewski zum ersten Mal, als er 2006 in Izmir Universiade-Sieger wurde. Bei den Hallen-Weltmeisterschaften 2008 in Valencia belegte er den dritter Platz. Sein erster großer Coup gelang ihm bei den Olympischen Spielen in Peking.

Tomasz Majewski übernahm mit einem Stoß auf 20,80 m im 1. Versuch die Führung. Im zweiten Versuch stießen der Weißrusse Andrej Michnewitsch und der Kanadier Dylan Armstrong mit 21,05 m und 21,04 m weiter. Im 3. Versuch konterte Tomasz Majewski mit einem Stoß auf 21,21 m. Im 4. Versuch legte er mit 21,51 m noch einmal 30 Zentimeter drauf. Das war auch die Siegesweite. Der Amerikaner Christian Cantwell verbesserte sich auf 21,09 m und gewann die Silbermedaille. Der zunächst drittplatzierte Andrej Michnewitsch wurde des Dopings überführt und musste die Bronzemedaille dem Kanadier Dylan Armstrong überlassen.

Bei den Hallen-Europameisterschaften 2009 in Turin gewann Tomasz Majewski die Goldmedaille. Obwohl er bei den Weltmeisterschaften im gleichen Jahr in Berlin die Kugel 21,91 m weit stieß, wurde er von dem Amerikaner Christian Cantwell mit 22,03 m geschlagen. Bei den im folgenden Jahr stattgefundenen Leichtathletik-Europameisterschaften in Barcelona triumphierte Tomasz Majewski mit 21,00 m vor dem Deutschen Ralf Bartels und dem Letten Maris Urtans. Dann wurde es etwas ruhiger um ihn. Im Frühjahr 2012 meldete er sich mit einem dritten Platz bei den Hallen-Weltmeisterschaften in Istanbul in der Weltspitze zurück. Dennoch zählte er nicht zu den Favoriten auf die olympische Goldmedaille.

Gleich im 1. Versuch stieß der deutsche Meister David Storl im olympischen Kugelstoß-Wettbewerb die Kugel auf 21,84 m. Im 2. Versuch verbesserte er sich auf 21,86 m. Im 3. Versuch schlug Tomasz Majewskis Kugel erst bei 21,87 m in den Rasen auf, wodurch er die Führung übernahm. David Storl wollte es jetzt mit Gewalt wissen, produzierte aber nur ungültige Stöße. Im letzten Versuch steigerte sich Tomasz Majewski auf 21,89 m, mit denen er nach Peking seine zweite Goldmedaille gewann. Hinter diesem überragenden Führungsduo landeten die Amerikaner Reese Hoffa und Christian Cantwell nur auf den Plätzen drei und vier. 2014 belegte Tomasz Majewski bei den Europameisterschaften in Zürich hinter David Storl und dem Spanier Borja Vivas noch einmal einen dritten Platz. Als er sowohl bei den Weltmeisterschaften 2015 in Peking als auch bei den Olympischen Spielen 2016 in Rio de Janeiro nicht mehr in den Kampf um die Medaillen eingreifen konnte, beendete er nach den Olympischen Spielen seine Karriere.

BRONISLAW MALINOWSKI

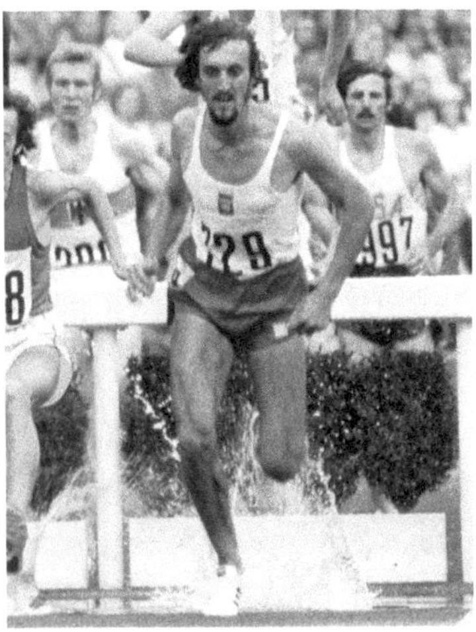

Bronislaw Malinowski wurde am 4. Juni 1951 in Nowe/Polen geboren. Er spezialisierte sich früh auf den Hindernislauf. 1970 wurde er in Paris Junioren-Europameister über 2.000 m Hindernis. Bei den Olympischen Spielen 1972 in München belegte der 21-Jährige den vierten Platz. Erfolgreicher war er bei den Europameisterschaften 1974 in Rom, wo er vor dem Schweden Anders Gärderud Europameister über 3.000 m Hindernis wurde. Damit stieg er als einer der Favoriten für die Olympischen Spiele in Montreal auf.

Das olympische Rennen wurde lange von Bronislaw Malinowski dominiert. Eingangs der letzten Runde führte Malinowski vor dem DDR-Läufer Frank Baumgartl, dem schwedischen Weltrekordler Anders Gärderud und dem Finnen Tapio Kantanen. 250 m vor dem Ziel setzte sich Gärderud an die Spitze und verschärfte das Tempo. Baumgartl und Malinowski vermochten ihm jedoch zu folgen, Kantanen dagegen nicht mehr. Vor dem letzten Hindernis setzte sich Baumgartl neben Gärderud. Infolge einer Unachtsamkeit blieb Frank Baumgartl mit einem Bein am Balken hängen und kam zu Fall. Malinowski war gezwungen, über den am Boden liegenden Baumgartl zu springen, und verlor so den Kontakt zu Gärderud. Anders Gärderud konnte ungefährdet in neuer Weltrekordzeit von 8:08,02 Min. ins Ziel laufen. Bronislaw Malinowski gewann in neuer polnischer Rekordzeit von 8:09,11 Min. die Silbermedaille vor Frank Baumgartl.

Zwei Jahre später bei den Europameisterschaften in Prag war Anders Gärderud nicht mehr am Start. Bronislaw Malinowski nutzte seine Abwesenheit zum Gewinn des Europameister-Titels vor dem Deutschen Patriz Ilg. Bei den Cross-Weltmeisterschaften 1979 im irischen Limerick gewann Bronislaw Malinowski die Silbermedaille. Sein größter Triumph sollte aber noch folgen.

Bei den Olympischen Spielen 1980 in Moskau waren Bronislaw Malinowski und Filbert Bayi aus Tansania in Abwesenheit der die Spiele boykottierenden Kenianer die Favoriten auf Gold auf der Hindernis-Strecke. Der ehemalige Weltrekordler über 1.500 m Filbert Bayi schlug ein höllisches Anfangstempo an. Der erste Kilometer wurde in 2:38,8 Min. absolviert. Dieses Tempo konnte keiner mitgehen. Auf dem dritten Kilometer verließen Filbert Bayi die Kräfte, so dass Bronislaw Malinowski mühelos aufschließen konnte. Am letzten Wassergraben ging er widerstandslos an Filbert Bayi vorbei und gewann die Goldmedaille. Der in allen Stadien der Welt beliebte Bronislaw Malinowski war auf dem Höhepunkt seiner Karriere.

Lange sollte er seinen Ruhm nicht genießen können. Am 27. September 1981 verunglückte Bronislaw Malinowski bei einem Autounfall auf der Weichselbrücke in Grudziadz tödlich. Die Brücke trägt heute seinen Namen.

SWETLANA MASTERKOWA

Swetlana Alexandrowna Masterkowa wurde am 17. Januar 1968 in Atschinsk/Sowjetunion geboren. Nachdem sie 1993 bei der Hallenweltmeisterschaft über 800 m die Silbermedaille gewonnen hatte, legte sie 1994 und 1995 eine Babypause ein und kehrte dann zur Leichtathletik zurück. Sie qualifizierte sich über 800 m und 1.500 für die Olympischen Spiele in Atlanta.

Im 800 m-Lauf ergriff Swetlana Masterkowa früh die Führung. In der zweiten Kurve der ersten Runde setzte sich ihre Landsfrau Jelena Afanassjewa neben sie. Die Russinnen blieben bis 350 m vor dem Ziel in Führung. Dann kämpften sich die Kubanerin Ana Fidelia Quirot, die Britin Kelly Holmes und Maria Mutola aus Mozambique nach vorn. Als die Kubanerin an Swetlana Masterkowa vorbeiziehen wollte, hielt diese dagegen. Am Ende der Zielkurve zog Swetlana Masterkowa den Spurt an und war nicht mehr von der Spitze zu verdrängen.

Im 1.500 m-Lauf bestimmten von Anfang an Swetlana Masterkowa und Kelly Holmes das Tempo, das moderat war, was dazu führte, dass das Feld bis in die Schlussrunde zusammenblieb. Als die Rumänin Gabriela Szabo Swetlana Masterkowa eingangs der Zielgeraden angreifen wollte, zog diese den Spurt an und lief zu ihrer zweiten Goldmedaille vor Gabriela Szabo und der Österreicherin Theresia Kiesl. Zwei Wochen nach den Spielen lief Swetlana Masterkowa in Zürich mit 4:12,56 Min. einen neuen Meilenweltrekord. Wiederum eine Woche später verbesserte sie am 23. August 1996 in Brüssel den 1.000 m-Weltrekord auf 2:28,98 Min. Dieser Weltrekord ist heute noch gültig. Am Ende des Jahres wurde Swetlana Masterkowa zur Welt-Leichtathletin des Jahres gekürt.

Wegen Achillesbeschwerden musste sie im Vorlauf des 1.500 m-Laufs bei den Weltmeisterschaften 1997 in Athen aufgeben. Ein Jahr später wurde sie in Budapest Europameisterin über 1.500 m. Bei den Weltmeisterschaften 1999 in Sevilla wurde Swetlana Masterkowa Dritte über 800 m und gewann den Titel über 1.500 m. Nachdem sie bei den Olympischen

Spielen 2000 in Sydney im Vorlauf aufgegeben hatte, beendete sie ihre Karriere.

BOB MATTHIAS

Robert Bruce „Bob" Matthias wurde am 19. November 1930 in Tulare, Kalifornien/USA geboren. Auf Anraten seines High School-Trainers in Tulare begann er 1948 mit 17 Jahren, für den Zehnkampf zu trainieren. Bereits bei seinem zweiten Zehnkampf qualifizierte er sich für die Olympischen Spiele in London. Seine noch mangelhaften Regelkenntnisse kosteten ihn nach dem ersten Tag die Führung. Da ihm nicht bekannt war, dass man beim Kugelstoßen den Ring nach hinten verlassen muss, wurde ein Stoß, der einen halben Meter weiter war als sein zweitbester nicht anerkannt. So lag er nach dem ersten Tag auf dem dritten Platz. Nach dem besten Diskuswurf und dem zweitbesten Stabhochsprung übernahm Bob Matthias die Führung, die er bis zum abschließenden 1.500 m-Lauf verteidigte. Für alle überraschend wurde mit 165 Punkten Vorsprung der jüngste und unerfahrenste Zehnkämpfer Olympiasieger vor dem Franzosen Ignace Heinrich und seinem Landsmann Floyd Simmons. Als er seine Mutter umarmte, lautete seine erste Reaktion: „Nie wieder ein Zehnkampf." Er sollte jedoch wortbrüchig werden.

Am 29. und 30. Juni 1950 erzielte Bob Matthias in Tulare als erster Zehnkämpfer mit 8.042 Punkten mehr als 8.000 Punkte. Bei den US-Trials am 1. und 2. Juli 1952 verbesserte er den Weltrekord nach der neuen Wertung auf 7.825 Punkte und fuhr als Favorit zu den Olympischen Spielen in Helsinki. Mit dem unfassbaren Vorsprung von 912 Punkten und dem neuen Weltrekord von 7.887 Punkten dominierte Bob Matthias wie nie jemand zuvor den Zehnkampf und verteidigte seinen Titel von London. Silber ging an den Olympiasieger von Melbourne Milton Campbell. Bronze gewann erneut Floyd Simmons.

Danach beendete Bob Matthias seine Leichtathletik-Karriere. 1960 spielte er die Titelrolle in der Hollywood-Produktion „Theseus, Held von Hellas". Neben einem Film über sein eigenes Leben war das seine einzige Filmrolle. In den 60iger Jahren ging er in die Politik und wurde ins Repräsentantenhaus gewählt. Bob Matthias starb am 2. September 2006 in Fresno, Kalifornien/USA.

SYDNEY MCLAUGHLIN

Auch Sydney McLaughlin ist erst 24 Jahre alt und auch sie hat in diesem Alter schon Geschichte geschrieben mit der Folge, dass auch sie trotz ihres jungen Alters in diese Liste gehört.

Sydney McLaughlin wurde am 7. August 1999 in New Brunswick, New Jersey/USA geboren. Ihre Eltern waren beide 400 m-Läufer, auch ihr Bruder Taylor ist ein guter 400 m- und 400 m-Hürden-Läufer. Es überrascht deshalb nicht, dass auch Sydney McLaughlin sich früh auf die 400 m-Hürden-Strecke spezialisierte. 2015 verbesserte sie bei den US-Trials für die U 18-Weltmeisterschaften mit 55,63 Sek. die Weltbestzeit für 15-Jährige. Einige Wochen später wurde sie in Cali U 18-Weltmeisterin über 400 m Hürden. 2016 qualifizierte sie sich als noch 16-Jährige bei den US-Trials für die Olympischen Spiele in Rio de Janeiro, schied dort allerdings im Halbfinale aus.

2017 lief Sydney McLaughlin mit 53,82 Sek. einen neuen U 20-Weltrekord. 2018 verbesserte sie sowohl über 400 m als auch über 400 m Hürden die U 20-Hallenweltrekorde. Bei den Weltmeisterschaften 2019 in Doha lief sie hinter der Weltrekordlerin Dalilah Muhammad in persönlicher Bestzeit von 52,83 Sek. auf den zweiten Platz und gewann mit der 4 x 400 m-Staffel den Weltmeister-Titel.

2020 absolvierte sie coronabedingt nur wenige Wettkämpfe. Sie wechselte in diesem Jahr ihren Trainer und trainiert jetzt bei Bob Kersee, dem Ehemann von Jacky Joyner-Kersee und Trainer von Allyson Felix. 2021 übernahm Sydney McLaughlin die Herrschaft über die 400 m Hürden-Strecke. Bei den US-Trials für die Olympischen Spiele in Tokio lief sie mit 51,90 Sek. als erste Frau der Welt die 400 m Hürden in weniger als 52 Sekunden.

In Tokio wurden die Zuschauer Zeugen eines denkwürdigen 400 m Hürden-Rennens. Sydney McLaughlin, Dalilah Muhammad und der neue niederländische Stern am Leichtathletik-Himmel Femke Bol lieferten sich einen packenden Dreikampf, den Sydney McLaughlin für sich entschied. Erstaunen riefen jedoch die Zeiten hervor, die diese drei Läuferinnen liefen. Sydney McLaughlin verbesserte ihren eigenen Weltrekord um 44 Hundertstelsekunden auf 51,46 Sek. Auch Dalilah Muhammad blieb mit 51,58 Sek. deutlich unter dem alten Weltrekord. Schließlich verbesserte Femke Bol als Dritte mit 52,03 Sek. den Europarekord. Ihre Zeit wäre bis Ende 2020 noch Weltrekord gewesen. Alle Experten waren sich einig, dass dieser phantastische Weltrekord noch lange Bestand haben würde. Sie sollten sich jedoch, wie sich später zeigte, irren. Mit der amerikanischen 4 x 400 m-Staffel gewann Sydney McLaughlin ihre zweite Goldmedaille.

Bei den US-Trials für die Weltmeisterschaften 2022 in Eugene/USA gewann Sydney McLaughlin die 400 m Hürden in neuer Weltrekordzeit von 51,41 Sek. und strafte damit die Experten Lügen, die ihrem Weltrekord von Tokio ein langes Leben vorausgesagt hatten. In Eugene setzte sie dann noch eins drauf. Sie gewann den Titel mit dem neuen Weltrekord von 50,68 Sek. und man begann sich zu fragen, wo die Grenzen dieser jungen Frau liegen. 50,68 Sek. sind eine sehr gute Zeit für die 400 m-Strecke, für die Hürdenstrecke sind sie einfach sensationell. Ihre erfolgreichen Weltmeisterschaften krönte Sydney McLaughlin mit der 4 x 400 m-Staffel, mit der sie ihren zweiten Titel gewann. Ihre Zukunft lässt noch einiges erwarten. Am Ende des Jahres wurde Sydney McLaughlin, inzwischen verheiratet und heißt nun McLaughlin-Levrone, zur Welt-Leichtathletin des Jahres gekürt. An der Weltmeisterschaft 2023 in Budapest nahm sie wegen einer Knieverletzung nicht teil.

FAINA MELNIK

Faina Grigorjewna Melnik wurde am 9. Juni 1945 im ukrainischen Bakota, das damals noch zur Sowjetunion gehörte, geboren. 1971 stieß sie im Diskuswurf in die Weltelite vor, als sie bei den Europameisterschaften in Helsinki mit 64,22 m Weltrekord warf und mit zwei Metern Vorsprung vor der Deutschen Liesel Westermann Europameisterin wurde. Am 24. Juni 1972 steigerte sie diesen Weltrekord im Augsburger Rosenaustadion auf 65,48 m. Im Vorfeld der Olympischen Spiele von München verbesserte sie am 4. August in Moskau den Weltrekord auf 66,76 m.

Bei den Olympischen Spielen in München gewann Faina Melnik mit einem Wurf auf 66,62 m, nur 14 Zentimeter unter ihrer Weltrekordweite, die Goldmedaille vor der Rumänin Argentina Menis und ihrer Landsfrau Wassilka Stojewa. Die ehemalige deutsche Weltrekordlerin Liesel Westermann verpasste eine Medaille, weil sie einen 65 m-Wurf nur knapp übertrat. Nachdem ihr Argentina Menis im September 1972 den Weltrekord entrissen hatte, holte Faina Melnik ihn sich am 25. Mai 1973 in Riga mit 67,44 m zurück. Bei den sowjetischen Meisterschaften und beim Europacup warf Faina Melnik noch zweimal im Jahr 1973 Weltrekord. In diesem Jahr wurde sie auch Studentenweltmeisterin.

Bei den Europameisterschaften 1974 in Rom distanzierte Faina Melnik Argentina Menis erneut und wurde mit 69,00 m und einem Vorsprung von viereinhalb Metern Europameisterin. Am 20. Juni 1975 gelang ihr beim Abendsportfest in Zürich mit 70,20 m der erste 70 m-Wurf der Geschichte. Drei Monate vor den Olympischen Spielen 1976 in Montreal steigerte sie den Weltrekord noch einmal um 30 cm.

Bereits im ersten Versuch des olympischen Wettkampfes warf die DDR-Werferin Evelin Schlaak den Diskus auf 69,00 m. Dieser Wurf schien Faina Melnik zu lähmen. In den ersten drei Versuchen kam die 70 m-Werferin nicht einmal über 66 m. Im fünften Versuch brach sie die Drehung im Ring zweimal ab, was zur Folge hatte, dass der Kampfrichter den Versuch ungültig wertete, weil nach den Regeln nur ein einmaliges

Absetzen erlaubt ist. Der unmittelbar am Ring sitzende IAAF-Delegierte protestierte gegen diese Entscheidung und Faina Melnik durfte den Versuch wiederholen. Der Diskus schlug bei 68,60 m auf. Gegen diese Entscheidung, mit der ein Regelverstoß erlaubt wurde, protestierten die Mannschaftsleitungen der DDR und Bulgariens mit Erfolg. Der fünfte Versuch wurde ungültig gegeben. Faina Melnik konnte sich danach nicht mehr steigern und belegte sensationell nur den undankbaren vierten Platz.

1977 heiratete Faina Melnik den bulgarischen Diskuswerfer Welko Welew und startete ab diesem Zeitpunkt unter dem Namen Welewa. Als Faina Welewa wurde sie bei den Europameisterschaften 1978 in Prag Fünfte. 1979 ließ sie sich scheiden und startete wieder unter dem Namen Melnik. Bei den Olympischen Spielen 1980 in Moskau scheiterte sie bereits in der Qualifikation. Danach beendete sie ihre Karriere. Sie starb am 16. Dezember 2016.

ULRIKE MEYFARTH

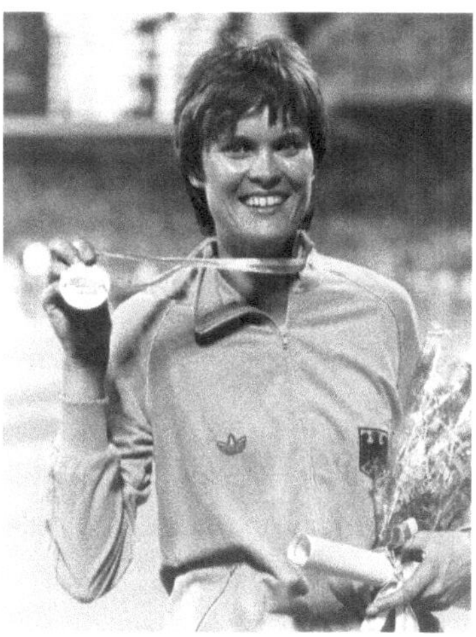

Ulrike Meyfarth war die jüngste Leichtathletik-Olympiasiegerin aller Zeiten. Sie wurde am 4. Mai 1956 in Frankfurt/Main geboren. Bereits mit 15 Jahren wurde die im neuartigen Fosbury-Stil springende Meyfarth 1971 Zweite der deutschen Meisterschaften im Hochsprung. Ein Jahr später qualifizierte sie sich für die Olympischen Spiele in München. Im Olympiajahr verbesserte sie den deutschen Hochsprung-Rekord auf 1,84 m. Dennoch tauchte sie bei den Olympischen Spielen förmlich aus dem Nichts auf. Der Konkurrenz war die hochgewachsene 16-Jährige ebenso unbekannt wie der deutschen Öffentlichkeit.

Die Qualifikationshöhe von 1,76 m sprang sie locker im ersten Versuch. Im Finale überquerte sie alle Höhen bis 1,88 m im ersten Versuch. Während alle Konkurrentinnen an der Höhe von 1,90 m scheiterten, übersprang Ulrike Meyfarth die Höhe im zweiten Versuch. Das bedeutete bereits den Gewinn der Goldmedaille. Nach diesem Sprung versuchte sie sich an der Weltrekordhöhe von 1,92 m. Wie im Rausch übersprang sie auch diese Höhe und stellte damit den Weltrekord der Österreicherin Ilona Gusenbauer ein. An der neuen Weltrekordhöhe von 1,94 m scheiterte sie dreimal. Das über das Mädchen hereinbrechende Medien-Interesse ließ sie nach dem Olympiasieg in eine sportliche Krise geraten. Ihre in München bewunderte Lockerheit ging ihr verloren. Bei den Europameisterschaften 1974 in Rom wurde sie Siebte und bei den Olympischen Spielen in Montreal scheiterte sie bereits in der Qualifikation. Das war eine der größten Enttäuschungen in der deutschen Leichtathletik. Bei den Europameisterschaften 1978 in Prag belegte sie den fünften Platz.

1980 wurde Ulrike Meyfarth ein Opfer des Olympiaboykotts. Sie musste am Fernsehgerät mitansehen, wie ihre Konkurrentinnen um Medaillen kämpften. Die inzwischen 24-Jährige ließ jedoch nicht den Kopf hängen und wollte es nach dem Boykott noch einmal wissen. Bei den Europameisterschaften 1982 in Athen war Ulrike Meyfarth gegenüber den Vorjahren nicht wiederzuerkennen. Ebenso wie die italienische Olympiasiegerin Sara Simeoni und die 23-jährige Russin Tamara Bykowa übersprang Ulrike Meyfarth 1,97 m und hatte eine Medaille bereits sicher. Ihre beiden Konkurrentinnen mussten erkennen, dass Ulrike Meyfarth an diesem Tag nicht zu schlagen war. Sie sprang mit 2,02 m Weltrekord und gewann den Titel. 10 Jahre nach ihrem Triumph von München stand Ulrike Meyfarth auf dem Treppchen wieder ganz oben und wie in München mit Weltrekord.

Bei den 1. Leichtathletik-Weltmeisterschaften 1983 in Helsinki griff Ulrike Meyfarth erneut in den Kampf um die Medaillen ein. Nur sie und

Tamara Bykowa übersprangen die Höhe von 1,99 m. Tamara Bykowa überquerte auch 2,01 m und wurde Weltmeisterin vor Ulrike Meyfarth. 14 Tage nach den Weltmeisterschaften stellte Ulrike Meyfarth bei einem Sportfest in London mit 2,03 m einen neuen Weltrekord auf.

Bei den Olympischen Spielen 1984 in Los Angeles krönte Ulrike Meyfarth ihre große Karriere. Im Hochsprung-Wettbewerb sprang sie wie die Italienerin Sara Simeoni 2,00 m und hatte die Silbermedaille bereits sicher. Während Sara Simeoni an 2,02 m scheiterte, übersprang Ulrike Meyfarth die Höhe im 1. Versuch und gewann 12 Jahre nach München erneut Olympia-Gold.

Nach den Olympischen Spielen beendete Ulrike Meyfarth, die viermal Sportlerin des Jahres war, ihre große Karriere. Gemeinsam mit Renate Stecher und Heide Rosendahl erhielt sie im Oktober 2022 den Pegasos-Preis für Legenden des Sports.

INGRID MICKLER-BECKER

Ingrid Becker wurde am 26. September 1942 in Geseke geboren. Schon früh zeigte sich ihre Vielseitigkeit. Mit 16 Jahren wurde sie deutsche Jugendvizemeisterin im Weitsprung, Fünfte im Hochsprung und Vierte im Fünfkampf. Wie sich später zeigen sollte, verfügte Ingrid Becker auch über überragende Sprintfähigkeiten. 1960 sprang sie 1,69 m hoch und qualifizierte sich für die Olympischen Spiele in Rom. Dort belegte sie mit 1,65 m den neunten Platz. Am 21. Mai 1961 übersprang sie als erste Deutsche die 1,70 m-Marke. Wenig später sprang sie sogar 1,71 m. Bei den Europameisterschaften 1962 in Prag startete die 19-Jährige im Fünfkampf. Mit 4.663 Punkten belegte sie den vierten Platz, nur 13 Punkte hinter der Bronzemedaille. Im selben Jahr verbesserte sie mit 6,25 m den deutschen Weitsprung-Rekord.

Bei den Olympischen Spielen 1964 in Tokio startete Ingrid Becker im Weitsprung und Fünfkampf. Nur zwei Zentimeter von der Bronzemedaille entfernt, wurde sie mit dem neuen deutschen Rekord von 6,40 m im Weitsprung Vierte, im Fünfkampf belegte sie den achten Platz. Bei den Europameisterschaften 1966 in Budapest startete Ingrid Becker nur im Weitsprung und scheiterte mit für sie indiskutablen 5,94 m in der Qualifikation. Bei einem Sportfest in Sofia sprang Ingrid Becker am 5. Juni 1967 als erste Deutsche mit 6,53 m über 6,50 m weit. Noch im selben Jahr verbesserte sie den deutschen Weitsprung-Rekord auf 6,63 m.

Ihre große Stunde kam am 16. Oktober 1968 im Fünfkampf der Olympischen Spiele in Mexiko City. Die große Favoritin Heide Rosendahl verletzte sich bereits beim Aufwärmen für den 80 m-Hürdenlauf. Für Ingrid Becker ergab sich damit die Möglichkeit, in die Bresche zu springen. Mit 10,9 Sek. lief sie die zweitbeste Hürdenzeit. Beim Kugelstoßen fiel sie mit 11,48 m weit zurück. Mary Peters aus Großbritannien stieß die Kugel mit 15,09 m fast vier Meter weiter. Im Hochsprung überquerte Ingrid Becker 1,71 m. Keine andere Fünfkämpferin schaffte diese Leistung. Auch im Weitsprung sprang sie mit 6,43 m die größte Weite. Im abschließenden 200 m-Lauf distanzierte Ingrid Becker mit 23,5 Sek. das restliche Feld. Mit 5.098 Punkten gewann sie mit 132 Punkten Vorsprung die Goldmedaille. Im Weitsprung wurde sie mit 6,43 m Sechste, ebenso mit der 4 x 100 m-Staffel, die in 43,6 Sek. neuen deutschen Rekord lief.

Weil der 1967 in die Bundesrepublik geflüchtete ehemalige DDR-Mittelstreckler Jürgen May bei den Europameisterschaften 1969 in Athen nicht für die Bundesrepublik an den Start gehen durfte, boykottierten die bundesdeutschen Athleten aus Solidarität mit Jürgen May die Europameisterschaften. Man brachte nur Staffeln an den Start. In der Besetzung Bärbel Hähnle, Jutta Stöck, Rita Jahn und Ingrid Becker gewann die deutsche 4 x 100 m-Staffel die Silbermedaille.

1971 kam für die inzwischen verheiratete Ingrid Mickler-Becker noch einmal ein großes Jahr. Bei den Europameisterschaften in Helsinki startete sie im Sprint und Weitsprung. Fünf deutsche Läuferinnen, drei aus der Bundesrepublik und zwei aus der DDR, gingen im 100 m-Finale an den Start. Es siegte die spätere Doppel-Olympiasiegerin Renate Stecher vor den bundesdeutschen Sprinterinnen Ingrid Mickler-Becker, Elfgard Schittenhelm und Inge Helten. Das Weitsprung-Feld war mit der Weltrekordinhaberin Heide Rosendahl, der ehemaligen Weltrekordlerin Viorica Viscopoleanu und der Silbermedaillengewinnerin von Tokio Irena Szewinska brillant besetzt. Bis zum letzten Versuch führte die Schweizerin Meta Antenen, die im ersten Versuch 6,73 m gesprungen war. Heide Rosendahl hatte zwar eine gute Serie von fünf Sprüngen zwischen 6,60 m und 6,70 m. Der Ausreißer nach oben aber kam nicht. Ingrid Mickler-Becker aber, die bis dahin auf dem dritten Platz gelegen hatte, verbesserte sich im 6. Versuch auf 6,76 m und wurde Europameisterin. Diesen schönen Erfolgen fügte sie noch ein Highlight hinzu. Die deutsche 4 x 100 m-Staffel lief in der Besetzung Elfgard Schittenhelm, Inge Helten, Annegret Irrgang (spätere Annegret Richter) und Ingrid Mickler-Becker mit 43,3 Sek. neuen Europarekord und verwies die favorisierte DDR-Staffel auf den zweiten Platz.

Bei den Olympischen Spielen 1972 in München, ihren vierten Olympischen Spielen, hatte Ingrid Mickler-Becker anscheinend ihren Leistungszenit bereits überschritten. Im 100 m-Lauf schied sie im Halbfinale aus, im Weitsprung scheiterte sie bereits in der Qualifikation. Ihr großer Auftritt aber kam am Schlusstag der Leichtathletik-Wettkämpfe in der 4 x 100 m-Staffel. Als zweite Läuferin lief Ingrid Mickler-Becker auf der Gegengeraden das Rennen ihres Lebens. Mit Vorsprung übergab sie den Staffelstab an Annegret Richter, die diesen Vorsprung in der Kurve verwaltete, und in Führung liegend den Stab an die Schlussläuferin Heide Rosendahl übergab. Heide Rosendahl wehrte den Angriff der Doppel-Olympiasiegerin Renate Stecher als Schlussläuferin der DDR-Staffel ab und führte die bundesdeutsche Staffel in der Weltrekordzeit von 42,81 Sek. zum Sieg. Ingrid Mickler-Becker gewann noch einmal eine olympische Goldmedaille.

Nach diesem Triumph beendete Ingrid Mickler-Becker, die zweimal Sportlerin des Jahres war, ihre Karriere.

SHAUNAE MILLER-UIBO

Shaunae Miller-Uibo wurde am 15. April 1994 als Shaunae Miller in Nassau/Bahamas geboren. 2010 ließ die 16-jährige Shaunae Miller die Fachleute staunen, als sie im kanadischen Moncton U 20-Weltmeisterin über 400 m wurde. Ein Jahr später gewann sie bei den U 18-Weltmeisterschaften in Lille ebenfalls über 400 m. Wer dachte, es würde im Erwachsenenbereich nahtlos so weitergehen, sah sich getäuscht. Bei den Olympischen Spielen 2012 gab sie im Vorlauf des 400 m-Rennens auf. Ein Jahr später bei den Weltmeisterschaften in Moskau startete sie nur über 200 m und wurde Vierte. 2014 gewann sie endlich wieder eine Medaille. Bei den Hallen-Weltmeisterschaften im polnischen Sopot wurde sie Dritte über 400 m.

Bei den Weltmeisterschaften 2015 in Peking musste sie sich über 400 m nur der Amerikanerin Allyson Felix geschlagen geben. Ein Jahr später bei den Olympischen Spielen in Rio de Janeiro durfte sie bei der Eröffnungsfeier die Fahne der Bahamas tragen. Im olympischen 400 m-Lauf lag Shaunae Miller eingangs der Zielgeraden deutlich in Führung, musste sich dann aber des Schlussangriffs von Allyson Felix erwehren. Mit letzter Kraft stürzte sich Shaunae Miller ins Ziel und gewann mit 49,44 Sek. die Goldmedaille. Sie war so erschöpft, dass sie minutenlang auf der Bahn liegen blieb.

2017 lief sie bei den Prefontaine Classics in Eugene, Oregon über 200 m mit 21,91 Sek. einen neuen nationalen Rekord für die Bahamas. Bei den Weltmeisterschaften in London wurde sie Dritte über 200 m. Über 400 m geriet sie deutlich in Führung liegend ins Stolpern und wurde nur Vierte. In diesem Jahr heiratete sie den estnischen Zehnkämpfer Maicel Uibo und führt seitdem den Namen Miller-Uibo. 2018 gewann sie bei den Commonwealth Games im australischen Gold Coast den 200 m-Lauf. In diesem Jahr blieb sie sowohl über 200 m als auch 400 m ungeschlagen. Bei den Weltmeisterschaften 2019 in Doha musste sie sich nur Salwa Eid Naser aus Bahrain geschlagen geben, lief aber mit 48,37 Sek. einen neuen Kontinentalrekord.

Auch bei den Olympischen Spielen 2021 in Tokio gehörte Shaunae Miller-Uibo zum Favoritenkreis. Im olympischen Rennen bog Shaunae Miller-Uibo mit deutlichem Vorsprung auf die Zielgerade ein und baute ihren Vorsprung bis ins Ziel noch aus. Mit 48,36 Sek. übertraf sie ihre persönliche Bestleistung und den Kontinentalrekord um eine Hundertstelsekunde. Zweite wurde Maryleidi Paulino aus der Dominikanischen Republik vor Allyson Felix. Bei den Weltmeisterschaften 2022 in Eugene gewann Shaunae Miller-Uibo über 400 m ebenfalls vor Maryleidi Paulino den Titel.

Wenige Monate vor den Weltmeisterschaften 2023 in Budapest brachte Shaunae Miller-Uibo ein Kind zur Welt. Dennoch ging sie dort an den Start, schied jedoch, noch außer Form, im Vorlauf aus.

ALAIN MIMOUN

Alain Mimoun wurde am 1. Januar 1921 in El Telagh/Algerien geboren. Nach Ende des 2. Weltkrieges verschrieb er sich dem Langstreckenlauf. Er arbeitete als Kellner beim Racing Club de France und nutzte seine freie Zeit fürs Training. 1948 nahm er erstmals an Olympischen Spielen teil. Für die nächste Dekade sollte er sich unvergessene Duelle mit dem Tschechen Emil Zatopek liefern. Trotz dieser Rivalität waren Alain Mimoun und Emil Zatopek beste Freunde. Beim 10.000 m-Lauf konzentrierte sich das Interesse der Zuschauer auf den Kampf von Emil Zatopek mit den Finnen Heino, Heinström und Könönen. Alain Mimoun hielt sich im Hintergrund. Als Heino und Heinström das Rennen aufgaben, kämpfte sich Alain Mimoun nach vorn und wurde hinter Emil Zatopek Zweiter, allerdings mit einem Rückstand von fast 48 Sekunden.

Bei den Europameisterschaften 1950 in Oslo wiederholten sich die Ereignisse von London. Wieder belegte Alain Mimoun mit großem Abstand zu Emil Zatopek über 5.000 m und 10.000 m jeweils den zweiten Platz. Bei den Olympischen Spielen 1952 in Helsinki erwarb sich Alain Mimoun endgültig den Ruf des ewigen Zweiten. Während er über 5.000 m in einem denkwürdigen Rennen nur eine Sekunde hinter Emil Zatopek lag, waren es über 10.000 m mehr als 15 Sekunden. Er konnte Emil Zatopek einfach nicht besiegen. 1954 ging Alain Mimoun bei den Europameisterschaften in Bern nicht an den Start.

Bei den Olympischen Spielen 1956 in Melbourne startete Alain Mimoun im Marathonlauf. Es war sein erster Marathonlauf. Die an diesem 1. Dezember herrschende Hitze schien Alain Mimoun nichts auszumachen. Emil Zatopek hatte nicht mehr die Stärke des Jahres 1952 und so gelang es Alain Mimoun endlich, aus Zatopeks Schatten zu treten. Mit einem Vorsprung von 1:32 Min. gewann Alain Mimoun die Goldmedaille vor dem Jugoslawen Franjo Mihalic. Emil Zatopek wurde Sechster. Nach dem Rennen umarmten sich die beiden alten Haudegen und Alain Mimoun sagte überglücklich: „Emil, ich habe gewonnen." Emil Zatopeks Gratulation war nach Mimouns eigener Aussage für ihn wichtiger als die Goldmedaille. Alain Mimoun startete noch lange im Langstreckenlauf, ohne allerdings noch einmal international auf sich aufmerksam zu machen.

1999 wurde Alain Mimoun zu Frankreichs Leichtathleten des Jahrhunderts gewählt. Er starb am 27. Juni 2013 im Alter von 92 Jahren.

NOUREDDINE MORCELI

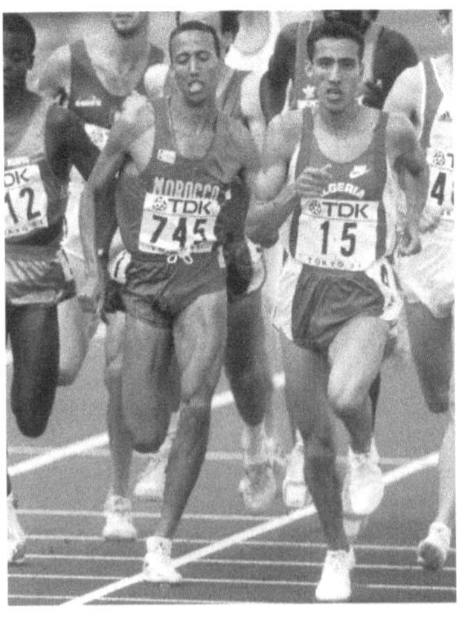

Noureddine Morceli wurde am 28. Februar 1970 in Tenes in der algerischen Provinz Chlef geboren. Er entdeckte im Jugendalter seine Liebe zur Leichtathletik. Seine Trainer erkannten sein Talent für den Mittelstreckenlauf. 1988 gewann er bei den Junioren-Weltmeisterschaften im kanadischen Greater Sudbury über 1.500 m die Silbermedaille. 1991 stellte er bei einem Hallensportfest in Sevilla mit 3:34,16 Min.

über 1.500 m einen neuen Hallen-Weltrekord auf. Neun Tage später wurde er an gleicher Stelle Hallen-Weltmeister. Bei den Weltmeisterschaften in Tokio im selben Jahr gewann er souverän den 1.500 m-Titel.

Im Frühjahr 1992 lief er über 1.000 m mit 2:15,26 Min. einen neuen Hallen-Weltrekord. Diese Leistung favorisierte ihn für die Olympischen Spiele in Barcelona. Das Tempo des olympischen 1.500 m-Finales entsprach aber gänzlich nicht Noureddine Morcelis Erwartungen. Es wurde ungewöhnlich langsam gelaufen. In der Schlussrunde spurteten dann fünf Läufer, zu denen Morceli nicht gehörte. Demgemäß gelang es ihm auch nicht, in den Kampf um die Medaillen einzugreifen. Er landete, maßlos enttäuscht, nur auf dem siebten Platz. Wenige Wochen nach dieser Enttäuschung lief er in Rieti mit 3:28,86 Min. einen neuen Weltrekord über 1.500 m.

Ein Jahr später bei den Weltmeisterschaften in Stuttgart wurde im Finale zwar auch langsam gelaufen, dieses Mal war Noureddine Morceli aber darauf gefasst. Mit einer nahezu unglaublichen Schlussrunde von 50,6 Sek. deklassierte er das restliche Feld. Wiederum in Rieti stellte er am 5. September 1993 mit 3:44,39 Min. einen neuen Weltrekord über eine Meile auf. Im selben Jahr wurde er zum Weltsportler des Jahres gewählt. Am 2. August 1994 lief Noureddine Morceli in Monte Carlo mit 7:25,11 Min. einen neuen Weltrekord über 3.000 m. Ein Jahr später stellte er innerhalb von neun Tagen zwei Weltrekorde auf. Am 3. Juli verbesserte er in Paris den 2.000 m-Weltrekord auf 4:47,88 Min. Dann steigerte Morceli in Nizza seinen eigenen Weltrekord über 1.500 m auf 3:27,37 Min. Bei den Weltmeisterschaften in Göteborg war er über 1.500 m demgemäß nicht zu schlagen. Würde es ihm gelingen, als der erkorene Olympiafavorit in Atlanta 1996 die ersehnte Goldmedaille zu gewinnen? Hauptkonkurrenten waren der Marokkaner Hicham El Guerrouj und der spanische Olympiasieger von Barcelona Fermin Cacho.

Zunächst sorgten die Kenianer Kipkorir, Rotich und Tanui für das Tempo. 600 m vor dem Ziel übernahm Noureddine Morceli die Führung. 450 m vor dem Ziel setzte sich Hicham El Guerrouj an die zweite Stelle. Dessen Spurt musste Noureddine Morceli fürchten. Guerrouj lief jedoch zu nah zu ihm auf und berührte Morceli mit den Füßen. Dabei fiel er auf die Bahn. Der hinter El Guerrouj laufende Fermin Cacho konnte nur durch einen Sprung über den Marokkaner einen Sturz vermeiden. Der Somalier Abdi Bile musste in den Innenraum ausweichen, um nicht zu stürzen. Diese Chance nutzte Noureddine Morceli und beschleunigte das Tempo. Hicham El Guerrouj konnte sich zwar wieder aufrappeln, war aber bereits hoffnungslos geschlagen. Als Morceli auf die Zielgerade stürmte, war klar, dass er das Rennen gewinnen würde. Mit 62 Hundertstelsekunden Vorsprung gewann er vor Fermin Cacho die Goldmedaille.

Nach diesem Höhepunkt in seiner Karriere war Noureddine Morceli kein Siegläufer mehr. Die beste Platzierung nach den Olympischen Spielen erreichte er bei den Weltmeisterschaften 1997 in Athen mit einem vierten Platz. Nach den Olympischen Spielen 2000 in Sydney beendete Noureddine Morceli seine großartige Karriere.

BOBBY MORROW

Bobby Joe Morrow wurde am 15. Oktober 1935 in Harlingen, Texas/USA geboren. Im Frühjahr 1956 stellte er im Alter von 20 Jahren in Houston mit 10,2 Sek. den Weltrekord über 100 m ein. Dies gelang ihm auch im Vorlauf der amerikanischen Meisterschaften. Bei den US-Trials für die Olympischen Spiele in Melbourne in Los Angeles siegte er über 100 m und stellte über 200 m den Weltrekord ein. Dem neuen 100 m-Weltrekordler Willie Williams, der in Berlin 10,1 Sek. gelaufen war, gelang es nicht, sich für die US-Olympiamannschaft zu qualifizieren. Seine beeindruckendste Vorstellung zeigte Bobby Morrow im Zwischenlauf der Olympischen Spiele, als er bei 1,4 m/Sek. Gegenwind 10,3 Sek. lief. Im Finale herrschte gar ein Gegenwind von 5,0 m/Sek. Das kam dem physisch starken Bobby Morrow entgegen, der in 10,5 Sek. vor seinem Landsmann Thane Baker zur Goldmedaille lief.

Über 200 m war der Olympiasieger von Helsinki Andrew Stanfield Bobby Morrows schärfster Konkurrent. Es gelang Bobby Morrow jedoch, ihn auf Distanz zu halten und mit der Einstellung des Weltrekordes von 20,6 Sek. zu seiner zweiten Goldmedaille zu laufen. In der 4 x 100 m-Staffel war den Amerikanern in der Besetzung Ira Murchison, Leamon King, Thane Baker und Bobby Morrow der Sieg nicht zu nehmen. Mit 39,5 Sek. lief die Staffel Weltrekord. Fünf Tage nach dem Ende der Spiele verbesserte die US-Staffel mit Bobby Morrow in Sydney mit 1:23,8 Min. den Weltrekord über 4 x 220 y.

Am 14. Juni 1957 stellte Bobby Morrow in Austin mit 9,3 Sek. den Weltrekord über 100 y ein. Fünf Wochen vorher hatte eine US-Staffel mit Bobby Morrow den Weltrekord über 4 x 110 y auf 39,9 Sek verbessert. Diesen Weltrekord steigerte eine US-Staffel mit Bobby Morrow als Schlussläufer am 31. Mai 1958 in Modesto auf 39,7 Sek. Weltrekord lief auch eine US-Staffel mit Bobby Morrow über 4 x 220 y mit einer Zeit von 1:22,6 Min. Danach wurde es ruhiger um ihn. Als er sich für die Olympischen Spiele 1960 in Rom nicht mehr qualifizieren konnte, beendete er seine Karriere. Bobby Morrow starb am 30. Mai 2020 in San Benito, Texas/USA.

EDWIN MOSES

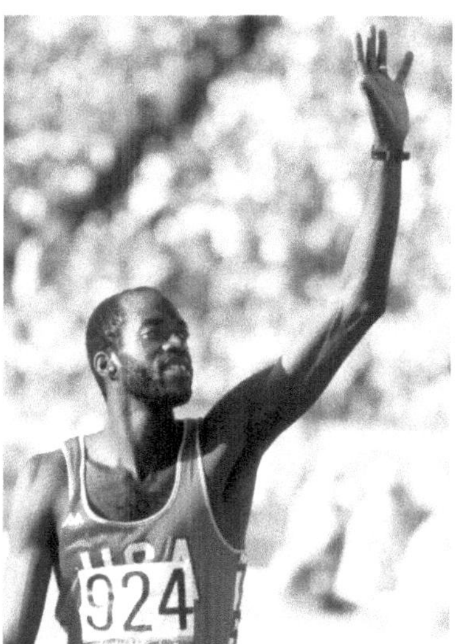

Edwin Moses wurde am 31. August 1955 in Dayton, Ohio/USA geboren. Er spezialisierte sich auf den 400 m Hürden-Lauf und beherrschte in den 70iger und 80iger Jahren des vorigen Jahrhunderts diese Disziplin.

Bei den Olympischen Spielen 1976 in Montreal war der Olympiasieger von München und Weltrekordler John Akii-Bua nicht am Start, weil die afrikanischen Länder die Spiele boykottierten. So fehlte der große Favorit. Auch der frischgebackene Junioren-Weltrekordler, der 18-jährige Deutsche Harald Schmid, war im Finale nicht am Start, weil er im Halbfinale disqualifiziert worden war. Den stärksten Eindruck bei den Ausscheidungsrennen machte der 20-jährige Physikstudent Edwin Moses. Im Finale ging Edwin Moses das Rennen in atemberaubendem Tempo an und lag nach 150 m bereits deutlich in Führung. Diesen Vorsprung vergrößerte er bis ins Ziel ständig und gewann in der Weltrekordzeit von 47,64 Sek. die Goldmedaille. Dieser Auftritt von Edwin Moses war der Beginn einer jahrelangen Dominanz auf dieser Strecke. Bei den Leichtathletik-Weltcups 1977 in Düsseldorf, 1979 in Montreal und 1981 in Rom gewann er jeweils die 400 m Hürden-Konkurrenz. Zwischen 1975 und 1987 gewann er 122 Rennen hintereinander auf dieser Distanz.

Am 3. Juli 1980 verbesserte Edwin Moses in Mailand den Weltrekord auf 47,13 Sek. An den Olympischen Spielen 1980 konnte weder der hochfavorisierte Edwin Moses teilnehmen noch sein Dauerrivale Harald Schmid, weil beide Länder die Spiele in Moskau boykottierten. Mit seinem Weltrekord aber bewies er, dass er bei den Olympischen Spielen der Goldfavorit gewesen wäre. Der Olympiasieger Volker Beck gewann mit einer Zeit von 48,70 Sek. die Goldmedaille, eine Zeit, mit der er weder Edwin Moses noch Harald Schmid hätte besiegen können. Bei den Weltmeisterschaften 1983 in Helsinki holte Edwin Moses sich den für ihn vorgesehenen Titel vor Harald Schmid ab. Am 31. August dieses Jahres verbesserte er beim Abendsportfest in Koblenz den Weltrekord auf 47,02 Sek.

Bei den Olympischen Spielen 1984 in Los Angeles sprach Edwin Moses den olympischen Eid. Erneut war er nicht zu schlagen und gewann überlegen die Goldmedaille. Seine Siegesserie riss im Juni 1987 in Madrid, als ihn sein Landsmann Danny Harris besiegte. In einem dramatischen Rennen bei der Weltmeisterschaft 1987 in Rom erkämpfte Edwin Moses mit einem sturzartigen Zielsprung den Titel. Zwei Hundertstelsekunden trennten Edwin Moses von den zeitgleichen Danny Harris und Harald Schmid. Die Auswertung der Zielfotographie dauerte quälend lange. Sie wies Edwin Moses als Weltmeister, Danny Harris als Zweiten und Harald Schmid als Dritten aus.

Bei den Olympischen Spielen 1988 in Seoul musste Edwin Moses erkennen, dass ihm starke Gegner erwachsen waren. Hinter seinem Landsmann Andre Phillips und dem Senegalesen Amadou Dia Ba musste sich Edwin Moses mit der Bronzemedaille begnügen.

Im selben Jahr beendete er seine Karriere. Er gehörte dem Nationalen Olympischen Komitee der USA an und war Mitglied der Athletenkommission des IOC.

ERKI NOOL

Erki Nool wurde am 25. Juni 1970 in Vöru in dem damals noch zur Sowjetunion gehörenden Estland geboren. 1992 nahm er erstmals an den Olympischen Spielen im Zehnkampf teil, gab den Wettbewerb aber nach drei Fehlversuchen im Speerwurf auf. 1995 stellte er in Götzis mit 8,10 m im Weitsprung einen estnischen Rekord auf. Im selben Jahr belegte er bei den Weltmeisterschaften in Göteborg im Zehnkampf den vierten Platz. 1996 wurde Erki Nool Hallen-Europameister im Siebenkampf. Im selben Jahr belegte er bei den Olympischen Spielen in Atlanta den sechsten Platz im Zehnkampf. Auch ein Jahr später bei den Weltmeisterschaften in Athen wurde er wiederum Sechster im Zehnkampf. Im Winter zuvor gewann Erki Nool bei den Hallen-Weltmeisterschaften in Paris die Silbermedaille im Siebenkampf.

1998 feierte Erki Nool seinen ersten großen Erfolg. Er wurde in Budapest mit 8.667 Punkten Europameister im Zehnkampf. Damit erreichte er den Status eines Volkshelden. Seine estnischen Fans sorgten während des zweitägigen Wettkampfes mit musikalischen Einlagen für eine tolle Stimmung. Ein halbes Jahr später errang Erki Nool bei den Hallen-Weltmeisterschaften im japanischen Maebashi erneut die Silbermedaille im Siebenkampf. Seine große Stunde schlug bei den Olympischen Spielen 2000 in Sydney. Um die Bedeutung dieses Wettbewerbs für Estland zu demonstrieren, sei darauf hingewiesen, dass die estnischen Schüler zwei

Tage schulfrei bekamen, um den olympischen Zehnkampf am Fernsehgerät verfolgen zu können.

Nach dem ersten Tag des Zehnkampfs führte der Brite Dean Macy vor Erki Nool, der in drei Disziplinen die zweitbeste Einzelleistung erbracht hatte. Im Diskuswurf gab es ein Drama um Erki Nool. Die Kampfrichter gaben alle seine Würfe ungültig. Nach einem Protest der estnischen Mannschaftsleitung wurde schließlich ein Versuch von 43,66 m gültig gegeben. Erki Nools Nervenkostüm befand sich offenbar aber nicht mehr in bester Verfassung. In seiner Paradedisziplin Stabhochsprung schaffte er nur 5,00 m, obwohl er in einem Zehnkampf schon einmal 5,60 m gesprungen war. Der bis zum Stabhochsprung deutlich führende Amerikaner Chris Huffins verlor im Stabhochsprung und Speerwurf viele Punkte, sodass Erki Nool und der Tscheche Roman Sebrle zu ihm aufschließen konnten. Im abschließenden 1.500 m-Lauf verlor Chris Huffins gegenüber Roman Sebrle und Erki Nool neun Sekunden, während Roman Sebrle und Erki Nool nahezu gleichzeitig ins Ziel kamen. Das bedeutete für den nach dem Speerwurf zweitplatzierten Erki Nool den Gewinn der Goldmedaille vor Roman Sebrle und Chris Huffins.

Bei seiner Rückkehr nach Estland empfingen 80.000 Menschen den Volkshelden auf dem Flughafen von Tallin. Obwohl er bei den Weltmeisterschaften 2001 in Edmonton mit 8.815 Punkten einen neuen estnischen Rekord aufstellte, musste sich Erki Nool dem mit 8.902 Punkten siegreichen Tschechen Tomas Dvorak geschlagen geben. Auch bei den Europameisterschaften 2002 in München stand ein Tscheche einem Triumph von Erki Nool im Weg. Sein Rivale aus Sydney Roman Sebrle siegte mit 8.800 Punkten vor Erki Nool und dem Russen Lew Lobodin.

Einige Zeit danach beendete Erki Nool, der bei Hallen-Europameisterschaften noch zweimal Bronze im Siebenkampf gewann, seine Karriere. Seit 2007 sitzt er als Abgeordneter im estnischen Parlament. Im April 2011 wurde er in den Rat des Europäischen Leichtathletik-Verbandes gewählt.

PAAVO NURMI

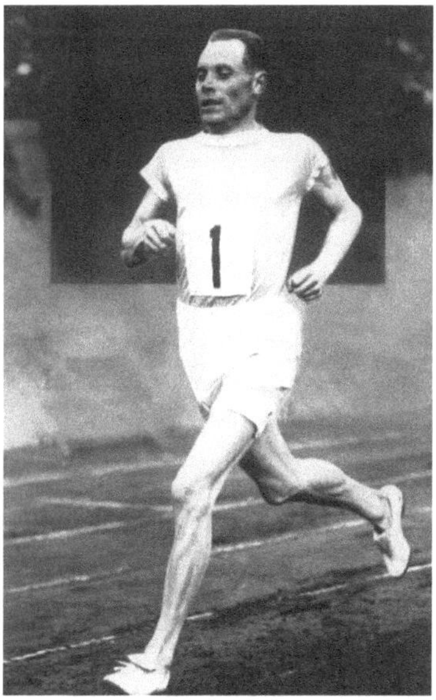

Paavo Nurmi war der beste Langstreckenläufer aller Zeiten. Selbst Emil Zatopek, Lasse Viren, Mo Farah und Eliud Kipchoge reichten an sein Können nicht heran.

Paavo Nurmi wurde am 13. Juni 1897 in Turku geboren. In der ersten Hälfte des vorigen Jahrhunderts revolutionierte er den Langstreckenlauf. Bei allen Rennen lief er mit der Uhr in der Hand, um die Zwischenzeiten zu kontrollieren. In dieser Zeit gab es viele gute Langstreckenläufer in Finnland. Paavo Nurmi aber stellte alle in den Schatten.

Der frühe Tod seines Vaters zwang Paavo Nurmi, den Unterhalt für die Familie als Waldarbeiter und Makler zu verdienen. Mit 19 Jahren kam er zur Leichtathletik. Die Zeit nach Feierabend nutzte er, um allein im Wald zu trainieren. Dieses einsame Training und seine schwere Jugend begründeten seinen Spitznamen: „Der große Schweiger". Mit Journalisten sprach er nicht, mit Gegnern wenig.

Nurmis Stern ging bei den Olympischen Spielen 1920 in Antwerpen auf. Er gewann drei Goldmedaillen (10.000 m, Querfeldeinlauf Einzel und Mannschaft) und eine Silbermedaille (5.000 m). Über 10.000 m gelang ihm dabei die Revanche gegen seinen französischen Bezwinger über 5.000 m Joseph Guillemot. In den folgenden Jahren verbesserte er die Weltrekorde über eine Meile, 2.000 m, 3.000 m, 5.000 m und 10.000 m. Im Olympiajahr 1924 wurde er durch zwei Doppelschläge, die sich in dieser Form nie wiederholt haben, unsterblich.

Am 19. Juni 1924 verbesserte Nurmi in Helsinki innerhalb einer Stunde die Weltrekorde über 1.500 m und 5.000 m. In einer noch kürzeren Frist (45 Minuten) gewann er bei den Olympischen Spielen in Paris am 10. Juli die Goldmedaillen über 1.500 m und 5.000 m. Diese Olympischen Spiele waren der Höhepunkt von Nurmis Karriere, denn er gewann außerdem die Goldmedaillen im Geländelauf (Einzel und Mannschaft) und im 3.000 m-Mannschaftslaufen. Nurmi haderte mit dem finnischen Leichtathletikverband, weil dieser es versäumt hatte, ihn auch über 10.000 m zu melden. Sein am 31. August 1924 im finnischen Kuopio aufgestellter Weltrekord von 30:06,2 Min. bewies, dass er gegen seinen in Paris mit 30:23,2 Min. siegreichen Landsmann Ville Ritola beste Siegchancen gehabt hätte.

1926 und 1927 verbesserte Paavo Nurmi zweimal den Weltrekord über 3.000 m und den Weltrekord über 2.000 m. Seine vielleicht besten Leistungen waren die am 14. Februar 1925 im New Yorker Madison Square Garden gelaufenen Weltrekorde über 3.000 und zwei Meilen mit 8:18,6 Min. bzw. 8:58,2 Min.

Bei den Olympischen Spielen 1928 in Amsterdam setzte Paavo Nurmi seine Medaillenjagd fort. Er besiegte seinen Landsmann Ville Ritola über 10.000 m und gewann damit seine neunte Goldmedaille. Fünf Tage später drehte Ville Ritola den Spieß um und distanzierte Nurmi über 5.000 m. Der Geländelauf, den Nurmi 1920 und 1924 dominiert hatte, war aus dem olympischen Programm gestrichen worden. Einen Tag nach der Silbermedaille über 5.000 m gewann Nurmi die Silbermedaille über 3.000 m Hindernis hinter seinem Landsmann Toivo Loukola. Zwei Monate nach den Olympischen Spielen ließ er bei einem Sportfest in Berlin erneut aufhorchen. Er unternahm einen Angriff auf den Stundenweltrekord. Nurmi lief in einer Stunde 19.210 m. Auf dem Weg dorthin verbesserte er die Weltrekorde über 15 km und 10 Meilen. Für alle Zuschauer überraschend stoppte er nach dem Stundenweltrekord ab und verschenkte so den Weltrekord über 20 km. Diesen Weltrekord holte er sich mit 1:04:38,4 Std. am 3. September 1930 in Stockholm.

Im Vorfeld der Olympischen Spiele 1932 in Los Angeles bereitete sich Paavo Nurmi auf den Marathonlauf vor. Doch kurz vor Beginn der Olympischen Spiele wurde er wegen Verstoßes gegen die Amateurbestimmungen von den Spielen ausgeschlossen. Zum Verhängnis wurde ihm eine überhöhte Spesenabrechnung bei einem Lauf in Königsberg. Im Alter von 36 Jahren beendete Paavo Nurmi seine Karriere. 1952 bei den Olympischen Spielen in Helsinki erlebte Paavo Nurmi eine viel beachtete Rehabilitation. Er entzündete als letzter Fackelläufer die olympische Flamme. Paavo Nurmi starb vereinsamt am 2. Oktober 1973 in Helsinki.

Die jährlich in Turku stattfindenden Paavo Nurmi-Games erinnern an die Lauf-Legende.

DAN O´BRIEN

Daniel Dion „Dan" O´Brien wurde am 18. Juli 1966 in Portland, Oregon/USA geboren. Er war der beste Zehnkämpfer der 90iger Jahre des vorigen Jahrhunderts.

Bei den Leichtathletik-Weltmeisterschaften 1991 in Tokio gewann Dan O´Brien mit 8.812 Punkten und 263 Punkten Vorsprung vor dem Kanadier Mike Smith die Goldmedaille. Dritter wurde der deutsche Olympiasieger von Seoul Christian Schenk. Dan O´Brien war damit der große Favorit für die Olympischen Spiele 1992 in Barcelona. Doch er reiste gar nicht erst zu den Spielen. Bei den US-Trials in New Orleans qualifizierte er sich nicht für die Olympischen Spiele, weil er bei seiner Anfangshöhe im Stabhochsprung drei Fehlversuche und damit keine Chance mehr auf eine Qualifikation hatte. So nutzte der Tschechoslowake Robert Zmelik seine Chance und gewann mit 8.611 Punkten, einer Punktzahl, die Dan O´Brien nicht hätte erschrecken können, die Goldmedaille. Wie zum Beweis dafür stellte Dan O´Brien wenige Wochen nach den Spielen in Talence/Frankreich mit 8.891 Punkten einen neuen Zehnkampf-Weltrekord auf.

Ein halbes Jahr später gewann Dan O´Brien 1993 bei den Hallen-Weltmeisterschaften in Toronto den Titel im Siebenkampf. Bei den im selben Jahr stattfindenden Weltmeisterschaften in Stuttgart gewann Dan O´Brien mit 8.817 Punkten den Titel vor dem Weißrussen Eduard Hämäläinen und den beiden Deutschen Paul Meier und Christian Schenk. Auch bei den Weltmeisterschaften 1995 in Göteborg war Dan O´Brien nicht zu bezwingen. Er gewann zum dritten Mal hintereinander den Titel. Zweiter wurde wiederum Eduard Hämäläinen vor dem Silbermedaillengewinner von Tokio Mike Smith. Bei den US-Trials für die Olympischen Spiele 1996 in Atlanta qualifizierte sich Dan O´Brien mit 90 Punkten Vorsprung als Sieger für die Olympischen Spiele.

Bei den Olympischen Spielen in Atlanta erwuchs ihm ein Gegner, den er bis dahin nicht kannte: Der Deutsche Frank Busemann. Im 100 m-Lauf lief der Amerikaner Chris Huffins mit 10,47 Sek. die schnellste Zeit vor Dan O´Brien mit 10,50 Sek und Frank Busemann mit 10,60 Sek. Nach dem Weitsprung, den Frank Busemann mit 8,07 m gewann, begann Dan O´Brien, sich für Frank Busemann zu interessieren, und fragte: „Who is Buseman?". Zu diesem Zeitpunkt führte Frank Busemann mit 104 Punkten vor Dan O´Brien. Nach dem Kugelstoßen, dem Hochsprung und dem 400 m-Lauf, in denen Dan O´Brien jeweils besser war als der Deutsche, führte Dan O´Brien mit 4.592 Punkten vor Frank Busemann und dem Esten Erki Nool. In seiner Paradedisziplin, dem 110 m-Hürdenlauf, lief Frank Busemann mit 13,47 Sek. eine Zeit, die noch kein Zehnkämpfer in einem Zehnkampf zurückgelegt hatte. Nach dem Diskuswurf, dem Stabhochsprung und dem Speerwurf war Dan O´Briens Vorsprung so groß, dass er es sich leisten konnte, im abschließenden 1.500 m-Lauf zu bummeln. Während Frank Busemann 4:31,41 Min. lief, genügten Dan O´Brien 4:45,89 Min., um mit 8.824 Punkten die Goldmedaille vor Frank Busemann zu gewinnen.

Einen weiteren Zweikampf zwischen diesen beiden Zehnkämpfern gab es nicht mehr, weil Dan O´Brien nach den Olympischen Spielen seine Karriere beendete.

PARRY O´BRIEN

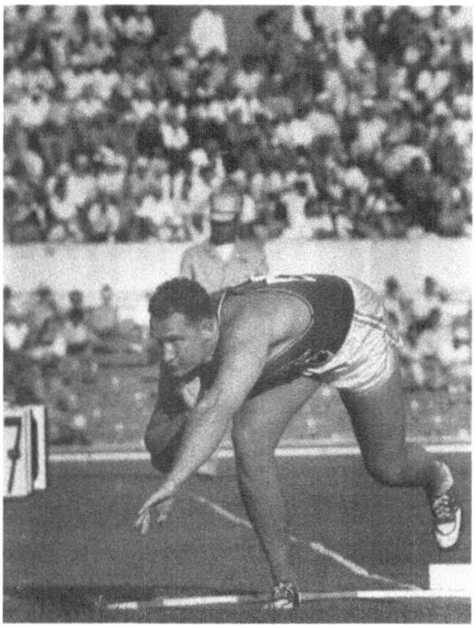

Parry O´Brien revolutionierte das Kugelstoßen durch die Erfindung der Angleittechnik. Sein Erscheinen im Kugelstoßring hatte für die Leichtathletik-Fans etwas ebenso Sensationelles wie das Auftreten von Dick Fosbury bei den Olympischen Spielen in Mexiko City im Hochsprung. Parry O´Brien war der erste Kugelstoßer, der sich rückwärts bewegte, um die Kugel möglichst weit zu stoßen. 50 Jahre beherrschte diese Technik das Kugelstoßen. Parry O´Brien verbesserte sein Leistungsvermögen so sehr, dass er von 1952 bis 1956 in 116 Wettkämpfen ungeschlagen blieb. Seit Beginn dieses Jahrhunderts wird die Angleittechnik immer mehr von der Drehstoßtechnik verdrängt.

Parry O´Brien wurde am 28. Januar 1932 in Santa Monica, Kalifornien/ USA geboren. Er wurde der interessierten Öffentlichkeit bekannt, als er 1952 als 20-Jähriger völlig überraschend US-Meister vor dem Weltrekordler James Fuchs wurde. Wenig später gelang ihm auch die Qualifikation für die Olympischen Spiele in Helsinki. Bei den Olympischen Spielen gelang ihm gleich im ersten Versuch mit einem Stoß von 17,41 m ein neuer olympischer Rekord. Die geschockte Konkurrenz war nicht mehr in der Lage zu kontern, was auch daran lag, dass der Weltrekordler Fuchs infolge einer Verletzung nur zwei Stöße mit halber Kraft absolvieren konnte. Als Erfinder der neuen Technik und frischgebackener Olympiasieger war Parry O´Brien nun weltbekannt. Freunde fand er wegen seines arroganten Auftretens aber nur wenige.

Am 9. Mai 1953 stieß er in Fresno, Kalifornien als erster Mensch die Kugel auf genau 18 m. Fast auf den Tag ein Jahr später, am 8. Mai 1954 übertraf er mit einem Stoß von 18,42 m als Erster die 60 Fuß-Marke, für die Amerikaner ein Meilenstein. Nach sechs weiteren Weltrekorden fiel am 3. September 1956 in Eugene, Oregon eine weitere Traumgrenze. Mit 19,06 m stieß Parry O´Brien als erster Mensch die Kugel über 19 m.

Obwohl bei den US-Trials seine vierjährige Siegesserie gerissen war, galt Parry O´Brien bei den Olympischen Spielen 1956 in Melbourne als Favorit. Dieser Favoritenrolle wurde er auch gerecht und gewann seine zweite Goldmedaille. Mit fünf seiner sechs Versuche lag er vor dem Silbermedaillengewinner Bill Nieder.

Nachdem ihn Dallas Long am 28. März 1959 als Weltrekordler abgelöst hatte, konterte Parry O´Brien am 1. August noch einmal mit einem Stoß auf die neue Weltrekordweite von 19,30 m. Danach lösten ihn Bill Nieder und Dallas Long als künftige Weltrekordler ab. Im Gegensatz zu Bill Nieder qualifizierte sich Parry O´Brien für die Olympischen Spiele 1960 in Rom. Bill Nieder hatte als Vierter der US-Trials die Qualifikation für Rom verpasst. Während der für die Olympischen Spiele qualifizierte Dave Davis aufgrund einer Verletzung bei den Testwettkämpfen immer schwächer wurde, verbesserte Bill Nieder zweimal den Weltrekord und stieß mit 20,06 m als erster Mensch die Kugel über 20 m. In dieser Situation verstießen die Amerikaner gegen ein ehernes Gesetz. Sie ließen den qualifizierten Dave Davis zu Hause und nominierten Bill Nieder für die Olympischen Spiele.

Im olympischen Endkampf lag Parry O´Brien bis zum fünften Versuch in Führung. Dann mobilisierte Bill Nieder noch einmal alle Kräfte und stieß die Kugel mit so viel Schwung aus dem Ring, dass er fast aus dem Ring gefallen wäre. Die Kugel flog auf 19,68 m, was olympischen Rekord und den Gewinn der Goldmedaille bedeutete. Durch diesen Stoß verhinderte er die dritte Goldmedaille für Parry O´Brien. Dieser gewann die Silbermedaille vor Dallas Long.

1964 qualifizierte sich Parry O´Brien zum vierten Mal für Olympische Spiele. Eine Medaille blieb ihm jedoch versagt, obwohl er als Vierter mit

19,20 m so weit stieß wie nie zuvor bei Olympischen Spielen. Olympiasieger wurde Dallas Long. Danach betrieb Parry O´Brien das Kugelstoßen nur noch hobbymäßig, was ihn nicht davon abhielt, im Juni 1966 die Kugel mit 19,68 m so weit zu stoßen wie noch nie. 1985 machte Parry O´Brien noch einmal Schlagzeilen, als er Seniorenweltmeister im Diskuswerfen wurde. Parry O´Brien starb am 21. April 2007.

PAT O´CALLAGHAN

Patrick „Pat" O´Callaghan gilt als einer der größten irischen Athleten. Er wurde am 28. Januar 1906 in Derrygallon im Townland Knockaneroe/Irland geboren. Pat O´Callaghan betrieb verschiedene Sportarten, bis er sich 1927 entschloss, Hammerwerfer zu werden. Vor seiner Sportkarriere studierte Pat O´Callaghan Medizin und trat in den Royal Air Force Medical Service ein. Gemeinsam mit seinem Bruder Con nahm Pat O´Callaghan an den Olympischen Spielen 1928 in Amsterdam teil.

Im Hammerwurf-Wettbewerb der Olympischen Spiele übernahm der Schwede Ossian Skiöld mit 51,29 m im Vorkampf die Führung. O´Callaghan lag zu diesem Zeitpunkt hinter dem Amerikaner Edmund Black auf dem dritten Platz. Im letzten Versuch gelang Pat O´Callaghan ein technisch fehlerfreier Wurf auf 51,39 m, mit dem er den Schweden noch vom ersten Platz verdrängte. Der Newcomer Pat O´Callaghan wurde der erste Olympiasieger des unabhängigen Irlands. Seine Landsleute John Flanagan und Pat Ryan waren zwar Iren, starteten aber für die USA. Zum ersten Mal wurde die irische Fahne am Fahnenmast aufgezogen und die irische Nationalhymne gespielt.

Bei einer zweitägigen Veranstaltung 1930 in Stockholm traten Ossian Skiöld und Pat O´Callaghan erneut gegeneinander an. Pat O´Callaghan gewann mit dem neuen Europarekord von 54,46 m.

1932 qualifizierte sich Pat O´Callaghan erneut für die Olympischen Spiele. Er war der Fahnenträger der irischen Mannschaft. In Los Angeles führte der Finne Ville Pörhölä, Olympiasieger 1920 im Kugelstoßen, bis zum letzten Versuch mit 52,27 m. Wie in Amsterdam entpuppte sich Pat O´Callaghan als Meister der Konzentration und warf im letzten Versuch den Hammer auf 53,92 m. Mit diesem Wurf entriss er dem Finnen das sicher geglaubte Olympiagold. Der deutsche Hammerwurf-Olympiasieger von 1936 Karl Hein war von Pat O´Callaghan so begeistert, dass er sich entschloss, ebenfalls Hammerwerfer zu werden.

1933 verbesserte Pat O´Callaghan seinen eigenen Europarekord um zwei Zentimeter. 1936 durfte er nicht an den Olympischen Spielen in Berlin an den Start gehen, weil der internationale Leichtathletik-Verband sich weigerte, den irischen Verband anzuerkennen. 1937 warf Pat O´Callaghan in Fermoy den Hammer auf die Weltrekordweite von 59,54 m. Der Weltrekord wurde jedoch nicht anerkannt. Danach beendete er seine Karriere.

Bereits 1928 hatte er eine eigene Arztpraxis in Clonmel im County Tipperary eröffnet, die er bis zu seiner Pensionierung im Jahr 1984 betrieb. Pat O´Callaghan starb am 1. Dezember 1991.

AL OERTER

Al Oerter war ein Meister darin, sich zu einem wichtigen Wettkampf in Topform zu bringen. Wenn er bei Olympischen Spielen an den Start ging, war er nicht zu schlagen.

Al Oerter wurde am 19. September 1936 im Stadtteil Queens, New York City/USA geboren. 1956 qualifizierte er sich das erste Mal für die Olympischen Spiele. Im olympischen Wettkampf warf der junge Al Oerter gleich im ersten Versuch den Diskus auf den neuen olympischen Rekord von 56,38 m und düpierte damit den Weltrekordler Fortune Gordien, dem nur die Silbermedaille blieb. Nach einem dritten Platz in London, dem vierten in Helsinki und nun dem zweiten in Melbourne war klar, dass Fortune Gordien den olympischen Gipfel nicht erreichen würde. Die Karriere von Al Oerter aber begann erst.

Eine Woche vor den Olympischen Spielen 1960 hatte der Amerikaner Rink Babka in Walnut den Weltrekord des Polen Edmund Piatkowski eingestellt und galt als Favorit für die Goldmedaille. Mit einem Wurf auf 58,02 m ging Rink Babka sofort in Führung, konnte sich dann aber nicht mehr steigern. Al Oerter aber warf die Scheibe im fünften Versuch auf die olympische Rekordweite von 59,18 m und ließ sich nicht mehr von der Spitze verdrängen. Nur auf dem fünften Platz landete gar der polnische Ex-Weltrekordler Edmund Piatkowski. In den Jahren 1962 bis 1964 verbesserte Al Oerter viermal den Weltrekord von 61,10 m auf 62,94 m. Kurz vor den Olympischen Spielen 1964 steigerte der Tscheche Ludvik Danek den Weltrekord in Turnov auf 64,55 m und brachte sich damit in die Favoritenstellung für die Spiele.

Bei den Olympischen Spielen in Tokio stürzte Al Oerter beim Training auf dem nassen und damit glatten Diskusring auf dem Trainingsplatz. Er stöhnte unter Schmerzen auf. Ein Knorpel in der rechten Rippengegend war gerissen. Al Oerter musste schmerzstillende Tabletten nehmen und Schlaftabletten, um überhaupt schlafen zu können. Die Ärzte diagnostizierten die Verletzung und verordneten eine Pause von sechs Wochen. Al Oerter aber schüttelte den Kopf und erklärte: „In sechs Tagen geht es um die Goldmedaille". Schon bei den geringsten Bewegungen traten unerträgliche Schmerzen auf. In der Qualifikation legte er alle Kraft in den ersten Versuch, um nicht bei mehreren Versuchen Schmerzen aushalten zu müssen. Er qualifizierte sich mit olympischem Rekord für das Finale. Diesen olympischen Rekord stellte der tschechoslowakische Weltrekordmann Ludvik Danek im vierten Versuch des Finales mit 60,52 m ein. Doch im fünften Versuch traf Oerter den Diskus perfekt und übertraf Ludvik Danek mit einem Wurf auf 61,00 m, den Danek nicht mehr kontern konnte. Al Oerter verzichtete wegen der Schmerzen auf seinen letzten Versuch. Die Goldmedaille war ihm da schon nicht mehr zu nehmen.

Bis einen Monat vor den Olympischen Spielen 1968 war der Weltrekord auf 68,40 m verbessert worden. Das schien außerhalb der Möglichkeiten von Al Oerter zu liegen. Aber der Weltrekordler Jay Silvester hatte nicht seinen besten Tag. Er hatte drei ungültige Versuche und kam über 61,78 m nicht hinaus. Auch Ludvik Danek konnte sein Leistungsvermögen nicht abrufen und blieb bei einer Weite von 62,92 m hängen. Al Oerter aber zeigte seinen Konkurrenten wieder einmal, wo der Hammer hängt. Wie die „Kaninchen auf die Schlange" beobachteten sie Al Oerter bei seinem selbstbewussten Auftreten. Den Zuschauern, die die Konkurrenz beobachteten, war klar, dass an diesem Tag niemand würde Al Oerter besiegen können. Im dritten Versuch warf er neuen olympischen Rekord von 64,78 m. Auch zwei weitere Würfe waren weiter als der beste des Silbermedaillengewinners. Al Oerter hatte wieder einmal die Fachwelt in Erstaunen versetzt. Er war damit vierfacher Goldmedaillengewinner.

Danach zog sich Al Oerter vom Wettkampfsport zurück. Er machte später noch einmal zarte Comeback-Versuche, ohne noch einmal in die Weltspitze zu kommen, obwohl er als 43-Jähriger 69,46 m warf. Am 1. Oktober 2007 starb Al Oerter in Fort Myers, Florida/USA.

2022 wurde Al Oerter posthum die World Athletics Heritage Plaque verliehen. Seine Witwe Cathy Oerter nahm die Plakette aus der Hand von IAAF-Präsident Sebastian Coe entgegen.

MICHELINE OSTERMEYER

Micheline Ostermeyer wurde am 23. Dezember 1922 in Rang-du-Fliers/Frankreich geboren. Ihre Familie zog nach Tunesien, als sie noch ein kleines Kind war. Dort lernte sie Klavierspielen, und zwar so gut, dass sie in Frankreich am Konservatorium studieren durfte. Nach Beginn des 2. Weltkrieges kehrte sie nach Tunesien zurück. Dort entdeckte sie ihr sportliches Talent.

Bei den Europameisterschaften 1946 in Oslo gewann Micheline Ostermeyer im Kugelstoßen hinter der Russin Tatjana Sewrjukowa die Silbermedaille. Bei den Olympischen Spielen 1948 in London profitierte Micheline Ostermeyer von der Abwesenheit der sowjetischen Athletinnen, im Diskuswurf vor allem vom Fehlen der russischen Weltrekordlerin Nina Dumbadse. Micheline Ostermeyer gewann den Diskuswurf mit einer Weite von 41,92 m vor der Italienerin Edera Cordiale-Gentile und ihrer Landsfrau Josephine Mazeas. Sechs Tage später dominierte sie auch das Kugelstoßen mit dem neuen olympischen Rekord von 13,75 m vor der Italienerin Amelia Piccini und der Österreicherin Inga Schaeffer. Micheline Ostermeyer startete auch im Hochsprung und gewann dort ihre dritte Medaille. Mit einer Höhe von 1,61 m gewann sie hinter der Amerikanerin Alice Coachman und der Britin Dorothy Tyler die Bronzemedaille. Micheline Ostermeyers Erfolge wurden nur von den vier Goldmedaillen der überragenden Fanny Blankers-Koen übertroffen.

Neben ihren sportlichen Erfolgen glänzte Micheline Ostermeyer weiter auch als Konzertpianistin, wobei erstaunlich ist, dass ihre Hände durch das Kugelstoßen und Diskuswerfen offensichtlich nicht für das Klavierspielen gelitten haben.

Bei den Europameisterschaften 1950 in Brüssel startete Micheline Ostermeyer nicht nur im Kugelstoßen, wo sie den dritten Platz hinter den Russinnen Andrejewa und Totschenowa belegte, sondern auch im 80 m-Hürdenlauf. Auch hier gewann sie eine Medaille. Natürlich war die überragende Fanny Blankers-Koen nicht zu bezwingen. Hinter der Britin Maureen Dyson gewann Micheline Ostermeyer jedoch die Bronzemedaille. Im Diskuswurf reichte es nur zum vierten Platz. Hier wurde sie dieses Mal durch die Italienerin Edera Cordiale-Gentile aus den Medaillenrängen verdrängt.

Nach den Europameisterschaften beendete sie zugunsten ihrer Musikkarriere ihre Sportkarriere. Bis ins hohe Alter gab sie noch Klavierkonzerte. Sie starb am 18. Oktober 2001 in Bois-Guillaume.

MERLENE OTTEY

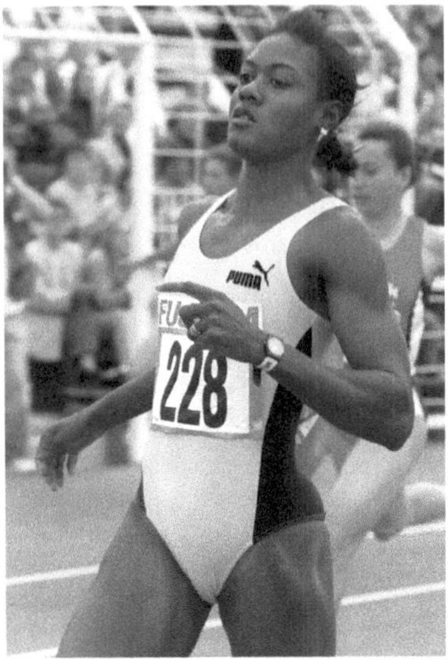

Merlene Ottey gewann 30 Medaillen bei Weltmeisterschaften und Olympischen Spielen. Außer Allyson Felix gibt es keinen Athleten oder keine Athletin mit mehr Medaillen bei internationalen Ereignissen, der ganz große olympische Triumph aber blieb ihr versagt.

Merlene Joyce Ottey wurde am 10. Mai 1960 in Cold Spring/Jamaika geboren. 1980 nahm sie erstmals an Olympischen Spielen teil und gewann über 200 m die Bronzemedaille. Bei den Weltmeisterschaften 1983 in Helsinki wurde sie Zweite über 200 m und Dritte mit der jamaikanischen Sprintstaffel. In diesem Rennen brachte Merlene Ottey die jamaikanische Staffel als Schlussläuferin vom fünften auf den dritten Platz. Ein Jahr später bei den Olympischen Spielen in Los Angeles gewann sie über 100 m und 200 m die Bronzemedaille. Ähnlich erging es ihr mit zweimal Bronze bei den Weltmeisterschaften 1987 in Rom. Die Serie setzte sich 1991 bei den Weltmeisterschaften in Tokio fort, wo sie ebenfalls jeweils Dritte über 100 m und 200 m wurde. Es folgte für sie aber noch ein Highlight. Mit der jamaikanischen Sprintstaffel gewann sie ihren ersten Titel. Am 13. September 1991 lief sie über 200 m mit 21,64 m neuen jamaikanischen Rekord. Am 14. Februar 1992 verbesserte sie den Hallen-Weltrekord über 60 m auf 6,96 Sek. Auch bei den Olympischen Spielen 1992 in Barcelona war die Bronzemedaille über 200 m für sie reserviert. Sie brauchte sie nur abzuholen. Über 100 m landete Merlene Ottey zwar nur auf dem fünften Platz, allerdings nur sechs Hundertstelsekunden hinter der Olympiasiegerin.

Ein Jahr später bei den Weltmeisterschaften in Stuttgart gelang ihr endlich der ersehnte Einzelsieg. Sie gewann den Titel über 200 m. Über 100 m wurde sie Zweite und mit der Sprintstaffel Dritte. Zwei Jahre später bei den Weltmeisterschaften in Göteborg wiederholte sie ihren Triumph über 200 m von den Weltmeisterschaften in Stuttgart. Zwei weitere Silbermedaillen fügte sie ihrer Sammlung über 100 m und mit der Sprintstaffel hinzu. Das spektakulärste Rennen gab es über 100 m bei den Olympischen Spielen in Atlanta. Zeitgleich überquerten Merlene Ottey und Gail Devers die Ziellinie. Für Außenstehende sah es aus, als wenn Merlene Ottey gewonnen hätte. Die Zielfotographie jedoch wies Gail Devers als Siegerin aus. Mit versteinertem Gesicht musste Merlene Ottey mit ansehen, wie ihre Rivalin sich auf die Ehrenrunde begab. Entschädigen konnte sie sich auch nicht über 200 m, wo sie erneut nur Zweite wurde. Mit der Sprintstaffel gewann sie die Bronzemedaille. Vier Wochen nach den Spielen verbesserte sie mit 10,74 Sek. den jamaikanischen Rekord über 100 m.

Bronze gewann sie auch bei den Weltmeisterschaften 1997 in Athen über 200 m. Im Alter von 40 Jahren lief Merlene Ottey bei den Olympischen Spielen 2000 in Sydney noch einmal in die Medaillenränge. Über 100 m gewann sie nach der Disqualifikation der Olympiasiegerin Marion Jones die Bronzemedaille, mit der Sprintstaffel der Jamaikanerinnen die Silbermedaille.

2002 nahm Merlene Ottey die Staatsbürgerschaft Sloweniens an und startete bei ihren sechsten Olympischen Spielen 2004 in Athen für ihre Wahlheimat. Sie erreichte aber sowohl über 100 m als auch 200 m nur das Halbfinale.

Bei fünf Hallen-Weltmeisterschaften gewann Merlene Ottey sieben Medaillen, darunter drei goldene. Sie startet immer noch als Altersklassenläuferin. 1990 wurde sie Weltsportlerin des Jahres.

JESSE OWENS

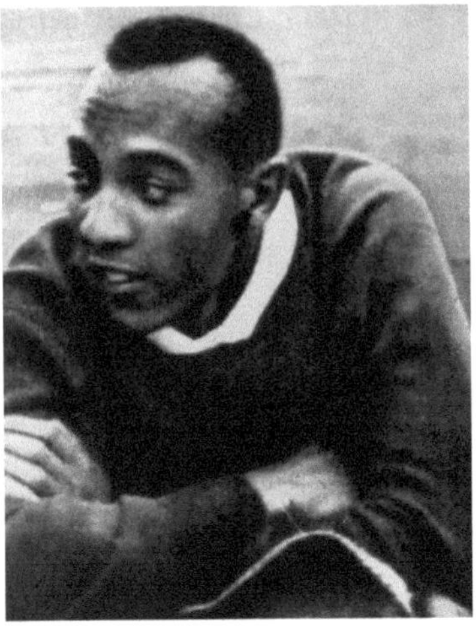

Der Gedanke an diesen eleganten Sprinter lässt auch heute noch Leichtathletik-Fans mit der Zunge schnalzen. In die Geschichte ist er eingegangen durch zwei Ereignisse, die bahnbrechend waren. Er stellte am 25. Mai 1935 innerhalb von 45 Minuten sechs Weltrekorde auf und gewann 1936 innerhalb von einer Woche vier olympische Goldmedaillen.

James Cleveland „Jesse" Owens wurde am 12. September 1913 in Oakville, Alabama/USA geboren. Am 25. Mai 1935 schlug eine Nachricht wie eine Bombe ein. In Ann Arbor, Michigan hatte ein bis dato kaum bekannter 21-jähriger Schwarzer innerhalb von 45 Minuten sechs Weltrekorde aufgestellt. Um diese Leistung nachvollziehen zu können, seien die Einzelleistungen hier mit der Uhrzeit angegeben:

15.15 Uhr: Owens startet über 100 y und egalisiert den Weltrekord mit 9,4 Sek.

15.25 Uhr: Beginn des Weitsprung-Wettbewerbs. Gleich im ersten Versuch springt er als erster Mensch über 8,00 m und stellt den Weltrekord auf 8,13 m. Ein Weltrekord, der 25 Jahre Bestand hat. Owens verzichtet auf weitere Versuche und geht zum Start des 220 y-Laufes.

15.34 Uhr: Owens sprintet wie besessen. Die Uhren bleiben bei 20,3 Sek. stehen. Neuer Weltrekord, zugleich neuer Weltrekord über 200 m auf gerader Bahn. Owens geht zum Start des 220 y Hürdenlaufes.

16.00 Uhr: Owens stürmt über die Bahn, als gäbe es keine Hindernisse. 22,6 Sek. Neuer Weltrekord, zugleich neuer Weltrekord über 200 m Hürden.

Damals wie heute war jedem klar, dass niemand eine solche Leistung wiederholen könnte. Ganz abgesehen davon, dass Owens ein Ausnahmetalent war, an das nicht einmal Carl Lewis heranreicht, würde heute kein Athlet mehr auf die Idee kommen, ein solches Husarenstück zu wagen. Selbstverständlich ließ der damalige Zeitrahmen ein Einspringen vor dem Weitsprung nicht zu. Der historische Tag von Ann Arbor geht zu Recht als Day of the Days in die Geschichte ein.

Am 20. Juni 1936 stellte Jesse Owens bei den US-Meisterschaften in Chicago mit 10,2 Sek. einen neuen Weltrekord über 100 m auf und machte klar, wer der Favorit für diese Strecke bei den Olympischen Spielen in Berlin sein würde. Im Endlauf über 100 m verwies Jesse Owens seinen Landsmann Ralph Metcalfe und den Niederländer Martinus Osendarp auf die Plätze. Zwei Tage später trat er zum Weitsprung an. In der Qualifikation hatte Jesse Owens Schwierigkeiten, sich für das Finale zu qualifizieren. Erst im letzten Versuch schaffte er die geforderten 7,15 m. Im Endkampf am Nachmittag ging Jesse Owens mit einem Sprung auf 7,74 m in Führung und verbesserte sich im zweiten Versuch auf 7,87 m. Im fünften Versuch steigerte sich der Deutsche Luz Long auf ebenfalls 7,87 m, was Europarekord bedeutete. Da sein zweiter Sprung besser als der von Owens war, lag Luz Long plötzlich in Führung. Jesse Owens aber konterte sofort und verbesserte sich auf 7,94 m. Im letzten Versuch machte er mit einem Sprung auf 8,06 m alles klar.

Den 200 m-Lauf gewann Jesse Owens in neuer olympischer Rekordzeit von 20,7 Sek. und mit einem Vorsprung von vier Zehntelsekunden. Sein ernsthaftester Konkurrent Ralph Metcalfe hatte sich als Vierter der US-Trials in dieser Disziplin nicht für die Olympischen Spiele qualifizieren können. Krönender Abschluss der Owens-Festspiele war die 4 x 100 m-Staffel, die in der Besetzung Jesse Owens, Ralph Metcalfe, Foy Draper und Frank Wykoff mit einem Vorsprung von 1,3 Sekunden zur Goldmedaille und neuem Weltrekord von 39,8 Sek. lief.

Um das Talent von Jesse Owens hervorzuheben, muss darauf hingewiesen werden, dass er im Training 400 m in 46,5 Sek. zurückgelegt hat, eine Zeit, die in Berlin zur Goldmedaille gereicht hätte. Außerdem sprang er in einer Zeit, als der Weltrekord im Hochsprung bei 2,06 m stand, 2,05 m hoch. Nach den Spielen ging Jesse Owens noch viermal an den Start und beendete noch vor Vollendung seines 23. Lebensjahres seine Karriere, um Profiläufer zu werden.

1977 wurde Jesse Owens vom amerikanischen Präsidenten mit der höchsten Zivilauszeichnung, der Freiheitsmedaille, geehrt. Jesse Owens starb am 31. März 1980 an Lungenkrebs. 1990 erhielt er posthum für seine humanitären Verdienste die Goldene Kongress-Medaille.

CHARLES PADDOCK

Charles William Paddock wurde am 11. August 1900 in Gainesville, Texas/USA geboren. Nach seinem Dienst in der US-Army studierte er an der Universität von Southern California und startete für die Leichtathletik-Mannschaft der Universität. Bei den Inter-Alliierten-Spielen 1919 in Paris, an der nur Soldaten teilnehmen durften, gewann er die 100 m und die 200 m. Im Jahr darauf qualifizierte er sich für die Olympischen Spiele in Antwerpen.

Im olympischen Endlauf siegte Charles Paddock vor seinem zeitgleichen Landsmann Morris Kirksey, indem er sich durch einen Zielsprung, für den er später berühmt wurde, einen kleinen Vorteil verschaffte. Über 200 m half Charles Paddock dieser Zielsprung nicht mehr, weil er schon zu weit hinter seinem Landsmann Allen Woodring zurücklag. Dieses Mal musste er sich mit der Silbermedaille zufriedengeben. In der Sprintstaffel, die in Weltrekordzeit von 42,2 Sek. siegte, gewann Charles Paddock seine zweite Goldmedaille.

In der Zeit von 1921 bis 1926 verbesserte er sechsmal den Weltrekord über 100 y. Auch über 100 m steigerte Charles Paddock zwischen 1921 und 1923 dreimal den Weltrekord. Am 06. Mai 1923 verbesserte Charles Paddock in Paris den 100 m-Weltrekord auf 10,4 Sek. und reiste als Weltrekordler zu den Olympischen Spielen 1924 in die französische Hauptstadt.

Der 5. Platz über 100 m bei den Olympischen Spielen war deshalb für ihn eine Enttäuschung. Einen Monat vor dem Weltrekord über 100 m lief Charles Paddock in Berkeley auf gerader Bahn 20,8 Sek. über 200 m. Aber auch auf dieser Strecke wurde er seiner Favoritenrolle nicht gerecht. Immerhin gewann er die Silbermedaille hinter seinem Landmann Jackson Scholz. In der Staffel wurde Charles Paddock nicht eingesetzt.

Vier Jahre später konnte er sich noch einmal für die Olympischen Spiele in Amsterdam qualifizieren, schied über 200 m aber bereits im Halbfinale aus. Während des 2. Weltkrieges arbeitete Charles Paddock im Stab von Generalmajor William Upshur. Beide kamen bei einem Flugzeugabsturz in der Nähe von Sitka, Alaska/USA am 21. Juli 1943 ums Leben.

MARIE-JOSÉ PEREC

Marie-José Perec wurde am 9. Mai 1968 in Basse-Terre/ Guadeloupe geboren. In den 90iger Jahren des vorigen Jahrhunderts dominierte sie den Langsprint. 1990 gewann sie bei den Europameisterschaften in Split über 400 m die Bronzemedaille. Bereits ein Jahr später bei den Weltmeisterschaften in Tokio düpierte sie die versammelte Weltelite um Grit Breuer, die Amerikanerin Sandra Meyers und die ukrainische Olympiasiegerin von Seoul Olha Brishina und gewann souverän den Titel. Diesen Triumph bestätigte sie mit ihrem Sieg über 400 m bei den Olympischen Spielen 1992 in Barcelona vor Olha Brishina und der Kolumbianerin Ximena Restrepo. In diesem Rennen unterboten fünf Läuferinnen die 50 Sekunden-Grenze. Bei den Europameisterschaften 1994 in Helsinki gewann Marie-José Perec überlegen mit einem Vorsprung von 91 Hundertstelsekunden den Titel im Einzel und siegte mit der französischen 4 x 400 m-Staffel. Ein Jahr später bei den Weltmeisterschaften in Göteborg war sie erneut über 400 m nicht zu schlagen. Bei den Olympischen Spielen 1996 in Atlanta wagte sie den Doppelstart über 200 m und 400 m.

Die Olympiasiegerin von Barcelona Gwen Torrence hatte nur für die 100 m gemeldet, die Europameisterin von 1994 Irina Priwalowa hatte sich im Zwischenlauf verletzt und konnte zum Halbfinale über 200 m nicht antreten. So war vor allem die zweifache Weltmeisterin über diese Strecke Merlene Ottey die Favoritin auf Gold. Aber auch Marie-José Perec präsentierte sich in den Ausscheidungsläufen in glänzender Verfassung. Nach 100 m hatten noch sieben Läuferinnen Chancen auf den Sieg. Nach 120 m löste sich Merlene Ottey etwas von den anderen Läuferinnen und schien endlich der ersehnten Goldmedaille entgegenzulaufen. Doch nach 150 m kam Marie-José Perec stark auf und hatte so viel Speed, dass sie an Merlene Ottey vorbeiziehen konnte. In 22,12 Sek. siegte sie vor der enttäuschten Jamaikanerin.

Beim 400 m-Lauf bestimmten auf den ersten 200 m Marie-José Perec, die Australierin Cathy Freeman und Pauline Davis von den Bahamas das Tempo. Während Pauline Davis zurückfiel, versuchte Cathy Freeman in der Zielkurve an die führende Marie-José Perec heranzulaufen. Eingangs der Zielgeraden hatte Marie-José Perec die größeren Kraftreserven und gewann in neuer olympischer Rekordzeit von 48,25 Sek. die Goldmedaille vor Cathy Freeman.

Vier Jahre später bei den Olympischen Spielen in Sydney sollte dieses Duell einer der Höhepunkte der Spiele sein. Dazu kam es jedoch nicht. Marie-José Perec fühlte sich durch die australische Presse belästigt und verfolgt und reiste vor Beginn des Wettkampfes ab. In ihrer Abwesenheit gewann Cathy Freeman das von allen Australiern erhoffte Gold.

2004 beendete Marie-José Perec ihre großartige Karriere.

SANDRA PERKOVIC

Sandra Perkovic wurde am 21. Juni 1990 in Zagreb/Kroatien geboren. Bei den U 18-Weltmeisterschaften in Ostrava gewann sie 2007 die Silbermedaille im Diskuswurf. Bei den im selben Jahr stattgefundenen U 20-Europameisterschaften in Hengelo gewann sie ebenfalls die Silbermedaille, warf allerdings den Diskus mehr als vier Meter weiter als in Ostrava. Bei den U 20-Weltmeisterschaften im polnischen Bydgoszcz 2008 wurde sie Dritte. Ein Jahr später gelang ihr dann in Novi Sad der Triumph. Sie gewann die Goldmedaille. Bei den folgenden fünf Europameisterschaften von 2010 bis 2018 gewann sie im Erwachsenenbereich fünfmal den Titel und bewies, dass sie in Europa die unumschränkte Herrscherin des Diskuswurfs ist. Wer von solchen Triumphen hört, kann sich nur schwer vorstellen, dass Sandra Perkovic mitunter technisch unsauber wirft und in Wettkämpfen viele Fehlversuche hat. Es reichte aber in der Regel ein Versuch, um sie mühelos an die Spitze zu bringen, weil ihre Möglichkeiten die ihrer Konkurrentinnen deutlich übertrafen. 2011 war Sandra Perkovic wegen Dopings gesperrt.

Bei den Olympischen Spielen 2012 in London gewann sie mit 69,11 m die Goldmedaille. Ein Jahr später ließ sie bei den Weltmeisterschaften in Moskau den Titel folgen. 2015 in Peking landete sie hinter der Kubanerin Denia Caballero auf dem zweiten Platz. Bei den Olympischen Spielen 2016 in Rio de Janeiro rückte sie die Verhältnisse wieder gerade und gewann mit 69,21 m ihre zweite olympische Goldmedaille.

2017 verbesserte sie den kroatischen Landesrekord auf 71,41 m und holte sich bei den Weltmeisterschaften in London erneut den Titel. Bei den Weltmeisterschaften 2019 in Doha waren die beiden Kubanerinnen Yaime Perez und Denia Caballero stärker als Sandra Perkovic und verwiesen sie auf den dritten Platz. Bei den Olympischen Spielen 2021 in Tokio dominierte mit der Amerikanerin Valarie Allman ein anderer Werfertyp als Sandra Perkovic, schlanker und mit schnellerer Drehung, den Diskuswurf. Außerdem fand Sandra Perkovic infolge einer einstündigen Regenunterbrechung ihren Rhythmus nicht und blieb mit einer Weite von 65,01 m deutlich unter ihren Möglichkeiten. Ihr blieb dieses Mal nur der undankbare vierte Platz. Erfolgreicher war sie 2022 bei den Weltmeisterschaften in Eugene. Hinter der Chinesin Bin Feng belegte sie mit 68,45 m den zweiten Platz.

Bei den vier Wochen später stattgefundenen Europameisterschaften in München gewann Sandra Perkovic mit einem Vorsprung von acht Zentimetern vor der Deutschen Kristin Pudenz zum sechsten Mal den Titel.

Während der Eröffnungsfeier zu den Olympischen Spielen in Tokio war sie gemeinsam mit dem Sportschützen Josip Glasnovic Fahnenträgerin der kroatischen Mannschaft. Sie ist seit 2015 Mitglied des kroatischen Parlaments.

DORANDO PIETRI

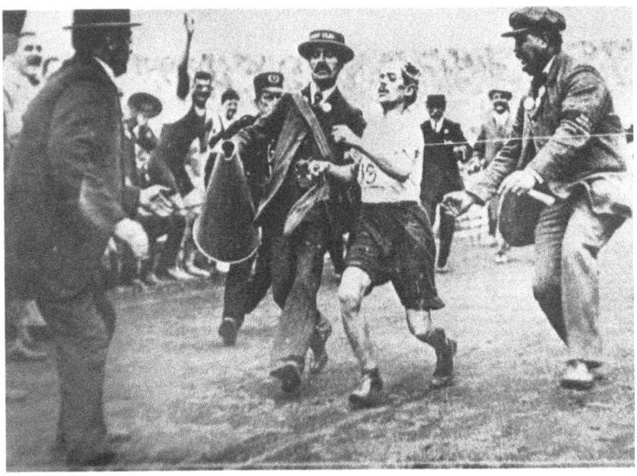

Dorando Pietri ist als Gescheiterter in die Geschichte eingegangen. Jeder, der sich für den Langstreckenlauf interessiert, kennt Dorando Pietri. Das, was bei den Olympischen Spielen 1908 geschehen ist, ist den Meisten präsent. Das Bild des ins Ziel des Marathonlaufes taumelnden Dorando Pietri ging um die Welt und ist bis heute eines der berühmtesten Sportfotos. Aber die Geschichte soll hier in Ruhe erzählt werden.

Dorando Pietri wurde am 16. Oktober 1885 in Correggio/Italien geboren. Um zu erklären, wie das geschehen konnte, was allen in Erinnerung geblieben ist, muss zunächst darauf hingewiesen werden, dass die Marathonstrecke bei den Olympischen Spielen 1908 verlängert worden ist. Lief man bei den Spielen vorher keine vermessene Strecke, sondern ungefähr 40 km, wurde die Strecke 1908 auf exakt 42,195 km festgelegt. Die Organisatoren der Spiele hatten in Absprache mit dem Königshaus festgelegt, dass der Marathonstart im Schlosspark von Windsor an der Statue der Königin Victoria erfolgen und der Lauf dann zum Olympiastadion gehen sollte. Am Marathontor im Olympiastadion war eine Strecke von 41,843 Kilometer zurückgelegt. Das Königshaus bestand jedoch darauf, dass nicht das Marathontor das Ziel sei, sondern die Königsloge im Stadion. Also waren noch einmal 385 y zurückzulegen. Die Strecke betrug nun exakt 42,195 km. Diese zusätzlichen zwei Kilometer sollten Dorando Pietri zum Verhängnis werden.

Bei schwülheißem Wetter lag der Südafrikaner Charles Hefferon lange Zeit in Führung. Der kleine Italiener Dorando Pietri folgte ihm wie eine Klette. In Sichtweite des Stadions zog Dorando Pietri plötzlich das Tempo in einem Zwischenspurt kräftig an. Der Südafrikaner konnte ihm nicht mehr folgen. Möglicherweise hatte Dorando Pietri seine Kräfte überschätzt oder er war durch die gewaltigen Menschenmassen, die die Straßen während des Laufs säumten, animiert worden zu überpowern.

Dorando Pietri näherte sich allein dem Stadion und sah wie der sichere Sieger aus. Als er durch das Marathontor lief, war aber allen bewusst, dass „er auf der letzten Rille lief". Er hatte glasige Augen und zitternde Beine. Im Stadion stürzte er zu Boden, rappelte sich mühsam wieder auf, wollte dann in die falsche Richtung laufen. Die Beine versagten ihm den Dienst. Erkennbar war er nicht mehr Herr seiner Sinne. Er stürzte noch viermal und war ohne Hilfe nicht in der Lage, die verbleibenden Meter zurückzulegen. Einige Kampfrichter halfen ihm auf und geleiteten ihn über die Ziellinie. Der zu diesem Zeitpunkt zweitplatzierte Amerikaner John Hayes bekam von diesen dramatischen Ereignissen nichts mit, weil er noch gar nicht das Stadion erreicht hatte. Als man Dorando Pietri im Stadion als neuen Olympiasieger feierte, legten die Amerikaner Protest ein und monierten, dass Dorando Pietri ohne die Hilfe der Kampfrichter das Ziel nicht erreicht hätte. Dem Protest wurde stattgegeben. Dorando Pietri wurde disqualifiziert und der Amerikaner John Hayes zum Olympiasieger erklärt. Wäre die Strecke nicht um die zwei Kilometer verlängert worden, wäre Dorando Pietri der Olympiasieger von London, denn bis zum Marathontor war er gekommen.

40 Jahre später bei den Olympischen Spielen 1948 in London sollten sich diese dramatischen Ereignisse wiederholen. Der Belgier Etienne Gailly kam als Erster durchs Marathontor, war aber ebenso wie Dorando Pietri

kaum in der Lage, ein Bein vor das andere zu setzen. Er wirkte, als sei ihm der „Stecker gezogen" worden. Noch im Stadion wurde er von dem Argentinier Delfo Cabrera und dem Briten Thomas Richards überholt, konnte aber noch die Bronzemedaille retten, weil er ohne Hilfe ins Ziel kam.

Es geht das Gerücht, dass der britische Schriftsteller Sir Arthur Conan Doyle, der Erfinder der Romanfigur Sherlock Holmes, der einer der Helfer war, die Dorando Pietri über die Ziellinie halfen, die englische Königin überredet hat, dem Disqualifizierten einen Goldpokal zu übergeben. Jedenfalls hat Dorando Pietri aus den Händen der Königin einen solchen Goldpokal erhalten.

Dorando Pietri verwendete seine üppigen Startgelder in den Läufen nach London, um sich ein Hotel zu kaufen. Er erlag am 7. Februar 1942 einem Herzinfarkt. Wäre er damals Olympiasieger geworden, würde heute keiner mehr von ihm reden. Erst durch sein Scheitern ist er berühmt geworden.

MIKE POWELL

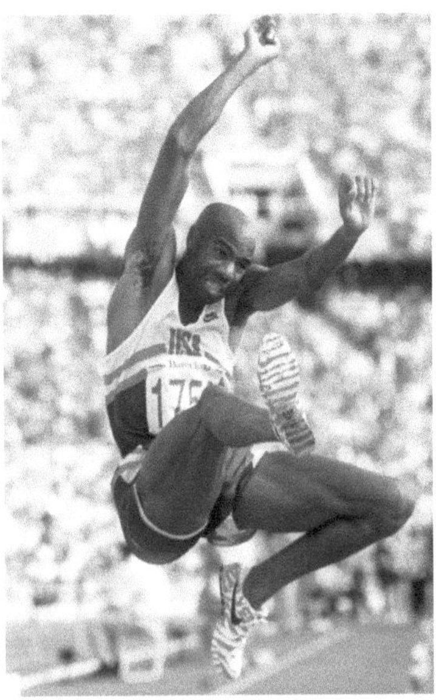

Mike Powell ist seit 33 Jahren der Weltrekordhalter im Weitsprung. Zurzeit ist kein Weitspringer in der Lage, auch nur annähernd an seine Weiten heranzuspringen. Er hatte das Pech, dass in seiner aktiven Zeit ihm ein noch Größerer, nämlich Carl Lewis, im Wege stand. So gelang es ihm nicht, olympisches Gold zu gewinnen. Sein episches Weitsprung-Duell mit Carl Lewis bei den Weltmeisterschaften 1991 in Tokio, das bei Carl Lewis bereits geschildert wurde, ist in die Leichtathletik-Geschichte eingegangen.

Mike Powell wurde am 10. November 1963 in Philadelphia, Pennsylvania/USA geboren. Er fand in der Szene Erwähnung, als er sich bei den US-Trials mit 8,36 m für die Olympischen Spiele 1988 in Seoul qualifizierte.

In Seoul begann Carl Lewis den Weitsprung-Wettbewerb mit einem Sprung auf 8,41 m und setzte sich an die Spitze. Im zweiten Versuch steigerte sich Carl Lewis auf 8,56 m. Dieser Weite kam Mike Powell mit einem Sprung auf 8,49 m nahe. Carl Lewis aber konterte mit einem Sprung auf 8,72 m, womit er deutlich machte, dass gegen ihn „kein Kraut gewachsen" war. Carl Lewis gewann seine zweite Weitsprung-Goldmedaille, Mike Powell blieb nur die Silbermedaille.

Drei Jahre später kam es zum bereits unter Carl Lewis geschilderten Weitsprung- Wettkampf des Jahrhunderts bei den Weltmeisterschaften in Tokio. Obwohl Carl Lewis bei diesem Wettkampf so weit sprang wie nie in seinem Leben, musste er sich geschlagen geben. Beide Athleten befanden sich in einer großartigen Form und trieben sich zu Höchstleistungen an. Der Wettkampf gipfelte in dem neuen Weltrekord von 8,95 m durch Mike Powell. Die Zuschauer konnten es kaum glauben, dass Mike Powell die legendären 8,90 m von Bob Beamon geknackt hatte. Mike Powell hatte noch einen knapp ungültigen Sprung im Bereich von neun Metern. Am Tag seiner besten Weitsprung-Leistung wurde Carl Lewis in seiner Paradedisziplin nur Zweiter.

Ein Jahr später bei den Olympischen Spielen in Barcelona kam es zu einer Neuauflage dieses Duells. Es war klar, dass kein anderer Weitspringer in dieses Duell würde eingreifen können. Bereits im ersten Versuch schockte Carl Lewis die Konkurrenz mit einem Sprung auf 8,67 m. Im fünften Versuch näherte sich Mike Powell mit einem Sprung auf 8,53 m dieser Weite. Im sechsten Versuch setzte Mike Powell noch einmal „alles auf eine Karte" und sprang 8,64 m weit. Es reichte jedoch nicht. Bei Olympia unterlag er Carl Lewis erneut. Der Weitsprung-Wettbewerb aber gehörte zu den herausragenden Wettkämpfen der Leichtathletik-Wettbewerbe.

Bei den Weltmeisterschaften 1993 in Stuttgart trat Carl Lewis im Weitsprung nicht an und ermöglichte Mike Powell mit einem Sprung auf

8,59 m einen ungefährdeten Sieg. Zwei Jahre später bei den Weltmeisterschaften in Göteborg konnte Mike Powell nicht davon profitieren, dass Carl Lewis nicht antrat. Er musste sich als Dritter dem Kubaner Ivan Pedroso und dem Jamaikaner James Beckford geschlagen geben. Bei den Olympischen Spielen 1996 in Atlanta trat Mike Powell noch einmal an, war aber für Carl Lewis keine ernsthafte Konkurrenz mehr. Während Carl Lewis siegte, belegte Mike Powell nur den fünften Patz und beendete danach seine Karriere. Ein Comeback-Versuch im Vorfeld der Spiele von Athen scheiterte. Mike Powell arbeitet heute als Trainer.

STEVE PREFONTAINE

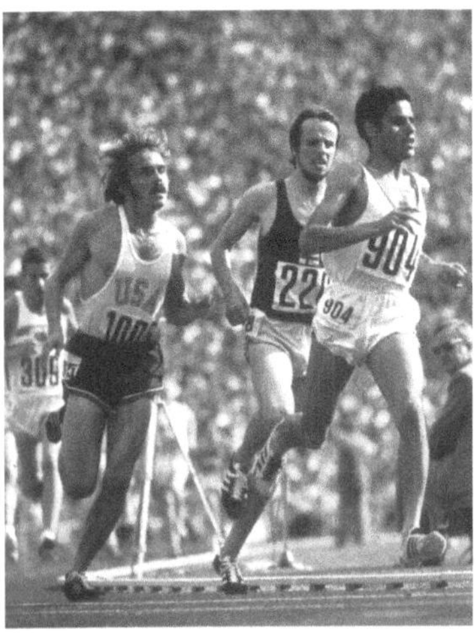

Steve Prefontaine gewann nie eine internationale Medaille. Dennoch hat er in den Vereinigten Staaten Kultstatus. Wegen seines Laufstils, seiner rebellischen Art und seines frühen Todes nennt man ihn dort „James Dean der Aschenbahn".

Steve Roland Prefontaine wurde am 25. Januar 1951 in Coos Bay, Oregon/USA geboren. 1969 wurde er in das Track and Field Team der Universität Oregon aufgenommen, das von dem legendären Coach Bill Bowerman, dem Mitbegründer der Firma Nike, trainiert wurde. Steve Prefontaine entwickelte sich zu einem begabten Tempoläufer. Weil er nur eins kannte: Tempo, lief er sich in die Herzen der Zuschauer. Mitunter kamen 1.000 Zuschauer zu seinem Training, um diese Tempomaschine laufen zu sehen. In vier Jahren stellte er acht amerikanische Rekorde auf und verbesserte seine eigenen Rekorde 14mal. Zwei Rekorde hält er heute noch, 48 Jahre nach seinem Tod. Im heimischen Hayward Field in

Eugene blieb er ungeschlagen. Sein Wahlspruch lautete: „Wer nicht sein Bestes gibt, verschenkt sein Talent". Zusammengefasst war er ein junger Wilder. Seine Popularität ließ die amerikanische Laufbewegung dramatisch wachsen.

1972 gewann er mit neuem amerikanischem Rekord von 13:22,8 Min. die US-Trials und reiste als zweitjüngster 5.000 m-Läufer der olympischen Geschichte zu den Olympischen Spielen nach München. Dort wurde er allerdings Opfer seines Laufstils und seiner Unerfahrenheit. Er musste erkennen, dass es in einem olympischen Finale nur selten gelingt, dem Feld einfach davonzulaufen. Steve Prefontaine lief ein unruhiges Rennen, stürmte nach vorn und ließ sich wieder zurückfallen. Einen erheblichen Teil des Rennens lief er auf der zweiten Bahn. Vier Runden vor Schluss ging er an die Spitze und verschärfte das Tempo. Der in einer überragenden Form befindliche Finne Lasse Viren und der Olympiasieger von Mexiko City Mohamed Gammoudi ließen sich jedoch nicht abschütteln. Als Lasse Viren auf der Gegengeraden der letzten Runde nach vorn stürmte, versuchte Steve Prefontaine mit aller Macht, ihm zu folgen, und ließ dabei zu viel Kraft. Am Ende konnte er nicht nur Viren und Gammoudi nicht schlagen, sondern wurde 10 Meter vor der Ziellinie auch noch von dem wie entfesselt spurtenden Briten Ian Stewart abgefangen.

Alle Experten waren sich jedoch einig, einen künftigen Olympiasieger gesehen zu haben. Steve Prefontaine nahm sich nach dieser für ihn enttäuschenden Erfahrung vor, in Montreal 1976 Olympiasieger über 5.000 m zu werden. Dazu kam es jedoch nicht mehr. Am 25. Mai 1975 fuhr er nach seinem 5.000 m-Sieg im heimischen Stadion in Eugene mit seinem Sportwagen gegen eine Steinmauer und starb unter den Trümmern seines Wagens. Steve Prefontaine starb ebenso wie James Dean im Alter von 24 Jahren.

Zweimal wurde sein Leben verfilmt, 1997 mit dem Titel „Prefontaine" und 1998 mit dem Titel „Without Limits". Die jährlich stattfindenden Prefontaine Classics in Eugene/USA sind nach ihm benannt.

MYER PRINSTEIN

Myer Prinstein (nach anderen Quellen schrieb er seinen Vornamen Meyer, hier wird der in den olympischen Annalen bezeichnete Vorname benutzt) wurde am 22. Dezember 1878 in Szczuczyn im russisch besetzten Teil Polens geboren. Seine jüdischen Eltern emigrierten mit ihren neun Kindern 1883 in die USA und ließen sich in Syracuse im Staat New York nieder. Bereits 1898 sprang der 19-jährige Myer Prinstein im Weitsprung 7,235 m weit. Im April 1900 verbesserte er den Weltrekord in Philadelphia auf 7,50 m und brachte sich in die Favoritenstellung für die Olympischen Spiele 1900 in Paris.

Dort wurde er im Weitsprung von seinem Landsmann Alvin Kraenzlein besiegt, der mit 7,185 m neuen olympischen Rekord sprang. Nur einen Zentimeter dahinter belegte Myer Prinstein den zweiten Platz. Dieses Wettkampfergebnis hat seine eigene Geschichte. Der Endkampf fand an einem Sonntag statt. Da ihm die Methodistische Universität von Syracuse für den Fall des Starts mit der Exmatrikulation gedroht hatte, trat Myer Prinstein zum Endkampf nicht an. Seine Qualifikationsleistung vom Vortag mit 7,175 m wurde jedoch gewertet, sodass er wenigstens die Silbermedaille gewann. Er war jedoch sehr enttäuscht, dass ihm die Chance auf die Goldmedaille genommen wurde.

Drei Tage später stellte Myer Prinstein im Dreisprung mit 14,47 m einen neuen olympischen Rekord auf und gewann mit einem halben Meter Vorsprung vor seinem Landsmann James Conolly die Goldmedaille.

Bei den Olympischen Spielen 1904 in St. Louis verbesserte Myer Prinstein im Weitsprung den olympischen Rekord auf 7,34 m und gewann mit 45 Zentimetern Vorsprung auf seinen Landsmann Daniel Frank. Mit exakt demselben Vorsprung gewann Myer Prinstein auch im Dreisprung die Goldmedaille vor seinem Landsmann Fred Englehardt und mit fast einem Meter vor seinem Landsmann Frank Stangland. Myer Prinstein nahm außerdem noch am 60 m-Lauf, am 100 m-Lauf und am 400 m-Lauf teil. Im

60 m-Lauf und 400 m-Lauf belegte er den fünften Platz, im 100 m-Lauf schied er als Vorlaufvierter aus.

Bei den inoffiziellen Zwischenspielen 1906 in Athen gewann Myer Prinstein den Weitsprung, wurde im Dreisprung jedoch nur Zehnter. Danach beendete er seine Karriere und ließ sich in New York City als Rechtsanwalt nieder. Er erlag am 10. März 1925 im Alter von 46 Jahren einem Herzinfarkt.

BRITTNEY REESE

Brittney Davon Reese wurde am 9. September 1986 in Inglewood, Kalifornien/USA geboren. Sie ist die wohl beste Weitspringerin des letzten Jahrzehnts.

Bei den Weltmeisterschaften 2009 in Berlin gewann Brittney Reese mit 7,10 m den Titel. Wenige Monate später gewann sie bei den Hallen-Weltmeisterschaften in Doha mit 6,70 m den Titel. Auch bei den Weltmeisterschaften 2011 in Daegu war Brittney Reese nicht zu bezwingen. Sie gewann den Titel mit einer Weite von 6,82 m. Bei ihrem Sieg bei den Hallen-Weltmeisterschaften 2012 in Istanbul stellte sie ihre persönliche Bestleistung mit 7,23 m auf.

Bei den Olympischen Spielen 2012 sprang die Lettin Ineta Radevica im ersten Versuch 6,88 m. Nach dem zweiten Sprung waren die Würfel gefallen. Brittney Reese sprang 7,12 m und die Russin Jelena Sokolowa 7,07 m. Das waren die Weiten, die Gold und Silber bedeuteten. Im fünften Versuch sprang die Amerikanerin Janay DeLoach 6,89 m und verdrängte damit Ineta Radevica noch aus den Medaillenrängen. Ein Zentimeter fehlte Ineta Radevica zur Bronzemedaille. Bei einer Nachuntersuchung der Urinproben wurde festgestellt, dass die Russin Anna Nasarowa, die Weißrussin Nastassja Mirontschyk-Iwanowa und die Türkin Karin Melis Mey gedopt waren. Ihre Resultate wurden annulliert. Ein in diesem Ausmaß erschreckendes Ergebnis.

Brittney Reese setzte ihre Siegesserie bei den Weltmeisterschaften 2013 in Moskau fort, wo sie mit 7,01 m den Titel gewann. Dann wurde es etwas ruhiger um sie, bis sie bei den Hallen-Weltmeisterschaften 2016 in Portland wieder in der Szene auftauchte und mit 7,22 m den Titel gewann. Bei den Prefontaine Classics in Eugene, Oregon sprang Brittney Reese am 2. Juli 2016 7,31 m weit und reiste als Favoritin zu den Olympischen Spielen in Rio de Janeiro.

Dort kam es zu einem spannenden Dreikampf zwischen den Amerikanerinnen Brittney Reese und Tianna Bartoletta sowie der Serbin Ivana Spanovic. Ivana Spanovic eröffnete den Wettkampf mit einem Sprung auf 6,95 m. Im zweiten Versuch kam Tianna Bartoletta mit 6,94 m bis auf einen Zentimeter an die Serbin heran. Im dritten Versuch sprang Tianna Bartoletta ebenfalls 6,95 m und übernahm wegen des besseren zweiten Sprungs die Führung. Im fünften Versuch überschlugen sich die Ereignisse. Die Deutsche Malaika Mihambo verbesserte sich auf 6,95 m. Ivana Spanovic sprang 7,08 m. Einen Zentimeter weiter sprang Brittney Reese. Tianna Bartoletta landete erst bei 7,17 m in der Sandgrube. Damit waren die Würfel gefallen, auch wenn Brittney Reese sich im letzten Versuch noch einmal auf 7,15 m steigerte. Obwohl Brittney Reese einen ihrer besten Sprünge ihrer Karriere zeigte, unterlag sie an diesem Tag einer besseren Konkurrentin.

Ein Jahr später rückte Brittney Reese bei den Weltmeisterschaften in London die Verhältnisse wieder gerade und gewann mit 7,02 m den Titel. An den Weltmeisterschaften in Doha 2019 nahm Brittney Reese nicht teil. Dafür startete sie in Tokio 2021 bei ihren dritten Olympischen Spielen. Im Weisprung-Wettbewerb sprang die Nigerianerin Esa Brume im ersten Versuch 6,97 m, Brittney Reese im dritten Versuch ebenfalls 6,97 m. Im letzten Versuch verbesserte sich die deutsche Weltmeisterin Malaika Mihambo auf 7,00 m und gewann die Goldmedaille. Brittney Reese blieb die Silbermedaille. Noch in Tokio erklärte sie ihren Rücktritt vom Leistungssport.

BOB RICHARDS

Robert Eugene „Bob" Richards wurde am 20. Februar 1926 in Champaign, Illinois/USA geboren. Bei den US-Trials für die Olympischen Spiele 1948 in London qualifizierte sich der Theologie-Student Bob Richards im Stabhochsprung für die Olympischen Spiele. Der Wettkampf in London fand bei strömendem Regen statt. Die Springer blieben deshalb auch deutlich unter ihren Möglichkeiten. Den Wettkampf begann der Amerikaner Guinn Smith mit einer Höhe von 4,30 m vor dem höhengleichen Finnen Erkki Kataja und seinem Landsmann Bob Richards. Diese Reihenfolge hatte Bestand bis zur Beendigung des Wettbewerbs. Die Medaillenverteilung stand somit bereits nach dem ersten Versuch fest. Der eigentliche Favorit Richmond Morcom, der noch die US-Trials gewonnen hatte, war wegen einer Knieverletzung nicht im Vollbesitz seiner Kräfte und belegte weit unter seinen Möglichkeiten nur den sechsten Platz.

Bei den Panamerikanischen Spielen 1951 in Buenos Aires gewann Bob Richards die Goldmedaille. Nach seinem Sieg bei den US-Trials 1952 mit 4,48 m fuhr Bob Richards als Favorit zu den Olympischen Spielen nach Helsinki. Inzwischen war er nicht mehr der Theologie-Student von London, sondern Pfarrer. „Ich bin der einzige Pfarrer, der versucht, aus eigener Kraft in den Himmel zu kommen", sagte er einmal. Er wurde in Helsinki seiner Favoriten-Rolle gerecht und gewann nach einem spannenden Wettkampf mit neuem olympischem Rekord von 4,55 m vor seinem Landsmann Donald Laz und dem Schweden Ragnar Lundberg.

Bei den Panamerikanischen Spielen 1955 in Mexiko City wiederholte Bob Richards seinen Triumph von Buenos Aires. Bei den US-Trials 1956 in Los Angeles qualifizierte sich Bob Richards mit 4,60 m souverän für die Olympischen Spiele in Melbourne. Bei diesen Spielen setzte der Grieche Georgios Roubanis zum ersten Mal einen Glasfiberstab ein und verhinderte mit dem Einsatz dieses Stabes den totalen amerikanischen Triumph. Bob Richards nahm alle Höhen bis 4,53 m im ersten Versuch und lag mit seinem Landsmann Robert Gutowski an der Spitze. Während Robert Gutowski dreimal an der Höhe von 4,56 m scheiterte, schaffte Bob

Richards diese Höhe im zweiten Versuch und sicherte sich seine zweite Goldmedaille in dieser Disziplin. Georgios Roubanis gewann die Bronzemedaille. Bob Richards nahm auch am Zehnkampf teil, gab jedoch nach der neunten Disziplin auf. Danach beendete er seine Karriere.

In den 80-iger Jahren des vorigen Jahrhunderts engagierte er sich politisch für rassistische Parteien. Bob Richards starb am 26. Februar 2023 in Waco, Texas/USA.

ANNEGRET RICHTER

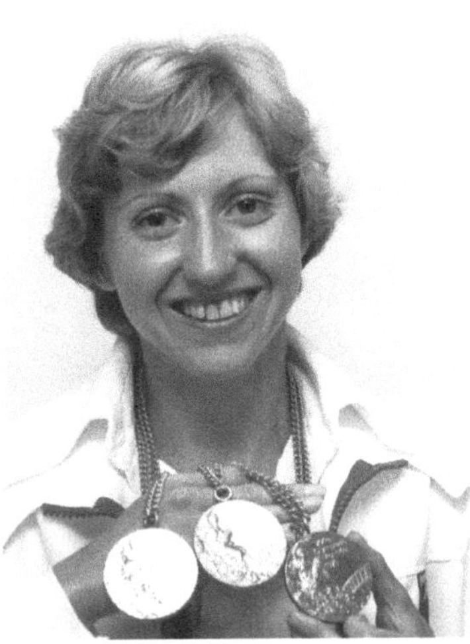

Annegret Richter wurde am 13. Oktober 1950 als Annegret Irrgang in Dortmund geboren. Früh entdeckte sie ihre Liebe zur Leichtathletik. Als 16-Jährige nahm sie bereits an deutschen Jugendmeisterschaften teil. 1971 lief sie in Berlin und Kiel mit 6,41 Sek. und 6,33 Sek. zweimal Weltrekord über 50 m. Bei den Hallen-Europameisterschaften in Sofia gewann sie im selben Jahr über 60 m die Bronzemedaille. Erfolgreicher war sie bei den Europameisterschaften 1971 in Helsinki. Mit Elfgard Schittenhelm, Inge Helten und Ingrid Mickler-Becker gewann sie mit neuem Europarekord von 43,3 Sek. den Titel über 4 x 100 m. In diesem Jahr ehelichte sie den 400 m Hürdenläufer Manfred Richter. 1972 wurde sie Zweite bei den Hallen-Europameisterschaften in Grenoble über 60 m. Bei den Olympischen Spielen in München kam sie in den Endlauf über 100 m und wurde Fünfte. Am letzten Tag der Leichtathletik-Wettkämpfe sorgte sie mit Christiane Krause, Ingrid Mickler-Becker und Heide Rosendahl für ein Glanzlicht. Die deutsche Sprintstaffel gewann mit Annegret Richter als zweiter

Kurvenläuferin in Weltrekordzeit von 42,81 Sek. die Goldmedaille über 4 x 100 m.

Im folgenden Winter gewann Annegret Richter bei den Hallen-Europameisterschaften in Rotterdam Gold über 60 m und mit der Sprintstaffel. Mit der 4 x 200 m-Staffel stellte sie am 18. Februar 1973 in Berlin mit 1:35,7 Min. einen neuen Hallen-Weltrekord auf. Den deutschen Rekord über 100 m verbesserte sie am 27. Juli 1974 in Hannover auf 11,24 Sek. Bei den Europameisterschaften 1974 in Rom lief die deutsche Sprintstaffel in der Besetzung Elfgard Schittenhelm, Annegret Kroniger, Annegret Richter und Inge Helten hinter der Weltrekord laufenden DDR-Staffel auf den zweiten Platz.

Im Winter 1975 stellte Annegret Richter am 8. Februar in Dortmund handgestoppt mit 7,1 Sek. über 60 m einen neuen Weltrekord auf. Es folgte eine Woche später in Stuttgart mit elektronischer Zeitmessung mit 7,34 Sek. ein neuer Weltrekord über 60 m. Die deutsche 4 x 200 m-Staffel verbesserte ihren eigenen Weltrekord am 22. Februar in Stuttgart auf 1:35,15 Min. Annegret Richters großes Jahr aber kam 1976. Ihren 1974 aufgestellten deutschen Rekord über 100 m verbesserte sie auf 11,21 Sek., wurde allerdings wenig später von der mit 11,04 Sek. Weltrekord laufenden Inge Helten abgelöst.

Bei den Olympischen Spielen in Montreal präsentierte sich Annegret Richter in Topform. Im Halbfinale über 100 m stellte sie mit 11,01 Sek. einen neuen Weltrekord auf. Im Finale war sie mit 11,08 Sek. zwar etwas langsamer. Es reichte jedoch, um die Goldmedaille vor Renate Stecher und Inge Helten zu gewinnen. Über 200 m reichte auch der DLV-Rekord von 22,39 Sek. nicht, um die DDR-Läuferin Bärbel Wöckel vom ersten Platz zu verdrängen. Immerhin gewann Annegret Richter mit zwei Hundertstelsekunden Rückstand die Silbermedaille.

In der 4 x 100 m-Staffel übergab die glänzende Kurvenläuferin Annegret Richter mit deutlichem Vorsprung den Staffelstab an die Schlussläuferin Annegret Kroniger, die den Vorsprung gegen die wie entfesselt laufende

Bärbel Wöckel jedoch nicht verteidigen konnte. Annegret Richter, Inge Helten, Elvira Poßekel und Annegret Kroniger gewannen die Silbermedaille in neuer bundesdeutscher Rekordzeit von 42,59 Sek. Damit war die Staffel schneller als die Goldstaffel von München.

1977 beendete Annegret Richter ihre Karriere, nachdem Marlies Göhr 10,88 Sek. über 100 m gelaufen war und Annegret Richter somit nicht mehr als erste Frau der Welt unter 11 Sekunden laufen konnte. 1979 startete sie ein kurzes Comeback. Als bekannt wurde, dass die deutschen Sportler die Olympischen Spiele in Moskau boykottieren würden, beendete sie endgültig ihre Karriere. 1988 wurde sie mit dem Verdienstorden des Landes Nordrhein-Westfalen ausgezeichnet.

LARS RIEDEL

Lars Riedel wurde am 28. Juni 1967 in Zwickau geboren und begann seine große Karriere bei der BSG Motor Thurm. 1986 nahm er an den Junioren-Weltmeisterschaften in Athen teil und belegte dort den vierten Platz. DDR-Meister wurde er nie. Seine große Zeit kam nach der Wende. Bei den Weltmeisterschaften 1991 in Tokio gewann er mit 66,20 m den Titel. Als Olympiafavorit fuhr er zu den Olympischen Spielen nach Barcelona. Dort schied er jedoch überraschend in der Qualifikation aus. Bei den Weltmeisterschaften 1993 in Stuttgart aber war er wieder topfit und verteidigte seinen Weltmeister-Titel mit 67,72 m. Bei den Europameisterschaften 1994 in Helsinki hatte sich Lars Riedel bereits für das Finale qualifiziert, trat dann jedoch wegen einer Rückenverletzung nicht an. Dafür entschädigte er sich bei den Weltmeisterschaften 1995 in Göteborg mit seinem dritten Weltmeister-Titel. Damit avancierte er erneut zum Favoriten auf die olympische Goldmedaille.

Bei den Olympischen Spielen 1996 in Atlanta wurde der Diskuswettbewerb zur Zitterpartie. Die ersten beiden Versuche von Lars Riedel waren ungültig. Drohte dem dreifachen Weltmeister ein ähnliches Debakel wie in Barcelona? Im dritten Versuch flog die Scheibe auf 65,40 m. Damit erreichte Lars Riedel als Dritter den Endkampf. Das Stadion war schon in gleißendes Flutlicht getaucht, als Lars Riedel im fünften Versuch ein optimaler Wurf gelang. Als der Diskus in den Abendhimmel von Atlanta flog, wusste Lars Riedel, dass ihm ein guter Versuch gelungen war. Erst bei 69,40 m schlug der Diskus auf den Rasen auf. Lars Riedel übernahm die Führung. Von der Last des Gewinnen-Müssens befreit, warf er im sechsten Versuch noch einmal über 69 m und gewann die ersehnte Goldmedaille.

1997 setzte er seine Serie bei den Weltmeisterschaften fort. In Athen gewann er mit 68,54 m erneut den Titel. 1998 in Budapest vervollständigte er seine Titelsammlung und wurde Europameister. Bei den Weltmeisterschaften in Sevilla riss 1999 seine Siegesserie. Obwohl er 68,09 m weit warf, wurde er vom Amerikaner Anthony Washington und seinem Landsmann, dem Weltrekordler Jürgen Schult geschlagen. Dieses Mal musste er sich mit der Bronzemedaille begnügen.

Bei den Olympischen Spielen 2000 in Sydney traf Lars Riedel auf den litauischen Diskushünen Virgilius Alekna, der im nächsten Jahrzehnt der wohl beste Diskuswerfer der Welt war. Virgilius Alekna gewann mit 69,30 m die Goldmedaille. Lars Riedel warf den Diskus 68,50 m weit und sicherte sich die Silbermedaille. Bei den Weltmeisterschaften 2001 in Edmonton drehte Lars Riedel den Spieß um. Obwohl Virgilius Alekna den Diskus noch 10 Zentimeter weiter warf als in Sydney, besiegte ihn Lars Riedel um 32 Zentimeter und gewann seinen fünften Weltmeister-Titel.

In den folgenden Jahren hatte Lars Riedel mit Verletzungsproblemen, vor allem im Rückenbereich, zu kämpfen. 2004 qualifizierte er sich für die Olympischen Spiele in Athen, hatte dort aber ebenfalls mit Verletzungsproblemen zu kämpfen. Er hatte sich zwar für den Endkampf qualifiziert, trat dort aber wegen einer Verletzung im Oberschenkelbereich nicht mehr an und wurde humpelnd aus dem Stadion geführt. Am 1. Juli 2008 beendete er seine Karriere.

VILLE RITOLA

Vilho Eino „Ville" Ritola wurde am 18. Januar 1896 in Peräseinäjoki in Südösterbotten/Finnland geboren. Er wanderte 1913 zu seinen sieben Schwestern in die Vereinigten Staaten aus. Ritola trainierte mit seinem ebenfalls in die USA ausgewanderten Landsmann Hannes Kolehmainen im Finnisch-Amerikanischen Leichtathletikclub zusammen. Als Kolehmainen ihn zu einer Teilnahme an den Olympischen Spielen 1920 in Antwerpen überreden wollte, fand dies Ville Ritola noch zu früh. Stattdessen nahm er an den Olympischen Spielen 1924 in Paris teil und traf dort auf seinen übermächtigen Landsmann Paavo Nurmi, wobei er auch davon profitierte, dass Nurmi am Start war.

Im 3.000 m-Mannschaftslauf starteten beide für Finnland und gewannen überlegen vor den Briten die Goldmedaille. Auch im Querfeldeinlauf waren die Finnen mit Nurmi und Ritola nicht zu bezwingen. Im Einzelwettbewerb musste Ville Ritola die Überlegenheit seines großen Landsmannes anerkennen, gewann aber souverän die Silbermedaille. Auch im 5.000 m-Lauf war Nurmi nicht zu bezwingen. Er löste sich mit Ritola vom restlichen Feld und wies ihn im Endspurt in die Schranken. Im 10.000 m-Lauf profitierte Ville Ritola davon, dass der finnische Verband Paavo Nurmi nicht für diesen Lauf gemeldet hatte, und gewann in Weltrekordzeit von 30:23,2 Min. vor dem Schweden Wide und seinem Landsmann Eero Berg die Goldmedaille. Diesen Weltrekord verbesserte Paavo Nurmi sechs Wochen später um 17 Sekunden. Die Haltbarkeitswerte von Weltrekorden waren nicht groß, wenn sich Nurmi für einen Angriff auf den Weltrekord entschloss. Im 3.000 m Hindernislauf reichte trotz schlechter Technik die läuferische Klasse von Ville Ritola aus, um in olympischer Rekordzeit überlegen seine vierte Goldmedaille zu gewinnen.

Bei den Olympischen Spielen 1928 in Amsterdam schaffte Ville Ritola endlich die erhoffte Sensation. Es gelang ihm, Paavo Nurmi über 5.000 m zu schlagen. An diesem Tag war er einmal einfach besser als Nurmi und konnte sich über seine Goldmedaille freuen. Über 10.000 m rückte Nurmi dann die Maßstäbe wieder zurecht und verwies Ville Ritola auf den zweiten Platz, obwohl Ritola vier Sekunden schneller war als bei seinem Weltrekord in Paris.

Nach den Spielen von Amsterdam beendete Ville Ritola seine Karriere. Nach 58 Jahren Aufenthalt in den Vereinigten Staaten kehrte er 1971 nach Finnland zurück. Er starb am 24. April 1982 in Helsinki.

GASTON ROELANTS

Gaston Roelants wurde am 5. Februar 1937 in Opvelp/Belgien geboren. Zu Beginn seiner Karriere startete Gaston Roelants im Hindernislauf, später im Marathonlauf. Bei den Olympischen Spielen 1960 in Rom belegte er im Hindernislauf den vierten Platz.

Seinen ersten Erfolg feierte Gaston Roelants 1962 bei den Europameisterschaften in Belgrad. Er führte das Meisterschaftsrennen des 3.000 m Hindernislaufs über die gesamte Strecke an. In der Schlussrunde schloss jedoch der Rumäne Zoltan Vamos zu ihm auf. Das Rennen wurde am Wassergraben entschieden. Während Roelants den Wassergraben mit perfekter Technik überwand, sprang Vamos unsicher und verlor ein paar Meter auf Roelants, der jetzt zum Spurt ansetzte und mit fünf Sekunden Vorsprung Europameister wurde. Ein Jahr später verbesserte Gaston Roelants den Weltrekord in Leuven auf 8:29,6 Min. Als Weltrekordmann und mit 25 Siegen in Folge reiste Gaston Roelants als Favorit zu den Olympischen Spielen 1964 in Tokio. Da Gaston Roelants im Spurt Schwächen hatte, musste er, um das Rennen gewinnen zu können, einen kompromisslosen Tempolauf wagen. So gab er von Beginn an den Ton an. Zwischenzeitlich lagen zwischen Roelants und dem Feld 50 m. Dann blies das Feld zur Verfolgungsjagd. Roelants bog aber mit großem Vorsprung in die letzte Runde ein. Auch wenn sich der Vorsprung ständig verringerte, gelang es dem Feld nicht mehr, ihn zu stellen. Mit neuem olympischem Rekord von 8:30,9 Min. gewann Gaston Roelants die Goldmedaille. Ein Jahr später verbesserte er den Weltrekord in Brüssel auf 8:26,4 Min.

1966 bei den Europameisterschaften in Budapest nutzte Gaston Roelants seine Tempohärte nichts. Die Russen Viktor Kudinski und Anatoli Kurjan blieben ihm auf den Fersen und überspurteten ihn auf der Zielgeraden. Der Europameister Viktor Kudinski verpasste den Roelants-Weltrekord nur um zwei Zehntelsekunden. Im Oktober 1968 verbesserte Gaston Roelants in Leuven die Weltrekorde über 20 km und über eine Stunde.

Bei den Olympischen Spielen 1968 in Mexiko City startete Gaston Roelants sowohl im 3.000 m Hindernis-Lauf als auch im Marathonlauf. Während er über die Hindernis-Strecke Siebter wurde, landete er im Marathonlauf auf dem 11. Platz. In der Folgezeit trat Gaston Roelants vier Jahre nicht mehr auf der Hindernis-Strecke an.

Bei den Europameisterschaften 1969 in Athen musste sich Gaston Roelants im Marathonlauf nur dem britischen Europameister Ron Hill geschlagen geben. In dem Rennen hatte Gaston Roelants 30 km geführt und war, schon im Angesicht des Stadions, auf der ständig ansteigenden Strecke von dem Briten passiert worden. Zwei Jahre später bei den Europameisterschaften in Helsinki lag Gaston Roelants beim Marathonlauf mit seinem Landsmann Karel Lismont und dem Briten Trevor Wright an der Spitze. Während Lismont das Tempo weiter verschärfte, konnte Roelants leicht angeschlagen nicht mehr mithalten und fiel zurück. Während Karel Lismont ungefährdet zum Europameister-Titel lief, wurde Gaston Roelants Fünfter.

Bei seinen vierten Olympischen Spielen in München kam Gaston Roelants im Marathonlauf nicht ins Ziel. 10 Tage nach den Olympischen Spielen verbesserte Gaston Roelants in Brüssel seine eigenen Weltrekorde über 20 km und eine Stunde. Das bestärkte ihn, auch nach der Enttäuschung von München weiterzumachen. Bei den Europameisterschaften 1974 in Rom gewann er im Marathonlauf hinter dem Briten Ian Thompson und dem DDR-Läufer Eckhard Lesse noch einmal eine Bronzemedaille. Ein Jahr später gewann Gaston Roelants mit der belgischen Mannschaft bei den Crosslauf-Weltmeisterschaften die Bronzemedaille. Ein Start bei den Olympischen Spielen 1976 in Montreal gelang ihm nicht mehr. 1977 kehrte er auf die Hindernis-Strecke zurück und wurde Seniorenweltmeister. Danach beendete er seine Karriere.

Gaston Roelants gewann viermal den Cross der Nationen und war damit einer der erfolgreichsten Crossläufer. Außerdem gewann er den Silvesterlauf von Sao Paulo. 2002 erhob König Albert II. Gaston Roelants in den Adelsstand.

RALPH ROSE

Ralph Waldo Rose, genannt „Das Elefantenbaby", wurde am 17. März 1884 in Healdsburg, Kalifornien/USA geboren. Am 21. Mai 1904 verbesserte der 20-jährige Ralph Rose in Chicago den Kugelstoß-Weltrekord auf 14,81 m und fuhr als Favorit zu den Olympischen Spielen nach St. Louis. Dort stellte er seinen Weltrekord ein und gewann die Goldmedaille. Im Diskuswurf kam Ralph Rose exakt auf die gleiche Weite wie sein Landsmann Martin Sheridan. Weil es damals noch nicht die Regel gab, dass bei Weitengleichheit der zweitbeste Wurf oder Sprung entscheidend ist, ließ man beide Sportler noch einen weiteren Wurf machen. Diesen warf Martin Sheridan einen Meter weiter als Ralph Rose und gewann so vor Rose die Goldmedaille. Im Hammerwurf gewann Ralph Rose die Bronzemedaille. Im Gewichtwerfen landete Ralph Rose auf dem sechsten Platz.

Am 7. und 21. September 1907 verbesserte Ralph Rose zweimal den Kugelstoß-Weltrekord auf schließlich 15,12 m. Bei den Olympischen Spielen 1908 in London gewann Ralph Rose mit 14,21 m vor dem Briten Denis Horgan die Goldmedaille. Das Spektakel vom September 1907 wiederholte sich im September 1908, als Ralph Rose mit Stößen auf 15,19 m und 15,28 m erneut zweimal den Weltrekord verbesserte. Am 14. August 1909 stieß er die Kugel auf 15,32 m und eine Woche später in San Francisco auf 15,54 m. Damit übertraf er mit 51 Fuß die 50 Fuß-Marke. Dieser Weltrekord wurde erst 1928 verbessert.

Trotz eines Stoßes auf 15,25 m verpasste Ralph Rose bei den Olympischen Spielen 1912 in Stockholm seine dritte Goldmedaille im Kugelstoßen. Sein Landsmann Patrick McDonald übertraf ihn um neun Zentimeter und gewann mit neuem olympischem Rekord von 15,34 m. Ralph Rose entschädigte sich mit der Goldmedaille im beidhändigen Kugelstoßen, das es heute nicht mehr gibt.

1913 erkrankte Ralph Rose an Typhus und starb am 16. Oktober 1913 im Alter von 29 Jahren in San Francisco.

HEIDE ROSENDAHL

Heide Rosendahl wurde am 14. Februar 1947 in Hückeswagen geboren und begann ihre Karriere beim TSV Schwarz Weiß Radevormwald. Bereits 1963 startete sie bei den deutschen Jugendmeisterschaften und gewann den Titel im Fünfkampf. Bei den Europameisterschaften 1966 in Budapest wurde die 19-Jährige Vizeeuropameisterin im Fünfkampf, nur 22 Punkte hinter der russischen Europameisterin Valentina Tichomirowa.

Endgültig in den Blickpunkt der Öffentlichkeit geriet sie, als sie im Olympiajahr 1968 mit 5.023 Punkten als erste Frau der Welt im Fünfkampf mehr als 5.000 Punkte erzielte und wenig später den deutschen Rekord auf 5.129 Punkte schraubte. Mit dieser Leistung galt sie als Topfavoritin für die Goldmedaille bei den Olympischen Spielen in Mexiko City. Später sollte sich zeigen, dass diese Leistung tatsächlich für die Goldmedaille gereicht hätte. Beim Aufwärmen für die erste Disziplin, dem 80 m- Hürdenlauf, zog sich Heide Rosendahl eine Zerrung im Oberschenkel zu und konnte nicht an den Start gehen. Im Weitsprung landete sie mit 6,40 m auf dem achten Platz. In der Qualifikation war sie 6,54 m weit gesprungen. Am 10. und 11. Mai 1969 verbesserte sie in Leverkusen mit 5.155 Punkten den Weltrekord im Fünfkampf und im Weitsprung den deutschen Rekord auf 6,64 m.

1970 steigerte Heide Rosendahl mit 23,1 Sek. den deutschen Rekord über 200 m, dem sie drei deutsche Rekorde über 100 m-Hürden folgen ließ.

Nachdem sie 1970 den deutschen Weitsprung-Rekord auf 6,72 m verbessert hatte, gelang ihr bei der Universiade in Turin ein Paukenschlag. Sie sprang am 3. September 1970 mit 6,84 m Weltrekord und wurde Universiade-Siegerin. Den deutschen Rekord im Fünfkampf steigerte sie auf 5.399 Punkte. Das Jahr 1970 schloss sie am 4. Dezember mit einem neuen Hallenweltrekord über 60 m-Hürden ab. Zwei Wochen später wählten sie die deutschen Sportjournalisten zur Sportlerin des Jahres.

Nahtlos daran schlossen sich im folgenden Winter Weltrekorde über 50 m Hürden an. Bei den Hallen-Europameisterschaften 1971 in Sofia gewann Heide Rosendahl den Titel im Weitsprung. Nachdem sie in einem hochklassigen Wettbewerb bei den Europameisterschaften im Sommer in Helsinki Dritte im Weitsprung geworden war, gewann sie im Fünfkampf mit 5.299 Punkten die Goldmedaille.

Das erfolgreichste Jahr stand Heide Rosendahl noch bevor. Das Olympiajahr 1972. Heide Rosendahl ging im Weitsprung und im Fünfkampf an den Start. Im Weitsprung begann sie den Wettbewerb mit einem Sprung auf 6,78 m, nur sechs Zentimeter hinter ihrem Weltrekord. Obwohl sie eine makellose Serie sprang, konnte sie sich nicht mehr steigern. Die Bulgarin Diana Jorgowa kam im 4. Versuch bis auf einen Zentimeter an Heide Rosendahls Weite heran. Obwohl sie zum Schluss zittern musste, gewann Heide Rosendahl die Goldmedaille.

Den Fünfkampf begann Heide Rosendahl mit einer Zeit von 13,34 Sek. über 100 m-Hürden. Das waren nur sechs Hundertstelsekunden über ihrem deutschen Rekord von 13,28 Sek. Im Kugelstoßen fiel sie mit 13,86 m deutlich hinter die Britin Mary Peters zurück und auch im Hochsprung ging es nicht höher als 1,65 m. Mary Peters steigerte sich in einen wahren Rausch und überquerte 1,82 m. Nach dem ersten Tag lag Heide Rosendahl 301 Punkten zurück auf dem fünften Platz. Den zweiten Tag begann sie mit einem Sprung auf 6,83 m, einen Zentimeter hinter ihrem Weltrekord, und im abschließenden 200 m-Lauf lief sie mit 22,96 Sek. einen neuen deutschen Rekord. Am Ende stellte sie mit 4.791 Punkten nach der neuen Punktewertung einen neuen deutschen Fünfkampf-Rekord auf und gewann die Silbermedaille mit 10 Punkten Rückstand auf die Britin Mary Peters.

Es sollte für Heide Rosendahl aber noch besser kommen. Sie wurde in der 4 x 100 m-Staffel als Schlussläuferin eingesetzt und lief gegen die Doppel-Olympiasiegerin Renate Stecher das Rennen ihres Lebens. Am Ende standen ein Olympiasieg und ein neuer Weltrekord. Mit zwei Gold- und einer Silbermedaille war Heide Rosendahl eine der erfolgreichsten Olympionikinnen. Dies honorierten die deutschen Sportjournalisten am Ende des Jahres mit der erneuten Wahl zur Sportlerin des Jahres. 1973 wurde Heide Rosendahl mit dem Rudolf-Harbig-Gedächtnispreis ausgezeichnet und beendete danach ihre Karriere.

DAVID RUDISHA

David Lekuta Rudisha wurde am 17. Dezember 1988 in Kilgoris/Kenia geboren. Er trat 2006 international in Erscheinung, als er bei der U 20-Weltmeisterschaft in Peking den Titel über 800 m gewann. Ein Jahr später gewann der 18-Jährige die 800 m bei den internationalen Meetings in Zürich und Brüssel. 2008 wurde der 19 -Jährige in Addis Abeba Afrikameister. Dabei stellte er mit 1:44,20 Min. einen neuen Meisterschaftsrekord auf. Bei der Weltmeisterschaft 2009 in Berlin verpasste er den Finaleinzug. Kurze Zeit später verbesserte er in Rieti mit einer Zeit von 1:42,01 Min. den 25 Jahre alten Afrikarekord seines Landsmanns Sammy Koskei. Ein Jahr später wurde er in Nairobi erneut Afrikameister.

Innerhalb von einer Woche verbesserte David Rudisha 2010 zweimal den 800 m-Weltrekord. Beim ISTAF in Berlin lief er am 22. August 2010 über 800 m 1:41,09 Min. Diese Zeit hielt nur bis zum 29. August. Dann lief er in Rieti 1:41,01 Min. Es war klar: Mit diesen Leistungen würde bei den Weltmeisterschaften 2011 im koreanischen Daegu kein Weg an ihm vorbeiführen. In Daegu bestätigte er diese Prognose. In 1:43,91 Min. ließ er dem Sudanesen Abubaker Kaki und dem Russen Juri Borsakowski keine Chance.

Ein Jahr später führte bei den Olympischen Spielen in London der Weg zu Gold nur über David Rudisha. Nach einer sehr schnellen ersten Runde in 49,28 Sek. zog David Rudisha das Tempo noch einmal an und stürmte über die Gegengerade. Eingangs der Zielgeraden war klar, dass der nicht müde werdende David Rudisha zu Gold lief. Was aber hinzukam, war mit 1:40,91 Min. ein neuer Weltrekord. Nachdem die Zeiten aller Endlauf-Teilnehmer bekannt waren, stand fest, dass dieser Lauf mit acht Zeiten unter 1:44 Minuten das schnellste 800 m-Rennen aller Zeiten war.

An den Weltmeisterschaften 2013 in Moskau nahm David Rudisha wegen einer Knieverletzung nicht teil. Bei den Commonwealth Games 2014 in Glasgow musste er gegen den Silbermedaillengewinner von London Nigel Amos aus Botswana eine überraschende Niederlage einstecken. Bei den Weltmeisterschaften 2015 in Peking wurde David Rudisha erneut Weltmeister vor dem polnischen Europameister Adam Kszczot und dem Bosnier Amel Tuka.

Bei den Olympischen Spielen 2016 in Rio de Janeiro wiederholte David Rudisha seinen Triumph von London und gewann die Goldmedaille über 800 m vor dem Algerier Taoufik Makhloufi und dem Amerikaner Clayton Murphy. Drei Wochen nach den Olympischen Spielen verbesserte David Rudisha am 10. September in Newcastle den Weltrekord über 500 m auf 57,69 Sek. Danach wurde es ruhig um David Rudisha. Inzwischen hat er seine Karriere beendet.

WILMA RUDOLPH

Wilma Rudolph wurde am 23. Juni 1940 in Saint Bethlehem, Tennessee/USA geboren. Sie litt in ihrer Kindheit an Kinderlähmung. Angesichts dieser Krankheitsgeschichte ist kaum zu glauben, dass Wilma Rudolph als dreifache Sprintolympiasiegerin in die Geschichte Eingang gefunden hat. Zunächst spielte sie Basketball. Weil sie dort aber vor allem wegen ihrer Schnelligkeit auffiel, riet man ihr zu einem Wechsel zur Leichtathletik. Mit 16 Jahren qualifizierte sie sich bereits für die Olym-

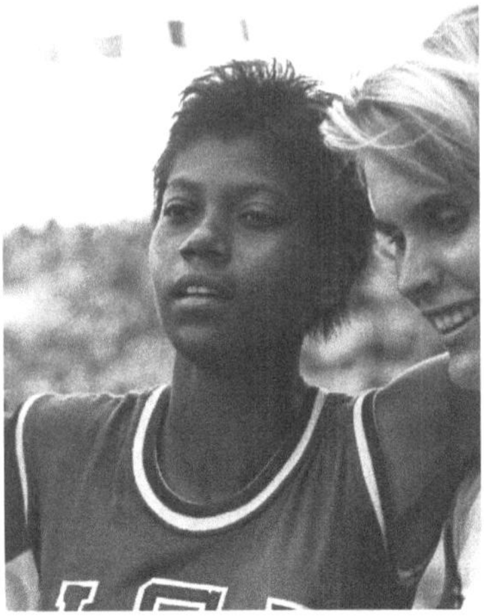

pischen Spiele 1956 in Melbourne. In der Sprintstaffel der Amerikanerinnen gewann sie hinter Australien und Großbritannien die Bronzemedaille.

Ihr großes Jahr wurde das Jahr 1960. Am 9. Juli 1960 lief Wilma Rudolph in Corpus Christi, Texas bei den US-Trials als erste Frau der Welt 22,9 Sek. über 200 m und verbesserte den bestehenden Weltrekord der Australierin Betty Cuthbert um drei Zehntelsekunden. Bei den Olympischen Spielen in Rom war sie das Glamour-Girl der Leichtathletik-Wettbewerbe. Wer sie gehen oder laufen sah, war fasziniert von ihrer Grazie. Es ist kein Wunder, dass sich der junge Cassius Clay, der spätere Muhammad Ali, in sie verliebte. In ihrer Gegenwart brachte der später als „Großmaul" bekannt gewordene Boxer aber kein Wort heraus. Erst Jahre später, als Wilma Rudolph längst verheiratet war, war er in der Lage, ihr seine Liebe zu gestehen.

Im Halbfinale über 100 m stellte Wilma Rudolph mit 11,3 Sek. den Weltrekord ein. Den Endlauf gewann sie mit einem heute kaum noch vorstellbaren Vorsprung von drei Zehntelsekunden. Die Uhren blieben bei 11,0 Sek. stehen. Diese damals unfassbare Zeit fand jedoch keine Anerkennung, weil zu starker Rückenwind herrschte. Die Weltpresse aber überschlug sich geradezu (Kommentar einer französischen Zeitung: „Et à Rome surgit une gazelle..." – In Rom tauchte eine Gazelle auf). Auch den 200 m-Lauf dominierte Wilma Rudolph. Sie gewann mit einem Vorsprung von vier Zehntelsekunden vor der Deutschen Jutta Heine. In der 4 x 100 m-Staffel lieferten die Deutschen der amerikanischen Staffel bis zum 3. Wechsel ein ausgeglichenes Rennen. Trotz eines sehr guten letzten Wechsels und eines tollen Rennens von Jutta Heine hatten die

Deutschen keine Siegchance, weil Wilma Rudolph als Schlussläuferin der amerikanischen Staffel davonlief, als sei sie von einem anderen Stern. Die amerikanische Staffel siegte mit drei Zehntelsekunden Vorsprung vor der deutschen Staffel.

Die Olympischen Spiele in Rom hatten ihren Superstar. Wilma Rudolph gewann nicht nur drei Goldmedaillen, sondern errang alle Siege mit einem solchen Vorsprung, dass zu keinem Zeitpunkt der Eindruck entstehen konnte, irgendeine andere Sprinterin der Welt könne sie einmal schlagen.

Beim Leichtathletik-Länderkampf USA/UdSSR in Moskau stellte Wilma Rudolph im Juli 1961 zwei Weltrekorde auf. Sie stellte ihren eigenen 100 m-Weltrekord mit 11,3 Sek. ein und verbesserte mit der 4 x 100 m-Staffel den Weltrekord auf 44,3 Sek. Wenige Tage später lief sie bei einem Einladungslauf, während des Männer-Länderkampfes Deutschland/USA in Karlsruhe mit 11,2 Sek. über 100 m einen neuen Weltrekord. Danach hörte man nichts mehr von sportlichen Leistungen Wilma Rudolphs. 1994 erkrankte sie an Brustkrebs und starb am 12. November 1994.

Von ihren sportlichen Auftritten in Melbourne abgesehen, reichten zwei Jahre aus, um einen Ruf zu begründen, der Wilma Rudolph zur Legende werden ließ.

VIKTOR SANEJEW

Viktor Danilowitsch Sanejew wurde am 3. Oktober 1945 in Suchumi/Georgien geboren. Er startete während seiner gesamten Karriere für die Sowjetunion. Viktor Sanejew kam erst mit 17 Jahren zum Dreisprung. In das Bewusstsein der Öffentlichkeit trat er bei den Olympischen Spielen 1968 in Mexiko City, als er in der leistungsfördernden Höhe den wohl sensationellsten Dreisprung-Wettbewerb der Leichtathletik-Geschichte gewann. Bereits in der Qualifikation hatte der Italiener Giuseppe Gentile den Weltrekord auf 17,10 m verbessert. Im ersten Sprung des Finales verbesserte er diesen Weltrekord dann auf 17,22 m. Im dritten Versuch übertraf Viktor Sanejew diese Weite um einen Zentimeter. Im fünften Versuch übernahm der Brasilianer Nelson Prudencio mit 17,27 m die Führung, ehe ihm Viktor Sanejew im letzten Versuch mit dem neuen Weltrekord von 17,39 m die Goldmedaille doch noch entriss. Vier Weltrekordverbesserungen von drei Athleten in einem Wettbewerb sind ein einzigartiges Ereignis.

Bei den Europameisterschaften 1969 in Athen verfehlte Viktor Sanejew seinen Weltrekord um fünf Zentimeter, gewann aber den Titel mit einem halben Meter Vorsprung vor dem Ungarn Zoltan Cziffra. Zwei Jahre später bei den Europameisterschaften in Helsinki reichte ihm auch ein von zu starkem Rückenwind getragener Sprung von 17,10 m nicht zum Sieg. Er musste sich dem mit 17,16 m siegreichen DDR-Springer Jörg Drehmel geschlagen geben.

Bei den Olympischen Spielen 1972 in München gelang es Viktor Sanejew, den „Spieß umzudrehen". Bereits im ersten Versuch gelang ihm ein Sprung auf 17,35 m. Trotz eines neuen deutschen Rekordes von 17,31 m gelang es Jörg Drehmel nicht, an diese Leistung heranzukommen. Sanejew gewann seine zweite Goldmedaille. Bronze ging an den Brasilianer Nelson Prudencio. Sechs Wochen später verbesserte Viktor Sanejew in seiner Heimatstadt Suchumi bei dem nach ihm benannten Sanejew-Cup den Weltrekord auf 17,44 m.

Entgegen den Erwartungen kam es bei den Europameisterschaften 1974 in Rom nicht zu einem erneuten Showdown zwischen Sanejew und Drehmel. Viktor Sanejew beherrschte die Konkurrenz nach Belieben und wurde mit 55 cm Vorsprung Europameister. Jörg Drehmel musste als Vierter die weiteren Medaillen dem Rumänen Carol Corbu und dem Polen Andrzej Sonntag überlassen.

Bei den Panamerikanischen Spielen 1975 in Mexiko City nutzte der Brasilianer Carlos de Oliveira die Höhenluft zu einem gewaltigen Satz auf 17,89 m. Er verbesserte Sanejews Weltrekord um 45 cm und reiste als hoher Favorit zu den Olympischen Spielen 1976 in Montreal. Er traf dort jedoch auf einen Viktor Sanejew, der in Topform und hochkonzentriert war. Sanejew gewann mit 17,29 m seine dritte Goldmedaille vor dem Amerikaner James Butts. Für Carlos de Oliveira reichte es mit 16,90 m nur zur Bronzemedaille.

Bei den Europameisterschaften 1978 in Prag gab es eine sehr spannende Dreisprung-Konkurrenz. Die vier Erstplatzierten waren nur 7 cm voneinander getrennt. Natürlich war auch Viktor Sanejew dabei. Er wurde jedoch nicht Europameister, sondern musste sich um einen Zentimeter dem kaum bekannten Jugoslawen Milos Srejovic geschlagen geben. Bis zu seinem letzten Versuch hatte Srejovic an fünfter Stelle gelegen, bevor er mit seinem letzten Sprung Sanejew doch noch den Sieg entriss.

Wegen einer Fußverletzung, die nicht richtig ausgeheilt war, wollte der inzwischen 35-jährige Sanejew bei den Olympischen Spielen 1980 in Moskau nicht an den Start gehen. Der Verband bestand jedoch auf seinen Start. Nur mit Mühe schaffte Viktor Sanejew die Qualifikation. Vor dem letzten Durchgang des Finales lag er noch außerhalb der Medaillenränge. Sanejew bündelte jedoch noch einmal alle Kräfte und gewann mit einem Sprung auf 17,24 m hinter dem Esten Jaak Uudmäe doch noch die Silbermedaille. Dem Weltrekordler Carlos de Oliveira blieb erneut nur die Bronzemedaille.

Neben den geschilderten Erfolgen wurde Viktor Sanejew sechsmal Hallen-Europameister. Nach seiner Karriere übertrug man Viktor Sanejew den Posten des Vizepräsidenten des Nationalen Olympischen Komitees Georgiens. Nach dem Zusammenbruch des Sowjetreichs wanderte Viktor Sanejew nach Australien aus. Er starb am 2. Januar 2022 in Sydney.

BOB SEAGREN

Robert „Bob" Lloyd Seagren wurde am 17. Oktober 1946 in Pomona, Kalifornien/USA geboren. Er war in den späten 60-iger und frühen 70-iger Jahren der weltbeste Stabhochspringer. In den Blickpunkt der Öffentlichkeit sprang er 1966, als er den Stabhochsprung-Weltrekord auf 5,32 m verbesserte. 1967 gelang ihm bei den Panamerikanischen Spielen im kanadischen Winnipeg der erste bedeutsame Sieg. 1967 steigerte er seinen Weltrekord auf 5,36 m, bevor er ihn bei den US-Trials 1968 in Echo Summit auf 5,41 m verbesserte.

Bei den Olympischen Spielen in Mexiko City übersprangen sechs Springer die Höhe von 5,30 m. Der Deutsche Claus Schiprowski, der bei einem Testwettkampf im Vorfeld der Spiele den deutschen Rekord auf 5,18 m verbessert hatte, überquerte ebenso die Höhe von 5,35 m wie der ostdeutsche Wolfgang Nordwig. Bob Seagren ließ diese Höhe aus. 5,40 m übersprangen alle drei noch im Wettbewerb befindlichen Springer, bevor sie alle an der neuen Weltrekordhöhe von 5,45 m scheiterten. Olympiasieger wurde Bob Seagren, weil er im gesamten Wettbewerb nur fünf Versuche benötigt hatte. Die Silbermedaille gewann Claus Schiprowski vor Wolfgang Nordwig. So sorgte Bob Seagren selbst für das beste Geburtstagsgeschenk zu seinem Geburtstag drei Tage später.

Am 2. Juli 1972 sprang Bob Seagren bei den US-Trials für die Olympischen Spiele in München mit 5,63 m einen neuen Weltrekord. Dabei benutzte er einen neuartigen Karbonstab, mit dem er in den letzten Monaten trainiert hatte. Mehrere Landesverbände wehrten sich gegen den Einsatz dieses Stabes bei den Spielen, weil sie zu wenig mit den neuen Stäben trainieren konnten. Der Welt-Leichtathletik-Verband IAAF ließ sich von diesen Argumenten überzeugen und erklärte die neuen Stäbe am 25. Juli für unzulässig. Zwar wurde dieser Beschluss am 30. August 1972 wieder aufgehoben, dennoch wurden die Karbonstäbe vor dem Wettbewerb eingezogen. Die Amerikaner waren gezwungen, ihre alten Stäbe zu benutzen, was vor allem Bob Seagren, der mit den neuen Stäben besonders gut zurechtkam, benachteiligte. Er sprach deshalb von irregulären Verhältnissen. Im Laufe des sechsstündigen Wettbewerbs überquerten sieben Springer, darunter Bob Seagren, die Höhe von 5,20 m. 5,30 m übersprangen Wolfang Nordwig und der Bundesdeutsche Reinhard Kuretzky. Bob Seagren und sein Landsmann Jan Johnson ließen diese Höhe aus. 5,40 m übersprang Wolfgang Nordwig im zweiten Versuch, Bob Seagren im dritten. Wolfgang Nordwig überquerte als Einziger noch 5,50 m und wurde damit der erste nichtamerikanische Olympiasieger im Stabhochsprung. Bob Seagren blieb nur die Silbermedaille.

Nach dem Wettkampf übergab er dem technischen Delegierten der IAAF Adriaan Paulen den benutzten Stab, um ihm zu verdeutlichen, dass er mit diesem Stab nicht mehr springen würde. 1975 beendete Bob Seagren seine Karriere und wurde Filmschauspieler und Showmaster im Fernsehen.

JURI SEDYCH

Juri Georgijewitsch Sedych wurde am 11. Juni 1955 in Nowotscherkassk/Sowjetunion geboren. Er wuchs in der Ukraine auf. Juri Sedych studierte am Institut für Körperkultur in Kiew und wurde dort von dem Hammerwurf-Olympiasieger Anatoli Bondartschuk trainiert. 1973 bei den U 20-Europameisterschaften in Duisburg machte Juri Sedych zum ersten Mal auf sich aufmerksam, als er den Titel im Hammerwurf gewann.

Bei den Olympischen Spielen 1976 in Montreal gehörten neben dem deutschen Weltrekordler Walter Schmidt und seinem Vorgänger Karl-Hans Riehm auch Juri Sedych und sein Entdecker Anatoli Bondartschuk zu den Favoriten. Im ersten Versuch warf der dritte Russe Alexej Spiridonow den Hammer auf 75,74 m und ging in Führung. Juri Sedych mit 75,64 m und Anatoli Bondartschuk mit 75,48 m lagen nur knapp dahinter. Im zweiten Versuch übernahm Juri Sedych mit dem olympischen Rekord von 77,52 m die Führung. Das war, wie sich zeigen sollte, bereits die Siegesweite. Alexej Spiridonow verbesserte sich im sechsten Versuch noch einmal auf 76,08 m. Karl-Hans Riehm verfehlte mit 75,46 m hinter Anatoli Bondartschuk die Medaillenränge um zwei Zentimeter.

Bei den Europameisterschaften 1978 in Prag gewann Juri Sedych den Titel vor vier Deutschen. Die DDR-Werfer Roland Steuk und Detlef Gerstenberg wurden Zweiter und Vierter, Karl-Hans Riehm Dritter, Manfred Hüning Fünfter. Den Ersten und Dritten trennten 26 Zentimeter. Bei den Olympischen Spielen 1980 in Moskau gab es in Abwesenheit von Karl-Hans Riehm den kompletten sowjetischen Erfolg. Der Wettbewerb begann mit einem Paukenschlag. Juri Sedych warf gleich im ersten Versuch den Hammer auf die neue Weltrekordweite von 81,80 m. Damit war der Wettbewerb bereits entschieden. Noch dreimal warf Juri Sedych den Hammer über 80 Meter. Jeder Versuch hätte für die Goldmedaille gereicht. So interessierte nur noch, wer die weiteren Medaillen bekam. Sergej Litwinow schleuderte ebenfalls im ersten Versuch den Hammer über 80 Meter auf 80,64 m. Das sicherte ihm die Silbermedaille. Seine fünf weiteren Versuche waren ungültig. Juri Tamms Hammer schlug im zweiten Versuch bei 78,96 m in den Rasen. Das bedeutete den Gewinn der Bronzemedaille.

Bei den Europameisterschaften 1982 in Athen gab es erneut einen vollständigen sowjetischen Triumph. Juri Sedych gewann mit 81,66 m vor Igor Nikulin und Sergej Litwinow. Ein Jahr später bei den Weltmeisterschaften in Helsinki wurde Sedychs Siegesserie unterbrochen. Dieses Mal gewann Sergej Litwinow vor Juri Sedych. An den Olympischen Spielen 1984 in Los Angeles nahmen die Sowjets wegen des Boykotts der Spiele durch ihr Land nicht teil. Um zu demonstrieren, dass der Olympiasieg nur über ihn gegangen wäre, stellte Juri Sedych am 3. Juli 1984 im irischen Cork mit 86,34 m einen neuen Weltrekord auf. Im Vorfeld der Europameisterschaften 1986 in Stuttgart verbesserte er diesen Weltrekord am 22. Juni in Tallinn auf 86,66 m.

Bei den Europameisterschaften zeigte Juri Sedych einen besonders spektakulären Wettkampf. Er verbesserte im vierten Versuch mit 86,74 m den Weltrekord und warf noch zweimal den Hammer über 86 Meter. Der Weltrekord hat auch heute noch Bestand. Sein Landsmann Sergej Litwinow warf den Hammer ebenfalls über 85 Meter und belegte mit 85,74 m den zweiten Platz.

An den Weltmeisterschaften 1987 in Rom nahm Juri Sedych nicht teil. So war der Weg frei für Sergej Litwinow. Bei den Olympischen Spielen 1988 in Seoul schleuderte Sergej Litwinow den Hammer im ersten Versuch auf die neue olympische Rekordweite von 84,76 m. Im zweiten Versuch kam Juri Sedych auf 83,62 m und belegte den zweiten Platz. In diesem Versuch warf Juri Tamm 81,16 m weit. Sergej Litwinow steigerte sich um vier Zentimeter. Auch Juri Sedych verbesserte sich noch einmal um 14 Zentimeter. Das reichte aber nicht mehr für den Gewinn der dritten Goldmedaille. Bei den Weltmeisterschaften 1991 in Tokio war Sergej Litwinow nicht am Start. So gewann Juri Sedych vor seinem Landsmann Igor Astapkowitsch und dem Deutschen Heinz Weis.

Juri Sedych war noch als Altersklassenwerfer aktiv. Er war in erster Ehe verheiratet mit der Sprintolympiasiegerin Ludmilla Kondratjewa und in zweiter Ehe mit der Weltrekordlerin im Kugelstoßen Natalia Lissowskaja. Gemeinsam mit seiner zweiten Frau wanderte Juri Sedych nach dem Zusammenbruch der Sowjetunion nach Frankreich aus. Seine Tochter aus zweiter Ehe startet für Frankreich im Hammerwurf. Juri Sedych erlag am 14. September 2021 einem Herzinfarkt.

MELVIN SHEPPARD

Melvin Winfield Sheppard wurde am 5. September 1883 in Almonesson Lake, New Jersey/USA geboren. Mel Sheppards Bewerbung beim New York Police Department wurde abgelehnt, da man der Auffassung war, dass er wegen eines zu schwachen Herzens für den Beruf nicht geeignet sei. Dennoch machte er als überragender Mittelstreckler Karriere. Zu den Olympischen Spielen 1908 in London reiste er als Favorit.

Im Rennen sorgte der Brite Ivo Fairbairn-Crawford für ein schnelles Tempo. Sheppard folgte ihm jedoch mühelos und führte das Feld in die zweite Runde. Der Deutsche Hanns Braun war zu diesem Zeitpunkt bereits abgeschlagen. Sheppard hielt das hohe Tempo bei und gewann mit neuem Weltrekord von 1:52,8 Min. die Goldmedaille vor dem Italiener Emilio

Lunghi. Die eigentliche Überraschung war Hanns Braun, der mit einem phantastischen Endspurt noch die Bronzemedaille gewann.

Über 1.500 m machte erneut Ivo Fairbairn-Crawford das Tempo. Mel Sheppard startete seinen Angriff erst auf der Zielgeraden und lief auch dem frischgebackenen Weltrekordler Harold Wilson davon. Mit der olympischen Staffel (200 m, 200 m, 400 m, 800 m) gewann Mel Sheppard seine dritte Goldmedaille.

Bei den Olympischen Spielen 1912 in Stockholm galt Mel Sheppard über 800 m als Favorit. Immerhin war er noch Inhaber des Weltrekordes. Sein junger Landsmann James Meredith überspurtete ihn jedoch und verwies Mel Sheppard in neuer Weltrekordzeit von 1:51,9 Min. auf den zweiten Platz. Obwohl er acht Zehntelsekunden unter seinem Weltrekord blieb, musste sich Mel Sheppard geschlagen geben. Mit der Weltrekord laufenden 4 x 400 m-Staffel der Amerikaner gewann Mel Sheppard seine insgesamt vierte Goldmedaille.

Nach dem 1. Weltkrieg, in dem er für die militärische Grundausbildung zuständig war, arbeitete Mel Sheppard als Trainer. Er erlag am 4. Januar 1942 einem plötzlichen Herzversagen. Ein Jahr später wäre er bei der New Yorker Polizei pensioniert worden.

ADHEMAR FERREIRA DA SILVA

Adhemar Ferreira da Silva wurde am 29. September 1927 in Sao Paulo geboren. Er war in den fünfziger Jahren des vorigen Jahrhunderts der beste Dreispringer der Welt. Am 3. Dezember 1950 stellte Adhemar da Silva in Sao Paulo mit 16,00 m den Weltrekord des japanischen Olympiasiegers von Berlin Naoto Tajima ein. Ein Dreivierteljahr später verbesserte er in Rio de Janeiro den Weltrekord auf 16,01 m. Außerdem gewann er bei den Panamerikanischen Spielen in Buenos Aires den Dreisprung-Wettbewerb. Mit diesem Sieg und dem Weltrekord fuhr er als Favorit zu den Olympischen Spielen 1952 in Helsinki.

In Helsinki gelang Adhemar da Silva im zweiten Versuch ein Sprung auf die neue Weltrekordweite von 16,12 m. Im vierten Versuch verbesserte der sowjetische Europameister Leonid Schtscherbakow den Europarekord auf 15,98 m und zeigte, dass er sich noch nicht geschlagen gab. Doch Adhemar da Silva steigerte sich im fünften Versuch noch einmal auf 16,22 m und zeigte, dass ihm an diesem Tag keiner „das Wasser reichen" konnte. 1953 verbesserte Schtscherbakow in Moskau den Weltrekord auf 16,23 m.

Bei den Panamerikanischen Spielen in Ciudad Mexico holte sich Adhemar da Silva am 16. März 1955 mit 16,56 m den Weltrekord zurück. Bei den Olympischen Spielen 1956 in Melbourne erwuchs dem Brasilianer in dem jungen Isländer Vilhjalmur Einarsson ein würdiger Gegner. Im zweiten Versuch steigerte sich der Isländer auf den neuen Europarekord von 16,25 m. Im vierten Versuch gelang Adhemar da Silva ein Satz auf 16,35 m, der zum Sieg reichte. Vilhjalmur Einarsson konnte nicht mehr kontern. 1959 wurde der Doppel-Olympiasieger in Chicago zum dritten Mal Gewinner des Dreisprung-Wettbewerbs bei den Panamerikanischen Spielen. 1960 beendete er seine Karriere.

Nach seiner Karriere arbeitete Adhemar da Silva vorübergehend beim Film. Er spielte in Marcel Camus´ Meisterwerk „Orfeu Negro" ebenso mit wie in dem Kriminalfilm „Der Herausforderer". Er war außerdem Reporter und Kolumnist für eine brasilianische Zeitung. Adhemar Ferreira da Silva, der sein Leben lang ein starker Raucher war, erlag am 12. Januar 2001 einem Herzstillstand.

TOMMIE SMITH

Tommie Smith bleibt im Gedächtnis der Menschen nicht haften durch seinen Olympiasieg oder seine Weltrekorde, sondern durch einen Protest bei der olympischen Siegerehrung 1968 in Mexiko City.

Tommie Smith wurde am 5. Juni 1944 in Clarksville, Tennessee/USA geboren. Er wurde, nachdem ihn seine Schwester einem Sportlehrer gezeigt und auf sein Talent hingewiesen hatte, Leichtathlet und spezialisierte

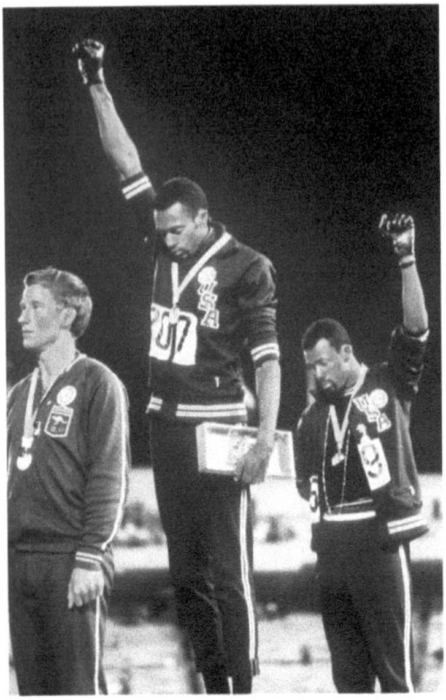

sich auf die langen Sprintstrecken. Am 13. März 1965 stellte er in San José mit 20,0 Sek. den Weltrekord seiner Landsleute Dave Sime und Francis Budd über 220 y ein. 14 Monate später verbesserte er auf einer geraden Bahn den Weltrekord über 220 y auf 19,5 Sek. Einen Monat später stellte er über 220 y auf einer Rundbahn mit 20,0 Sek. den Weltrekord ein. Bei der Universiade 1967 in Tokio gewann er mit fünf Zehntelsekunden Vorsprung den Titel über 200 m. Vier Monate vorher lief er in San José mit 44,8 Sek. einen neuen Weltrekord über 440 y. Zwischendurch wurde seine 400 m-Zeit mit 44,5 Sek. gestoppt, die ebenfalls Eingang in die Weltrekord-Liste fand.

Bei den US-Trials 1968 in Echo Summit wurde Tommie Smith von dem mit 19,7 Sek. Weltrekord laufenden John Carlos über 200 m geschlagen, qualifizierte sich jedoch für die Olympischen Spiele in Mexiko City. Der Weltrekord von John Carlos wurde nicht anerkannt, weil er mit einem unzulässigen Bürstenschuh gelaufen war. Seine Qualifikation für die Olympischen Spiele war dadurch aber nicht gefährdet.

Bei den Olympischen Spielen liefen sowohl Tommie Smith als auch John Carlos im Halbfinale mit 20,1 Sek. olympischen Rekord. Im Endlauf bog John Carlos als Erster auf die Zielgerade ein und wähnte sich bereits als Olympiasieger. Als Tommie Smith neben ihm auftauchte, schien Carlos zu verkrampfen. Tommie Smith aber hatte genügend Speed, um ungefährdet und mit neuem Weltrekord von 19,8 Sek. Olympiasieger zu werden. John Carlos wurde auf den letzten Metern noch von dem Australier Peter Norman vom zweiten Platz verdrängt und musste sich mit der Bronzemedaille begnügen.

Bei der Siegerehrung trugen Tommie Smith und John Carlos schwarze Handschuhe. Beim Abspielen der Nationalhymne für Tommie Smith reckten sie jeweils eine Faust nach oben. Damit demonstrierten sie gegen den Rassismus in den Vereinigten Staaten, der im April desselben Jahres zur Ermordung des Gründers der Bürgerrechtsbewegung Martin Luther King geführt hatte. Wegen dieser Demonstration wurden Tommie Smith und John Carlos aus der Olympiamannschaft ausgeschlossen und des olympischen Dorfes verwiesen. Ihre Medaillen wurden ihnen jedoch nicht aberkannt. Der zweitplatzierte Peter Norman erklärte sich mit Smith und Carlos solidarisch. Er blieb zeitlebens mit Tommie Smith und John Carlos befreundet. Bei seiner Beerdigung im Jahre 2006 gehörten die beiden Amerikaner zu den Sargträgern.

Tommie Smith beendete 1969 sein Soziologie-Studium und war drei Jahre als Footballprofi für die Cincinnati Bengals aktiv. Bis zu seiner Pensionierung lehrte Tommie Smith am Santa Monica College. 1999 erhielt Tommie Smith den Sportsman of the Millennium Award. Er wurde 2008 mit dem Arthur Ashe Courage Award und 2018 mit dem Dresden-Preis ausgezeichnet. Im Juni 2022 verlieh die Katholische Universität Leuven in Belgien Tommie Smith und John Carlos für ihren Kampf gegen Rassismus und Diskriminierung die Ehrendoktorwürde.

PETER SNELL

Peter George Snell wurde am 17. Dezember 1938 in Opunake/Neuseeland geboren. Nachdem er in der Jugend mehrere Sportarten betrieben hatte, wechselte er mit 19 Jahren zur Leichtathletik. Peter Snell trainierte bei Arthur Lydiard, der das Mittelstreckentraining revolutioniert hat. Da Peter Snell als trainingsfaul galt, war er nicht Lydiards Musterschüler.

1960 reiste Peter Snell als Außenseiter zu den Olympischen Spielen nach Rom. Zwar lief er im Vor- und Zwischenlauf persönliche Bestzeit, nichts deutete jedoch darauf hin, dass bei der Medaillenvergabe mit ihm zu rechnen sein würde. Im Halbfinale ließ er jedoch mit einem Sieg über den belgischen Weltrekordhalter Roger Moens und den Deutschen Paul Schmidt aufhorchen. Im Finale sorgte der Schweizer Christian Wägli bis zur 600 m-Marke für hohes Tempo. Eingangs der Zielgeraden übernahm Roger Moens die Spitze und sah bis zur Mitte der Zielgeraden wie der sichere Sieger aus. Snell beschleunigte jedoch noch einmal und als Roger Moens die Innenbahn freigab, schoss Peter Snell innen an ihm vorbei und wurde mit neuer olympischer Rekordzeit von 1:46,3 Min. zur Überraschung aller Olympiasieger. Der geschlagene Weltrekordmann Roger Moens war untröstlich. Er konnte nicht fassen, was ihm da widerfahren war.

Als man im Jahr 1961 nichts von Peter Snell hörte, glaubten alle Experten, dass Snells Olympiasieg eine Eintagsfliege war. Am 27. Januar 1962 ließ Peter Snell die Leichtathletik-Welt jedoch wieder aufhorchen. In Waganui verbesserte er den Weltrekord des Australiers Herb Elliott über eine Meile auf 3:54,4 Min. Sieben Tage später folgte der nächste Knaller. In Christchurch stieß er mit dem Weltrekord von 1:44,3 Min. über 800 m in neue Dimensionen vor. Gleichzeitig verbesserte er den Weltrekord über 880 y auf 1:45,1 Min. Bei den Commonwealth Games 1962 im australischen Perth gewann er die 880 y und die Meile.

In den folgenden zwei Jahren tauchte Peter Snell nur sporadisch in der Leichtathletik-Szene auf. In der US-Hallensaison 1964 spielte er mit den besten US-Mittelstrecklern. Dann tauchte er wieder ab. Bei den Olympischen Spielen 1964 in Tokio war Snell jedoch in Topform und wagte den Doppelstart über 800 m und 1.500 m.

Im Finale über 800 m sorgte der Kenianer Wilson Kiprugut für eine schnelle Fahrt. Snell passierte die 400 m-Marke vier Zehntelsekunden hinter dem Afrikaner. Auf der Gegengeraden zog Peter Snell das Tempo an und legte einen deutlichen Abstand zwischen sich und den Rest des Feldes. Der Kanadier William Crothers und der Jamaikaner George Kerr versuchten verzweifelt, Snell zu folgen, jedoch ohne Chance. Peter Snell gewann in neuer olympischer Rekordzeit von 1:45,1 Min. mit fünf Zehntelsekunden Vorsprung seine zweite Goldmedaille. William Crothers gewann die Silbermedaille. Wilson Kiprugut fing George Kerr noch ab und gewann Bronze. Dies war die erste Medaille für Kenia in der Leichtathletik. Wilson Kiprugut ist der Vater der heutigen kenianischen Läufergeneration.

Als der große französische Mittelstreckler Michel Jazy, Europameister 1962 und Silbermedaillengewinner über 1.500 m 1964 hörte, dass Peter Snell über 1.500 m an den Start gehen würde, verzichtete er seinerseits auf einen Start über diese Strecke und entschied sich für einen Start über 5.000 m. Peter Snell nutzte seine gute Form und präsentierte sich über 1.500 m noch stärker als über 800 m.

Im 1.500 m-Finale bummelte Peter Snell lange Zeit hinter dem Feld her, als interessiere ihn der Kampf um die Medaillen nicht. Bei 800 m lag Snell jedoch bereits an zweiter Stelle hinter seinem Landsmann John Davies, wurde dann aber von dem Briten Alan Simpson überholt. Ebenso wie über 800 m schoss Peter Snell plötzlich davon und setzte zu einem imponierenden 250 m-Spurt an. Für den Betrachter schienen seine Gegner stehen zu bleiben. Peter Snell gewann mit 1,5 Sekunden Vorsprung die Goldmedaille. Silber ging an den Tschechen Josef Odlozil, Bronze an Snells Landsmann Davies, ebenfalls ein Schützling von Arthur Lydiard. Der auf der Tribüne sitzende Roger Moens aber war mit seiner Vergangenheit im Reinen. Er erkannte jetzt, dass er in Rom einem ganz Großen der Leichtathletik unterlegen war. Michel Jazy hat sein Ausweichen auf die 5.000 m-Distanz nichts gebracht. Er wurde nur Vierter.

Drei Wochen nach den Olympischen Spielen verbesserte Peter Snell in Auckland den Weltrekord über 1.000 m auf 2:16,6 Min. Fünf Tage später lief er im selben Stadion mit 3:54,1 Min. Weltrekord über eine Meile. Als Peter Snell 1965 nicht mehr in Form kam, beendete er seine Karriere.

Nach seiner Karriere wurde Peter Snell Sportmediziner. Er wanderte 1971 in die Vereinigten Staaten aus und praktizierte in Dallas. 2009 erhob Königin Elizabeth II. Peter Snell in den Adelsstand. Er durfte sich fortan „Sir" nennen. Peter Snell starb am 12. Dezember 2019 in Dallas, Texas/USA.

BARBORA SPOTAKOVA

Barbora Spotakova wurde am 30. Juni 1981 in Jablonec nad Nisou/ CSSR geboren. Sie begann ihre Karriere als Mehrkämpferin und konzentrierte sich dann auf ihre stärkste Einzeldisziplin, das Speerwerfen. International in Erscheinung trat sie erstmals bei der Universiade 2005 in Izmir, wo sie den Titel gewann. Bei den Europameisterschaften 2006 in Göteborg gewann Barbora Spotakova 18 Zentimeter hinter der Deutschen Steffi Nerius die Silbermedaille. Ein Jahr später erreichte sie den Gipfel. Sie wurde in Osaka mit 67,07 m Weltmeisterin.

Bei den Olympischen Spielen 2008 in Peking eröffnete Barbora Spotakova den Wettbewerb mit einem Wurf auf 69,62 m. Die Russin Maria Abakumowa lag mit 69,22 m nur knapp dahinter. Im vierten Versuch warf Maria Abakumowa den Speer auf 70,78 m und schien den Wettbewerb für sich entscheiden zu können. Im letzten Versuch aber schleuderte Barbora Spotakova den Speer auf die neue Europarekordweite von 71,42 m und gewann die Goldmedaille, was ihre Konkurrentinnen angesichts der Unbeliebtheit von Maria Abakumowa zu freuen schien. Bei einer Nachuntersuchung der Urinprobe von Maria Abakumowa wurde festgestellt, dass die Russin gedopt war. Sie wurde nachträglich disqualifiziert und ihre Resultate annulliert. Am 13. September 2008 verbesserte Barbora Spotakova in Stuttgart den Weltrekord auf 72,28 m.

Bei den Weltmeisterschaften 2009 in Berlin musste sie sich erneut Steffi Nerius geschlagen geben und wurde Zweite. Ein Jahr später unterlag sie bei den Europameisterschaften in Barcelona den beiden Deutschen Linda Stahl und Christina Obergföll. Im Folgejahr kehrte sie im koreanischen Daegu auf den Gipfel zurück und gewann erneut den Weltmeister-Titel.

Bei den Olympischen Spielen 2012 in London warf Barbora Spotakova im ersten Versuch 66,90 m und setzte sich an die Spitze. Die Deutsche Christina Obergföll und die Südafrikanerin Sunette Viljoen folgten mit 65,16 m und 64,53 m. Nach weiteren Würfen über 66 Meter verbesserte sich Barbora Spotakova im vierten Versuch auf 69,55 m. Dann war die

Luft raus. Die letzten beiden Versuche waren ungültig. Auch die Deutsche Linda Stahl verbesserte sich im 4. Versuch. Ihre 64,91 m bedeuteten die Bronzemedaille. Insgesamt war es ein Wettbewerb ohne Pep. Barbora Spotakova war zu überlegen. Mit jedem ihre gültigen Würfe warf sie weiter als die zweitplatzierte Christina Obergföll.

Bei den Europameisterschaften 2014 in Zürich gewann Barbora Spotakova den Titel, obwohl sie mit 64,41 m deutlich unter ihren Möglichkeiten blieb. Zu den Olympischen Spielen 2016 reiste die inzwischen 35-jährige Spotakova als Favoritin an.

Im vierten Versuch des olympischen Wettbewerbs rieben sich die Zuschauer die Augen. Mit dem neuen kroatischen Rekord von 66,18 m eroberte Sara Kolak die Spitze. Im fünften Versuch schob sich Barbora Spotakova mit 64,80 m hinter die Südafrikanerin Sunette Viljoen auf den dritten Platz. Nur zwei Zentimeter hinter der Tschechin wurde die Polin Maria Andrejczyk Vierte.

Bei den Weltmeisterschaften 2017 in London distanzierte Barbora Spotakova die Chinesinnen Li Lingwei und Lü Huihui und gewann zum dritten Mal den Weltmeister-Titel. Nach der Geburt ihres zweiten Sohnes startete sie bei der Weltmeisterschaft in Doha 2019, belegte dort aber nur den neunten Platz. 2022 registrierten die Zuschauer mit Erstaunen, dass die inzwischen 41-jährige Barbora Spotakova bei den Europameisterschaften in München an den Start ging und zur Überraschung aller die Bronzemedaille gewann. Danach beendete sie ihre Karriere. Barbora Spotakova gewann fünfmal die Diamond League. Sie ist Ehrenbürgerin ihrer Geburtsstadt Jablonec nad Nisou.

DANIEL STAHL

Er ist bereits 31 Jahre alt. Dennoch werden wir noch über einen längeren Zeitraum von ihm hören. Der schwedische Diskuswerfer Daniel Stahl befindet sich auf dem Höhepunkt seiner Leistungsfähigkeit und auf diesem Level wird er noch einige Jahre tätig sein.

Daniel Stahl wurde am 27. August 1992 im schwedischen Solna geboren. Der 2,00 m große und fast drei Zentner schwere Riese begeisterte sich schon früh für den Diskuswurf. 2014 qualifizierte er sich für die Europameisterschaften in Zürich, schied dort jedoch bereits in der Qualifikation aus. Erfolgreicher war er bei den Weltmeisterschaften 2015 in Peking, wo er den fünften Platz belegte. Bei den Olympischen Spielen 2016 in Rio de Janeiro wiederholte sich das Debakel aus dem Jahr 2014. Auch in Rio de Janeiro scheiterte Daniel Stahl in der Qualifikation. 2017 gewann er bei den Weltmeisterschaften in London mit einem Wurf auf 69,19 m hinter dem Litauer Andrius Gudzius die Silbermedaille. In diesem Jahr verbesserte er mit 71,29 m erstmals den schwedischen Rekord seines Landsmanns Ricky Bruch um drei Zentimeter. Silber gewann er auch bei den Europameisterschaften 2018 in Berlin. Am 29. Juni 2019 verbesserte er mit 71,86 m erneut den schwedischen Rekord und deutete damit seine Topform an. Diese bestätigte er bei den Weltmeisterschaften 2019 in Doha, wo er den Titel gewann und damit endgültig auf den Diskusgipfel vorstieß.

Bei den Olympischen Spielen 2021 (coronabedingt fanden die für 2020 vorgesehenen Olympischen Spiele ein Jahr später statt) gelang Daniel Stahl im zweiten Versuch ein Wurf auf 68,90 m, den niemand mehr kontern konnte. Vor seinem Landsmann Simon Pettersson und dem Österreicher Lukas Weißhaidinger gewann er damit die Goldmedaille. Enttäuschend verlief für Daniel Stahl das Jahr 2022. Sowohl bei der Weltmeisterschaft in Eugene als auch bei der Europameisterschaft in München blieb er als Vierter und Fünfter ohne Medaille.

Bei den Weltmeisterschaften 2023 in Budapest kehrte Daniel Stahl auf den Gipfel zurück. Im 6. Versuch des Diskuswettbewerbs entriss er dem mit 70,02 m in Führung liegenden Slowenen Kristjan Ceh mit einem Wurf auf 71,46 m die sicher geglaubte Goldmedaille und gewann seinen zweiten Weltmeister-Titel. Mit dieser Leistung brachte sich Daniel Stahl in die Favoritenstellung für die Olympischen Spiele 2024 in Paris.

RENATE STECHER

Renate Stecher wurde am 12. Mai 1950 als Renate Meißner im zur Verwaltungsgemeinde Torgau gehörenden Süptitz in Nordsachsen geboren. Sie begann mit dem Sport bei Chemie Torgau und spezialisierte sich auf den Sprint. Später ging sie nach Jena und startete für den SC Motor Jena. Renate Stecher stellte während ihrer Karriere 17 Weltrekorde auf, die hier nicht im Einzelnen aufgeführt werden sollen.

1967 nahm sie erstmals an DDR-Meisterschaften teil und kam sowohl über 100 m als auch 200 m ins Finale. Die Olympischen Spiele 1968 kamen für sie noch zu früh. Bei den Europameisterschaften 1969 in Athen wurde Renate Meißner Zweite über 200 m und gewann mit der 4 x 100 m-Staffel der DDR den Europameister-Titel. Im Dezember 1970 heiratete sie den Sprinter Gerd Stecher. Ihr Stern ging bei den Europameisterschaften 1971 in Helsinki auf, wo sie beide Sprintstrecken gewann. Mit der 4 x 100 m-Staffel der DDR gewann sie hinter der Staffel der Bundesrepublik die Silbermedaille. Was sie da noch nicht ahnen konnte: Genau dies sollte sich ein Jahr später wiederholen.

Bei den Olympischen Spielen in München war Renate Stecher die überragende Sprinterin. Sie gewann den 100 m-Lauf in elektronischer Weltrekordzeit von 11,07 Sek. und wurde auch über 200 m Olympiasiegerin. Dabei stellte sie mit 22,40 Sek. den Weltrekord der Chinesin Chi Chen ein. Bei einer derartigen Überlegenheit zweifelte niemand daran, dass sie mit der favorisierten Staffel der DDR ihre dritte Goldmedaille gewinnen würde. Aber es kam anders. Die bundesdeutschen Sprinterinnen wuchsen über sich hinaus. Beim letzten Wechsel lag die bundesdeutsche Sprintstaffel einen Meter vor der DDR-Staffel. Das schien für Renate Stecher angesichts der bisher gezeigten Klasse eine machbare Aufgabe zu sein. Aber die bundesdeutsche Schlussläuferin Heide Rosendahl hielt energisch dagegen und konnte den Vorsprung bis ins Ziel verteidigen. Für die DDR-Staffel blieb wie in Helsinki nur die Silbermedaille.

Am 7. Juni 1973 lief Renate Stecher bei einem Sportfest im tschechischen Ostrava mit 10,9 Sek. als erste Frau der Welt handgestoppt 100 m unter 11 Sekunden. 1974 bei den Europameisterschaften in Rom musste sie sich über beide Sprintstrecken der überlegenen Polin Irena Szewinska geschlagen geben, gewann mit der 4 x 100 m-Staffel jedoch den Titel. Ein letzter großer Höhepunkt war für sie die Teilnahme an den Olympischen Spielen in Montreal. Renate Stecher nahm noch einmal drei Medaillen mit nach Hause. Über 100 m musste sie sich Annegret Richter beugen und gewann die Silbermedaille. Über 200 m standen drei deutsche Frauen auf dem Siegerpodest. Bärbel Wöckel (die damals noch Eckert hieß) gewann die Goldmedaille vor Annegret Richter und Renate Stecher. Den goldenen Abschluss ihrer Karriere gab es für Renate Stecher mit der 4 x 100 m-Staffel. In einem dramatischen Finale schlug die DDR-Staffel die bundesdeutsche Staffel um vier Hundertstelsekunden. Renate Stecher gewann hier ihre dritte olympische Goldmedaille, die ihr in München noch verwehrt geblieben war. Am Ende des Jahres beendete sie ihre Karriere und wurde Hochschullehrerin an der Friedrich-Schiller-Universität in Jena.

Renate Stecher wurde neunmal DDR-Meisterin, viermal Hallen-Europameisterin und fünfmal Europacup-Siegerin im Sprint. Sie war eine der herausragenden Athletinnen der deutschen Leichtathletik-Geschichte.

SHIRLEY STRICKLAND

Shirley Barbara Strickland wurde am 18. Juli 1925 in Northam/Australien geboren. 1948 qualifizierte sie sich im Sprint für die Olympischen Spiele in London. Über 100 m gewann sie hinter der überragenden Niederländerin Fanny Blankers-Koen und der Britin Dorothy Manley die Bronzemedaille. Auch über 80 m-Hürden führte für Shirley Strickland kein Weg an Fanny Blankers-Koen vorbei. Sie gewann wie über 100 m die Bronzemedaille. Über 4 x 100 m stand den Australierinnen die niederländische Staffel mit Fanny Blankers-Koen im Weg. Den Australierinnen blieb nur die Silbermedaille, für Shirley Strickland aber bereits die dritte

Medaille. Zwei Jahre später war sie mit drei Gold- und zwei Silbermedaillen die überragende Athletin der Commonwealth Games in Auckland. Shirley Strickland gewann die Goldmedaille über 80 m-Hürden und mit der australischen Staffel die 4 x 110 y und 4 x 220 y. Über 100 y und 220 y wurde sie Zweite. Nach diesen Spielen heiratete sie den Geologen Laurence de la Hunty.

Bei den Olympischen Spielen 1952 in Helsinki stellte sie bereits im Vorlauf mit 11,0 Sek. einen Weltrekord über 80 m Hürden auf. Im Finale, das sie vor der Russin Maria Golubnitschaja und der Deutschen Maria Sander gewann, steigerte sie den Weltrekord auf 10,9 Sek. Über 100 m musste Shirley Strickland die Überlegenheit ihrer Landsfrau Marjorie Jackson anerkennen. Auch die Südafrikanerin Daphne Hasenjäger lag noch vor ihr. Immerhin gewann Shirley Strickland noch die Bronzemedaille. Im Finale über 4 x 100 m verlor die favorisierte Staffel Australiens, die im Vorlauf Weltrekord gelaufen war, den Stab und fiel deshalb aus den Medaillenrängen.

Am 4. August 1955 verbesserte Shirley Strickland in Warschau den Weltrekord über 100 m auf 11,3 Sek. Bei den Olympischen Spielen 1956 schied Shirley Strickland zur Überraschung ihrer Landsleute über 100 m schon im Vorlauf aus. Die Australier konnten das verschmerzen, weil die 18-jährige Betty Cuthbert die Goldmedaille gewann. Über 80 m-Hürden war Shirley Strickland dann wieder die Alte. Sie gewann mit neuem olympischem Rekord von 10,7 Sek. vor der DDR-Läuferin Gisela Köhler und ihrer Landsfrau Norma Thrower. Über 4 x 100 m war Shirley Strickland die Startläuferin der in Weltrekordzeit siegreichen australischen Staffel.

Nach den Olympischen Spielen beendete Shirley Strickland ihre internationale Karriere und widmete sich ihrer Familie. Bei den Olympischen Spielen 2000 in Sydney war sie eine der Sportgrößen Australiens, die die olympische Fackel durchs Stadion trugen, bevor sie Cathy Freeman zur Entzündung übergeben wurde. Shirley Strickland de la Hunty starb am 11. Februar 2004 in Perth.

IRENA SZEWINSKA

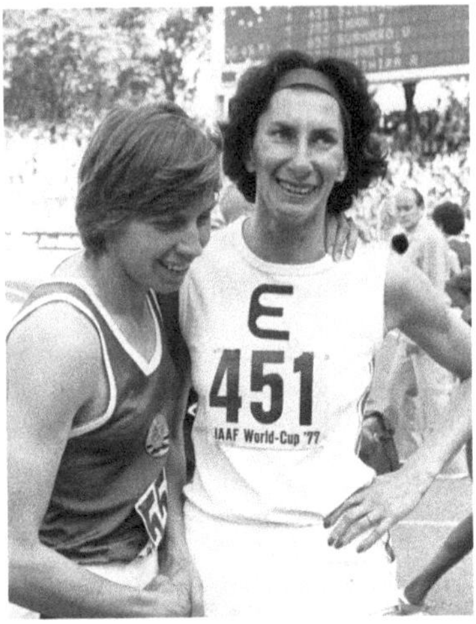

Irena Szewinska wurde als Irena Kirszenstein am 24. Mai 1946 als Kind jüdischer Eltern in einem Flüchtlingslager in Leningrad/Sowjetunion geboren. Mit 14 Jahren begann sie mit der Leichtathletik. Als 18-Jährige feierte sie bei den Olympischen Spielen in Tokio einen erfolgreichen Einstand. Bei diesen Spielen sorgten zwei polnische Sprinterinnen, Irena Kirszenstein und Ewa Klobukowska, für Furore. Während Ewa Klobukowska die Silbermedaille über 100 m gewann, belegte Irena Kirszenstein hinter der Amerikanerin Edith McGuire über 200 m den zweiten Platz. Eine weitere Silbermedaille gewann sie im Weitsprung. Die Britin Mary Rand musste mit 6,76 m Weltrekord springen, um die junge Polin besiegen zu können. Ihre Leistungen krönten Ewa Klobukowska und Irena Kirszenstein mit dem Gewinn der Goldmedaille über 4 x 100 m. Dabei verbesserte das polnische Quartett seinen eigenen Weltrekord mit 43,6 Sek. um sechs Zehntelsekunden.

Zehn Monate später, am 8. August 1965, verbesserte die jetzt 19-jährige Irena Kirszenstein in Warschau den Weltrekord über 200 m auf 22,7 Sek. Einen Monat vorher war sie in Prag mit 11,1 Sek. über 100 m einen neuen Weltrekord gelaufen. Bei den Europameisterschaften 1966 in Budapest gewann Irena Kirszenstein hinter Ewa Klobukowska über 100 m die Silbermedaille. Über 200 m drehte sie den Spieß um und verwies Ewa Klobukowska auf den zweiten Platz. Über 4 x 100 m standen dann wie in Tokio beide ganz oben auf dem Treppchen. Diesen Triumph krönte Irena Kirszenstein mit einer weiteren Goldmedaille im Weitsprung.

Am 1. Juli 1967 stellte sie in Chorzow den 200 m-Weltrekord ein. Im selben Jahr heiratete sie ihren Trainer Janusz Szewinski. Fortan nannte sie sich Irena Szewinska. Bei den Olympischen Spielen 1968 in Mexiko City gewann Irena Szewinska hinter der Weltrekord laufenden Amerikanerin Wyomia Tyus und deren Landsfrau Barbara Farrell die Bronzemedaille über 100 m. Ihre langjährige Begleiterin bei allen Großereignissen Ewa Klobukowska war nicht mehr am Start. Sie war bei den ab Mitte der 60iger Jahre stattfindenden Sex-Tests durchgefallen und wurde ab 1968 nicht mehr zu Frauen-Wettbewerben zugelassen. Über 200 m war Irena Szewinska nicht zu bezwingen und gewann mit dem neuen Weltrekord von 22,5 Sek. die Goldmedaille.

Nach den Olympischen Spielen unterbrach Irena Szewinska ihre Karriere, begann ein Studium und brachte einen Sohn zur Welt. Sie fehlte deshalb bei den Europameisterschaften 1969 in Athen. Auch zwei Jahre später bei den Europameisterschaften in Helsinki hatte sie ihre alte Leistungsstärke noch nicht wiedererlangt und war gegen die jetzt die Sprintstrecken dominierende DDR-Sprinterin Renate Stecher ebenso ohne Chance wie ein Jahr später bei den Olympischen Spielen in München. Irena Szewinska blieb jeweils nur die Bronzemedaille über 200 m.

Wie „Phoenix aus der Asche" erschien sie jedoch 1974 wieder auf der Leichtathletik-Bühne. Am 13. Juni 1974 entriss sie in Potsdam Renate Stecher mit 22,21 Sek. den 200 m-Weltrekord. Neun Tage später lief sie in Warschau mit 49,9 Sek. als erste Frau der Welt über 400 m unter 50 Sekunden. Völlig überraschend schlug die längst auf den langen Sprintstrecken heimisch gewordene langbeinige Polin bei den Europameisterschaften in Rom noch einmal über 100 m zu. In 11,13 Sek. verwies sie die verdutzte Renate Stecher auf den zweiten Platz. Über 200 m schien Renate Stecher ihr bereits enteilt zu sein. 40 m vor dem Ziel passierte Irena Szewinska jedoch die Favoritin mit ihrem unnachahmlichen langen Schritt und gewann den Titel. Diesen beiden Titeln fügte sie über 4 x 100 m noch eine Bronzemedaille hinzu.

Am 29. August 1975 verbesserte sie in London den Weltrekord über 440 y auf 51,3 Sek. und wenige Wochen vor den Olympischen Spielen 1976 in Montreal drückte sie in Bydgoszcz ihre 400 m-Bestmarke auf 49,75 Sek. Wer sollte Irena Szewinska über diese Strecke schlagen? Die Frage stellen, heißt sie beantworten. Niemand. Irena Szewinska bot im 400 m-Endlauf der Olympischen Spiele eine Laufdemonstration, wie man sie in dieser Eleganz vorher und nachher nur selten gesehen hat. Als sie mit dem Fabelweltrekord von 49,29 Sek. dem Feld weit enteilt die Ziellinie passierte, glaubten die dabei Gewesenen ein Wesen von einem anderen Stern gesehen zu haben. Irena Szewinska war in den Kreis der unsterblichen Leichtathleten getreten. Beim Leichtathletik-Weltcup 1977 in Düsseldorf konnte sie den neuen Star am Leichtathletik-Himmel Marita Koch noch einmal in die Schranken weisen und gewann den 400 m-Lauf.

Ein Jahr später, bei den Europameisterschaften in Prag, hatte sie ihren Leistungszenit bereits deutlich überschritten. Gegen den neuen 400 m-Star, die Rostockerin Marita Koch, hatte sie nicht mehr den Hauch einer Chance. Während Marita Koch mit neuem Weltrekord von 48,94 Sek. siegte, landete Irena Szewinska ebenso wie mit der polnischen 4 x 400 m -Staffel auf dem dritten Platz.

Bei den Olympischen Spielen 1980 in Moskau wollte es Irena Szewinska noch einmal wissen. Im Halbfinale des 400 m-Wettbewerbs zog sie sich jedoch eine Muskelverletzung zu und musste aufgeben. So blieb ihr erspart miterleben zu müssen, wie weit ihr Marita Koch leistungsmäßig bereits enteilt war. Danach beendete sie ihre Karriere.

Irena Szewinska leitete von 1997 bis 2009 den polnischen Leichtathletik-Verband. Seit 1998 war sie Mitglied des IOC und seit 2005 Mitglied des Councils der IAAF. Sie starb am 29. Juni 2018 in Warschau. An sie erinnert das jährlich in Bydgoscz stattfindende Irena Szewinska-Memorial.

JOZEF SZMIDT

Jozef Szmidt (deutsch: Josef Schmidt) war Anfang der 60iger Jahre des vorigen Jahrhunderts der weltbeste Dreispringer. Man nannte ihn „das schlesische Känguru".

Josef Schmidt wurde am 28. März 1935 im oberschlesischen Beuthen geboren. Nach dem Ende des 2. Weltkrieges blieb der Familie die Zwangsumsiedlung nach Deutschland erspart, weil Schmidts Vater als Fachkraft gebraucht wurde. Mit dem Dekret vom 10. November 1945 wurden die deutschen Namen polonisiert. Josef Schmidt hieß ab jetzt Jozef Szmidt. Durch seinen älteren Bruder Edward kam er zur Leichtathletik. 1958 übertraf er als erster polnischer Dreispringer die 16 m-Marke. Bei den Europameisterschaften 1958 gewann Jozef Szmidt den Titel vor dem sowjetischen Weltrekordler Oleg Rachowski und dem isländischen Olympiazweiten von 1956 Vilhjalmur Einarsson. Bei den polnischen Meisterschaften in Allenstein stellte Jozef Szmidt am 5. August 1960 mit 17,03 m einen neuen Weltrekord auf und übertraf damit als erster Mensch die 17 m-Marke. Selbstverständlich übernahm er mit dieser Leistung die Favoritenstellung für die Olympischen Spiele in Rom.

Bei den Olympischen Spielen sprang Jozef Szmidt in der Qualifikation mit 16,44 m einen neuen olympischen Rekord. Im Finale übertraf er diesen olympischen Rekord mit drei Sprüngen und gewann mit 16,81 m die Goldmedaille. Obwohl auch der Zweite, der Russe Wladimir Gorjajew, den olympischen Rekord aus der Qualifikation übertraf, wäre Jozef Szmidt auch mit seinem zweitbesten Sprung Olympiasieger geworden.

Zwei Jahre später bei den Europameisterschaften in Belgrad führte Wladimir Gorjajew bis zum letzten Versuch die Dreisprung-Konkurrenz an. Dennoch gelang ihm nicht die Revanche für die Niederlage in Rom, weil ihm Jozef Szmidt mit seinem letzten Versuch den sicher geglaubten Titel noch entriss. Obwohl Jozef Szmidt noch im August 1964 am Knie operiert worden war, war er auch bei den Olympischen Spielen in Tokio nicht zu schlagen. Er stellte mit 16,85 m einen neuen olympischen Rekord auf und gewann die Goldmedaille vor den beiden sowjetischen Dreispringern Oleg Fedossejew und Viktor Krawtschenko.

Bei den Europameisterschaften 1966 in Budapest belegte Jozef Szmidt mit 16,45 m nur den fünften Platz. Auch bei den Olympischen Spielen 1968 in Mexiko City trat Jozef Szmidt noch einmal an, seine 16,89 m reichten aber nur noch zum siebten Platz. In Budapest wäre er zwei Jahre zuvor mit dieser Leistung noch Europameister geworden. Nach seinem 11. Platz bei den Europameisterschaften 1971 in Helsinki beendete Jozef Szmidt seine Karriere. Von 1975 bis 1994 lebte er mit seiner Frau in der Bundesrepublik. 1994 kehrten sie nach Polen zurück und ließen sich in Westpommern nieder.

NAFISSATOU THIAM

Nafissatou „Nafi" Thiam wurde am 19. August 1994 in Brüssel geboren. Bei den Jugendweltmeisterschaften 2011 in Lille wurde sie Vierte im Siebenkampf. Bei den U 20-Europameisterschaften im italienischen Rieti gewann sie 2013 die Goldmedaille im Siebenkampf. Ein Jahr später belegte sie bei den Europameisterschaften in Zürich hinter der Französin Antoinette Nana Djimou Ida und der Niederländerin Nadine Broersen im Siebenkampf den dritten Platz. Dabei beeindruckte sie mit einer Hochsprungleistung von 1,97 m. In den beiden folgenden Jahren plätscherte ihre Karriere ein bisschen dahin. Der erste große Erfolg aber kam bei den Olympischen Spielen 2016 in Rio de Janeiro.

Noch besser als in Zürich sprang Nafissatou Thiam in Rio de Janeiro hoch. Mit 1,98 m war sie im Hochsprung die beste Siebenkämpferin. Auch 14,91 m im Kugelstoßen stellten einen Höchstwert dar. Nach dem ersten Tag lag sie auf dem zweiten Platz. Ein Weitsprung von 6,58 m und ein Speerwurf von 53,13 m verschafften ihr vor dem abschließenden 800 m-Lauf einen kapitalen Vorsprung, den die Britin Jessica Ennis-Hill und die Kanadierin Brianne Theisen-Eaton zwar verringern, aber nicht mehr ganz aufholen konnten. Nafissatou Thiam gewann mit dem neuen belgischen Rekord von 6.810 Punkten die Goldmedaille.

Diesen Triumph wiederholte sie bei den Weltmeisterschaften 2017 in London. Nafissatou Thiam gewann vor der Deutschen Carolin Schäfer und der Niederländerin Anouk Vetter. Wenige Monate vorher hatte sie in Götzis den belgischen Rekord auf 7.013 Punkte verbessert. Am Ende des Jahres wurde sie zur Welt-Leichtathletin des Jahres gewählt.

Auch bei den Europameisterschaften 2018 in Berlin war Nafissatou Thiam im Siebenkampf nicht zu schlagen. Bei den Weltmeisterschaften 2019 in Doha musste sich Nafissatou Thiam der mit neuem britischem Rekord von 6.981 Punkten siegreichen Katarina Johnson-Thompson geschlagen geben. Beim Siebenkampf-Meeting im französischen Talence stellte Nafissatou Thiam 2019 mit 2,02 m innerhalb eines Siebenkampfes eine neue Weltbestleistung auf.

Bei den Olympischen Spielen 2021 in Tokio kam es zu einem „Länderkampf Belgien/Niederlande". Zwei Belgierinnen und zwei Niederländerinnen kämpften um die Medaillen, wobei Nafissatou Thiam die Weichen auf Sieg wieder einmal beim Hochsprung stellte. Mit 1,92 m sprang sie sechs Zentimeter höher als die Weltmeisterin Johnson-Thompson. Den zweiten Tag begann Nafissatou Thiam mit einem Weitsprung von 6,60 m, dem sie einen Speerwurf auf 54,68 m folgen ließ. Mit diesen Leistungen war ihr die Goldmedaille im abschließenden 800 m-Lauf nicht mehr zu nehmen. Trotz eines beherzten 800 m-Rennens blieb der Belgierin Noor Vidts hinter ihrer Landsfrau und den Niederländerinnen Anouk Vetter und Emma Oosterwegel nur der vierte Platz.

Ebenso wie Jackie Joyner-Kersee gewann Nafissatou Thiam als zweite Mehrkämpferin die zweite Goldmedaille. Mit dem Hockeyspieler Felix Denayer durfte sie bei der Eröffnungsfeier die belgische Fahne tragen.

Bei den ein Jahr später stattfindenden Weltmeisterschaften in Eugene gewann sie mit 6.947 Punkten und einem Vorsprung von 80 Punkten vor der Niederländerin Anouk Vetter ihren zweiten Weltmeister-Titel. Dreieinhalb Wochen später verteidigte Nafissatou Thiam bei den Europameisterschaften in München ihren Titel aus dem Jahr 2018. Sie wurde bisher dreimal Hallen-Europameisterin im Fünfkampf. Nachdem sie sich in der Saison 2023 vor allem im Kugelstoßen verbessert hatte, galt sie als Favoritin auf den Siebenkampf-Titel bei der Weltmeisterschaft in Budapest. Wegen Achillessehnen-Beschwerden ging sie dort jedoch nicht an den Start.

DALEY THOMPSON

Daley Thompson wurde am 30. Juli 1958 im Londoner Stadtteil Notting Hill geboren. Er war der überragende Zehnkämpfer der 80iger Jahre des vorigen Jahrhunderts. Als 18-Jähriger ging Daley Thompson bei den Olympischen Spielen 1976 in Montreal an den Start und wurde Achtzehnter. 1978 wurde der jetzt 20-jährige Daley Thompson bei den Europameisterschaften in Prag hinter dem Russen Alexander Grebenjuk Zweiter. Im selben Jahr gewann er den Zehnkampf bei den Commonwealth Games in Edmonton.

Am 14./15. Mai 1980 verbesserte Daley Thompson den Zehnkampf-Weltrekord in Götzis auf 8.622 Punkte, wurde aber exakt einen Monat später in Bernhausen von dem Deutschen Guido Kratschmer mit 8.649 Punkten als Weltrekordler wieder abgelöst. Da Guido Kratschmer wegen des Boykotts der Olympischen Spiele durch die Bundesrepublik nicht in Moskau an den Start ging, rückte Daley Thompson in die Favoritenrolle.

Mit einer 100 m-Zeit von 10,62 Sek. und einem Weitsprung auf 8,00 m verschaffte sich Daley Thomson gleich einen komfortablen Vorsprung. Mit einer Kugelstoß-Leistung von 15,18 m und einem Hochsprung auf 2,08 m sowie der besten 400 m-Zeit baute Daley Thompson seinen Vorsprung aus. Am zweiten Tag genügte ihm ein solider Wettkampf, um mit sicherem Vorsprung vor den Russen Juri Kuzenko und Sergej Schelanow die Goldmedaille zu gewinnen. Von Guido Kratschmers Weltrekord war er mit 8.495 Punkten noch ein gutes Stück entfernt.

Bei den Europameisterschaften 1982 in Athen gewann Daley Thompson mit einem neuen Zehnkampf-Weltrekord von 8.744 Punkten vor dem Deutschen Jürgen Hingsen den Titel. Auch in diesem Jahr gewann er bei den Commonwealth Games in Brisbane den Zehnkampf. Am Ende des Jahres wurde er zum Weltsportler des Jahres gewählt. Bei den Weltmeisterschaften 1983 in Helsinki siegte Daley Thompson erneut vor Jürgen Hingsen und dem zweiten Deutschen Siegfried, genannt Siggi, Wentz. Bei den Olympischen Spielen 1984 in Los Angeles stand Daley Thompson den drei Deutschen Jürgen Hingsen, Siggi Wentz und Guido Kratschmer gegenüber.

Daley Thompson ließ einem 100 m-Sprint von 10,44 Sek. einen Weitsprung von 8,01 m folgen und legte gleich einen deutlichen Abstand zwischen sich und die drei Deutschen. Alle vier stießen die Kugel deutlich über 15 Meter. Im Hochsprung übersprang Jürgen Hingsen 2,12 m, Siggi Wentz 2,09 m. Daley Thompson überquerte 2,03 m. Im abschließenden 400 m-Lauf blieb der sprintstarke Daley Thompson als Einziger unter 47 Sekunden und ging mit einem beruhigenden Vorsprung in den zweiten Tag. Den bei großer Hitze stattfindenden zweiten Tag leitete Jürgen Hingsen mit der schnellsten Hürdenzeit ein. Nach einem Diskuswurf auf 50,82 m lag Jürgen Hingsen nun nur noch 33 Punkte hinter Daley Thompson. Beim Stabhochsprung erlitt der Fünfmeter-Springer Hingsen einen Schwächeanfall und kam nicht höher als 4,50 m. Daley Thompson übersprang dagegen 5,00 m und entschied den Zehnkampf für sich. Mit dem Weltrekord von 8.798 Punkten gewann er vor Jürgen Hingsen und Siggi Wentz die Goldmedaille. Guido Kratschmer hatte nicht mehr die Leistungsfähigkeit des Jahres 1980 und wurde Vierter.

Bei den Europameisterschaften 1986 in Stuttgart kam es erneut zu einem Aufeinandertreffen von Daley Thompson mit Jürgen Hingsen und Siggi Wentz. Erneut gelang es Hingsen und Wentz trotz eines sehr guten Zehnkampfes nicht, Daley Thompson zu schlagen, der damit den zweiten Europameister-Titel gewann. Als Sahnehäubchen gewann Daley Thompson mit der 4 x 100 m-Staffel der Briten die Bronzemedaille. Im selben Jahr gewann er bei den Commonwealth Games in Edinburgh zum dritten

Mal den Zehnkampf. Als Zubrot lief er in der britischen 4 x 100 m-Staffel auf den zweiten Platz. 1987 bei den Weltmeisterschaften in Rom nahm er ebenso am Zehnkampf teil wie bei den Olympischen Spielen 1988 in Seoul. In beiden Wettkämpfen konnte er aber nicht mehr in den Kampf um die Medaillen eingreifen. Nach den Olympischen Spielen absolvierte Daley Thompson noch sechs Zehnkämpfe und beendete 1992 seine Karriere.

ELAINE THOMPSON-HERAH

Elaine Thompson wurde am 28. Juni 1992 in Kingston/Jamaika geboren. Erste internationale Erfahrungen machte sie 2014 in der jamaikanischen 4 x 100 m-Staffel bei den Commonwealth Games in Glasgow, wo sie den Titel gewann. Bei den Weltmeisterschaften 2015 in Peking gewann sie den Titel mit der Sprintstaffel und wurde hinter der Europarekord laufenden Niederländerin Daphne Schippers in 21,66 Sek. Zweite über 200 m.

Ungewöhnlich erfolgreich verliefen für Elaine Thompson mit zwei Gold- und einer Silbermedaille die Olympischen Spiele 2016 in Rio de Janeiro. Über 100 m gewann sie vor der Amerikanerin Tori Bowie und ihrer Landsfrau Shelly-Ann Fraser-Pryce in 10,71 Sek. die Goldmedaille. Über 200 m revanchierte sie sich für die Niederlage in Peking gegen Daphne Schippers. Dieses Mal besiegte sie die Niederländerin mit einer Zehntelsekunde Vorsprung. Dritte wurde Tori Bowie. Über 4 x 100 m musste sich Jamaika den Amerikanerinnen geschlagen geben und gewann die Silbermedaille.

In den folgenden Jahren plagten Elaine Thompson immer wieder Achillessehnen-Probleme, die dazu führten, dass sie längere Verletzungspausen einlegen musste. Bei den Commonwealth Games 2018 in Gold Coast wurde Elaine Thompson Vierte über 200 m und gewann mit der Sprintstaffel Silber. Bei den Panamerikanischen Spielen in Lima gewann sie 2019 die 100 m. Ihre große Zeit kam dann ausgerechnet wieder im Olympiajahr 2021.

Im 100 m-Finale distanzierte die jetzt Elaine Thompson-Herah heißende Jamaikanerin ihre Landsfrauen Shelly-Ann Fraser-Pryce und Shericka Jackson mit dem neuen olympischen Rekord von 10,61 Sek. Vier Tage später gewann sie über 200 m in 21,53 Sek. ihre zweite Goldmedaille. Die Silbermedaille ging an Christina Mboma, die in 21,81 Sek. Afrikarekord lief. Bronze gewann die Amerikanerin Gabrielle Thomas vor Shelly-Ann Fraser-Pryce. Mit der 4 x 100 m-Staffel Jamaikas gewann Elaine Thompson-Herah ihre dritte Goldmedaille bei diesen Spielen und kann jetzt in einem Atemzug mit Fanny Blankers-Koen, Betty Cuthbert und Wilma Rudolph genannt werden.

Bei den Prefontaine Classics in Eugene/USA lief Elaine Thompson-Herah am 21. August 2021 die 100 m in 10,54 Sek. Das ist die zweitbeste jemals gelaufene Zeit und nur fünf Hundertstelsekunden langsamer als der Weltrekord von Florence Griffith-Joyner. Ein Jahr später bei den Weltmeisterschaften am selben Ort belegte sie hinter ihren Landsfrauen Shelly-Ann Fraser-Pryce und Shericka Jackson über 100 m den dritten Platz. Ihre Medaillensammlung erweiterte sie um eine Silbermedaille mit der jamaikanischen Sprintstaffel.

Bei den Commonwealth Games 2022 in Birmingham gewann sie mit 10,95 Sek. den Titel über 100 m und mit 22,02 Sek. den Titel über 200 m. Der totale Triumph blieb ihr versagt, weil die 4 x 100 m-Staffel Jamaikas nur den dritten Platz belegte. Bei den jamaikanischen Trials für die Weltmeisterschaften 2023 in Budapest konnte sich Elaine Thompson-Herah nicht für die Einzeldisziplinen qualifizieren, sondern nur für die Staffel. In Budapest wurde sie zur Überraschung aller Experten aber nur im Vorlauf eingesetzt. Im Finale lief die jamaikanische Staffel hinter den siegreichen Amerikanerinnen als Zweite ins Ziel. Möglicherweise hat die Verbannung von Elaine Thompson-Herah aus der Staffel die Jamaikanerinnen die Goldmedaille gekostet.

ANDREAS THORKILDSEN

Andreas Thorkildsen wurde am 1. April 1982 in Kristiansand/Norwegen geboren. Seit seinem 11. Lebensjahr betrieb Andreas Thorkildsen Speerwurf. Zum ersten Mal trat er in Erscheinung, als er bei den Juniorenweltmeisterschaften in Santiago de Chile im Jahr 2000 die Silbermedaille gewann. Ein Jahr später verbesserte er den Junioren-Weltrekord auf 83,87 m.

Bei den Olympischen Spielen 2004 in Athen lag Andreas Thorkildsen nach dem ersten Versuch auf dem dritten Platz. Im zweiten Versuch steigerte er sich auf 86,50 m und übernahm die Führung. Da sich in den folgenden Versuchen nur noch der Brite Steve Backley auf 84,13 m verbessern konnte, reichten Thorkildsens 86,50 m für den Gewinn der Goldmedaille vor dem Letten Vadims Vasilevskis und dem Russen Sergej Makarow.

Im folgenden Jahr belegte Andreas Thorkildsen bei den Weltmeisterschaften in Helsinki hinter dem Esten Andrus Värnik den zweiten Platz. Am 2. Juni 2006 verbesserte Andreas Thorkildsen den norwegischen Rekord auf 91,59 m. Zwei Monate später gewann er bei den Europameisterschaften in Göteborg mit 88,78 m den Titel vor seinem Dauerrivalen Tero Pitkämäki und Jan Zelezny. 2007 bei den Weltmeisterschaften in Osaka hatte Tero Pitkämäki die Nase vorn und verwies Andreas Thorkildsen auf den zweiten Platz.

Bei den Olympischen Spielen 2008 in Peking war Andreas Thorkildsen wieder am Zug. Nach einem Wurf auf 87,93 m übernahm er im dritten Versuch die Führung. Im fünften Versuch verbesserte er den olympischen Rekord von Jan Zelezny auf 90,57 m und gewann überlegen die Goldmedaille vor dem Letten Ainars Kovals und drei Finnen. Alle Werfer standen im Schatten der Ein-Mann-Show von Andreas Thorkildsen. In diesem Jahr kürten ihn die Sportjournalisten zu Europas Leichtathleten des Jahres.

Auch im folgenden Jahr war Andreas Thorkildsen bei der Weltmeisterschaft in Berlin nicht zu bezwingen. Mit einem Vorsprung von mehr als drei Metern vor dem Kubaner Guillermo Martinez gewann er den Titel.

Bei den Europameisterschaften 2010 in Barcelona setzte Andreas Thorkildsen seine Siegesserie fort. Mit einer Weite von 88,37 m gewann er vor dem Deutschen Matthias de Zordo und dem Finnen Tero Pitkämäki den Titel. Bei den Weltmeisterschaften 2011 im koreanischen Daegu musste Andreas Thorkildsen dagegen eine überraschende Niederlage gegen den jungen Deutschen Matthias de Zordo einstecken. Seine Weite von 84,78 m lag dabei deutlich unter seinen Möglichkeiten.

Bei den Olympischen Spielen 2012 in London schaffte es Andreas Thorkildsen nicht mehr in die Medaillenränge und wurde nur Fünfter. Noch einen Platz schlechter war er als Sechster bei den Weltmeisterschaften 2013 in Moskau. Bei den Europameisterschaften 2014 in Zürich trat er nicht mehr an und beendete 2016 wegen Hüftproblemen seine Karriere. Er ist in einem Atemzug mit Jan Zelezny und Janis Lusis zu nennen.

JIM THORPE

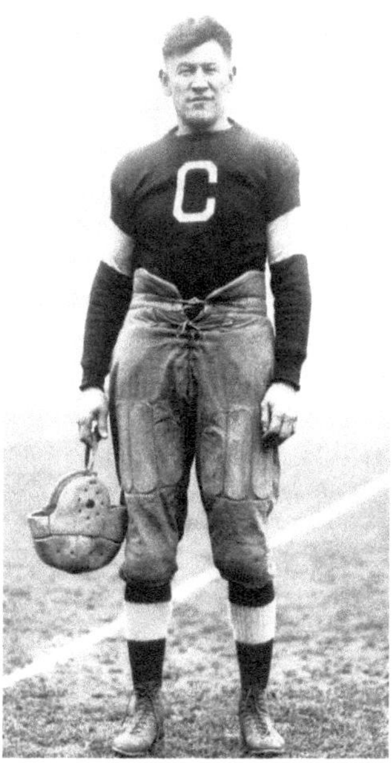

James Francis „Jim" Thorpe wurde am 22. Mai 1887 bei Prague im Indianer-Territorium (heute Oklahoma) als Wa-Tho-Huck („Leuchtender Pfad") geboren. Ob es wirklich das genaue Geburtsdatum ist, ließ sich nicht mit letzter Sicherheit aufklären, weil seine Geburtsurkunde unauffindbar ist. Jim Thorpe betrieb neben der Leichtathletik American Football, Baseball, Lacrosse und nahm an Tanzmeisterschaften teil. Bei einem Football-Spiel gegen das Team der United States Military Academy war sein Gegenspieler der spätere US-Präsident Dwight D. Eisenhower, der über ihn urteilte: „Hier und da gibt es einige Leute, die in höchstem Maße talentiert sind.

Meine Erinnerungen führen mich zu Jim Thorpe. Er trainierte nie in seinem Leben und konnte alles besser als irgendein anderer Footballspieler, den ich jemals gesehen habe."

Im Frühjahr 1912 begann Jim Thorpe, für die Olympischen Spiele in Stockholm zu trainieren. Er nahm während der Spiele am Fünf- und Zehnkampf teil und startete außerdem im Weitsprung und Hochsprung. Bei den US-Trials war Jim Thorpe 1,95 m hoch gesprungen. Diese Leistung war besser als der bestehende olympische Rekord.

In Stockholm begann Jim Thorpe den Fünfkampf mit einem Weitsprung von 7,08 m, den Speer warf er 46,71 m weit. Sein Diskus landete bei 35,57 m, die 200 m lief er in 22,9 Sek. und die 1.500 m in 4:44,8 Min. Damit gewann Jim Thorpe die Goldmedaille. Im Zehnkampf lief Jim Thorpe die 100 m in 11,2 Sek., sprang 6,79 m weit, 1,87 m hoch, stieß die Kugel 12,89 m weit und lief 400 m in 52,2 Sek. Den zweiten Tag begann er mit einem Diskuswurf auf 36,98 m, die 110 m Hürden lief er in 15,6 Sek. (die letztgenannten Übungen wurden früher in umgekehrter Reihenfolge durchgeführt), mit dem Stab sprang er 3,25 m hoch. Nach diesem Sprung hatte er keine Lust mehr, weil man nach seiner Auffassung die Anfangshöhe zu niedrig angesetzt hatte. Er warf den Speer 45,70 m weit und lief 1.500 m in 4:40,1 Min. Damit sammelte er 688 Punkte mehr als der Zweite, der Schwede Hugo Wieslander, und gewann seine zweite Goldmedaille. Bei der Siegerehrung, die der schwedische König Gustav vornahm, erklärte dieser: „Sir, Sie sind der König der Athleten." Thorpe soll darauf erklärt haben „Thanks, King." Im Weitsprung belegte Jim Thorpe mit 6,89 m den siebten Platz, im Hochsprung mit 1,87 m den vierten Platz. Auch der amerikanische Präsident William Howard Taft gratulierte ihm.

Als 1913 bekannt wurde, dass Jim Thorpe in den Jahren 1909 und 1910 für ein monatliches Honorar zwischen 60 und 100 Dollar in der Indianerschule des Reservats Carlisle Baseball gespielt hatte, wurde ihm sein Amateurstatus aberkannt und er wurde nachträglich in allen Wettbewerben, an denen er in Stockholm teilgenommen hatte, disqualifiziert. Seine beiden Goldmedaillen musste er ebenso zurückgeben wie einen von Zar Nikolaus II. gestifteten Ehrenpreis, ein von Peter Carl Fabergé geschaffenes Silberschiff mit behelmten Kriegern. In der Folgezeit spielte Jim Thorpe für die New York Giants und die Boston Braves profimäßig Baseball und nebenbei Football.

Nach dem Ende seiner Sportkarriere war er in Hollywood als Indianerhäuptling in Westernfilmen zu sehen. 1951 drehte der Regisseur Michael Curtiz mit Burt Lancaster in der Hauptrolle den Film „Jim Thorpe – All-American". Am Ende seines Lebens war Jim Thorpe verarmt, alkoholkrank und geistig umnachtet. Er erlag am 28. März 1953 einem Herzinfarkt.

Der Autor Robert Wheeler und seine Ehefrau Florence Ridlon wiesen in den 70-iger Jahren des vorigen Jahrhunderts nach, dass die Disqualifikation Jim Thorpes unrechtmäßig war, weil nach den damaligen Regeln eine Disqualifikation nach Ablauf einer 30-Tages-Frist nicht mehr möglich war. Jim Thorpe wurde 1982 rehabilitiert und zum Olympiasieger gemeinsam mit dem Norweger Ferdinand Bie im Fünfkampf und dem Schweden Hugo Wieslander im Zehnkampf erklärt. Zwei von Thorpes Kindern, Gail und William, erhielten am 18. Januar 1983 aus den Händen des IOC-Präsidenten Juan Antonio Samaranch Nachbildungen der Goldmedaillen von 1912 überreicht. Die Originale waren aus einem Museum gestohlen worden. Der Ehrenpreis von Zar Nikolaus II. wird in der IOC-Zentrale in Lausanne aufbewahrt. Am 15. Juli 2022 wurde Jim Thorpe zum alleinigen Olympiasieger erklärt.

EDDIE TOLAN

Thomas Edward „Eddie" Tolan wurde am 29. September 1908 in Denver, Colorado/USA geboren. In seiner Jugend war Eddie Tolan ein ausgezeichneter Footballspieler. Weil er mit 1,70 m für diese Sportart jedoch zu klein war, wechselte er zur Leichtathletik. Als Student der University of Michigan stellte er am 25. Mai 1929 in Evanston mit 9,5 Sek. einen Weltrekord über 100 y auf. 14 Tage später lief er in Chicago noch einmal

9,5 Sek. Im gleichen Jahr stellte er mehrfach den Weltrekord über 100 m in 10,4 Sek. ein. Am 22. August 1931 stellte Eddie Tolan in Vancouver mit 10,3 Sek. den inzwischen von dem Kanadier Percy Williams verbesserten Weltrekord ein.

Bei den US-Trials für die Olympischen Spiele 1932 in Los Angeles unterlag Eddie Tolan sowohl über 100 m als auch über 200 m seinem Landsmann Ralph Metcalfe. Im 100 m-Finale der Olympischen Spiele lag Eddie Tolan bei 80 m klar vorn. Dann aber kam Ralph Metcalfe immer näher und stürmte Seite an Seite mit Eddie Tolan über die Ziellinie. Für beide Sprinter wurde die Einstellung des Weltrekordes von 10,3 Sek. gemessen. Die Auswertung der Zielfotographie ergab jedoch den Sieg Eddie Tolans. Der Deutsche Arthur Jonath gewann die Bronzemedaille.

Im 200 m-Lauf unterlief den Kampfrichtern ein Fehler, indem sie Ralph Metcalfe von einer falschen Marke ablaufen ließen. Dadurch verlängerte sich für Ralph Metcalfe die Strecke um 1,5 Meter. Eddie Tolan nutzte diesen Vorteil und gewann auch den 200 m-Lauf in olympischer Rekordzeit von 21,2 Sek. Ralph Metcalfe, der wegen seiner Endgeschwindigkeit Favorit auf dieser Strecke war, wurde drei Zehntelsekunden hinter Eddie Tolan nur Dritter. Als man ihm den Fehler nach dem Rennen mitteilte und ihm ein Wiederholungsrennen anbot, verzichtete Ralph Metcalfe auf einen Protest mit den Worten: „Ich hätte ja besser aufpassen können." Dieses Mal blieb Arthur Jonath nur der undankbare vierte Platz. In der 4 x 100 m-Staffel leisteten sich die Amerikaner den Luxus, sowohl auf Eddie Tolan als auch auf Ralph Metcalfe zu verzichten. Dennoch gewannen sie in Weltrekordzeit die Goldmedaille.

Nach den Olympischen Spielen beendete Eddie Tolan seine Karriere. Er starb am 31. Januar 1967 an einem Herzinfarkt.

DERARTU TULU

Derartu Tulu wurde am 21. März 1972 in Bekoji/Äthiopien geboren. Es ist derselbe Ort, in dem auch Tirunesh Dibaba und Kenenisa Bekele das Licht der Welt erblickten. Aufnahme in die Notizbücher der Sportjournalisten fand Derartu Tulu erstmals, als sie sich mit 17 Jahren für das Team Äthiopiens bei der Crosslauf-Weltmeisterschaft im französischen Aix-les-Bains qualifizierte. Sie gewann mit dem Team die Silbermedaille. Im selben Jahr gewann sie bei den U 20-Weltmeisterschaften in Plowdiw den Titel im 10.000 m-Lauf. Im Jahr darauf langte es wiederum bei den Crosslauf-Weltmeisterschaften in Antwerpen zur Silbermedaille. Dieses Mal allerdings in Einzel und Mannschaft.

Bei den Olympischen Spielen 1992 in Barcelona gab es über 10.000 m keine eindeutige Favoritin. Die Europameisterin von 1990 Jelena Romanowa hatte sich für die 3.000 m entschieden. Die Olympiasiegerin von Seoul Olga Bondarenko war bereits im Vorlauf ausgeschieden. Bis zur Hälfte des Rennens führte die Britin Liz McColgan eine 11-köpfige Spitzengruppe an. Neun Runden vor Schluss ergriff die Südafrikanerin Elana Meyer die Initiative und verschärfte das Tempo. Nur Derartu Tulu vermochte ihr zu folgen. Zu Beginn der letzten Runde trat Derartu Tulu entschlossen an und verschärfte das Tempo. Nun konnte ihr auch Elana Meyer nicht mehr folgen und musste sie ziehen lassen. Mit fünf Sekunden Vorsprung überquerte Derartu Tulu die Ziellinie und gewann die Goldmedaille. Den olympischen Rekord verfehlte sie um acht Zehntelsekunden. 1994 wurde sie Siegerin beim Silvesterlauf in Sao Paulo.

1995 gewann Derartu Tulu bei den Crosslauf-Weltmeisterschaften im südafrikanischen Durham den Titel im Einzel und Silber mit der Mannschaft. Im selben Jahr gewann sie bei den Weltmeisterschaften in Göteborg über 10.000 m hinter der Portugiesin Fernanda Ribeiro die Silbermedaille. In den folgenden Jahren machte sie vor allem als Crossläuferin von sich reden. 1996 gewann sie Silber mit dem Team, 1997 die Titel im Einzel und mit der Mannschaft. Bei den Olympischen Spielen 1996 in

Atlanta wurde sie über 10.000 m nur Vierte. Im selben Jahr gewann sie jedoch den Great South Run, einen 10 Meilen-Lauf im englischen Southampton.

1998 gebar Derartu Tulu eine Tochter und machte deshalb eine Wettkampfpause. Sie ging im Olympiajahr 2000 wieder an den Start und testete ihre Form bei den Crosslauf-Weltmeisterschaften im portugiesischen Vilamoura. Sie gewann den Titel im Einzel und mit der Mannschaft. Damit gehörte sie zu den Favoritinnen für die 10.000 m bei den Olympischen Spielen in Sydney.

Im olympischen Rennen schlug die spurtschwache Paula Ratcliffe ein hartes Tempo an. Das Feld wurde früh gesprengt. Auf den letzten drei Runden kamen nur noch fünf Läuferinnen für die Medaillen in Betracht: Paula Ratcliffe, Fernanda Ribeiro, Tegla Loroupe, die Weltmeisterin Gete Wami und Derartu Tulu. In der vorletzten Runde fiel Tegla Loroupe zurück. Als es in die letzte Runde ging, griffen Gete Wami und Derartu Tulu an. Derartu Tulu zog einen langen Spurt an. Bereits Mitte der Gegengeraden war klar, dass ihr der Sieg nicht mehr zu nehmen war. Mit fast fünf Sekunden Vorsprung stürmte Derartu Tulu mit neuem olympischem Rekord ins Ziel. Gete Wami gewann Silber vor der Portugiesin Fernanda Ribeiro. Paula Ratcliffe blieb nur der undankbare vierte Platz.

Ein Jahr später lief Derartu Tulu bei den Weltmeisterschaften in Edmonton ebenfalls zur Goldmedaille über 10.000 m. Vorher hatte sie bereits den London-Marathon gewonnen. Bei den Weltmeisterschaften 2003 in Paris war sie nicht am Start, qualifizierte sich jedoch für die Olympischen Spiele 2004 in Athen. Vorher war sie mit dem Team wieder Crosslauf-Weltmeisterin geworden.

Bis zur 6.000 m-Marke wurde der olympische 10.000 m-Lauf in moderatem Tempo gelaufen. Dann wurde das Rennen schneller. Es bildete sich eine fünfköpfige Spitzengruppe mit drei Äthiopierinnen, der Niederländerin Lornah Kiplagat und der Chinesin Xing Huina. Für das Tempo dieser Gruppe sorgte die Äthiopierin Werknesh Kidane. Eingangs der Zielgeraden lag die Äthiopierin Ejegayehu Dibaba knapp vor der Chinesin und Derartu Tulu. Deren gefürchteter Spurt blieb in diesem Rennen aus. 70 m vor dem Ziel passierte Xing Huina die Äthiopierin und gewann die Goldmedaille. Derartu Tulu blieb die Bronzemedaille.

2005 gewann Derartu Tulu sowohl den Great South Run als auch den Great North Run, einen Halbmarathon im Norden Englands. Bei den Weltmeisterschaften in Helsinki wurde sie Vierte im Marathonlauf. 2009 gewann sie den New York City-Marathon. Derartu Tulu ist Athletenbotschafterin der Entwicklungshilfeorganisation Right to Play.

WYOMIA TYUS

Wyomia Tyus wurde am 29. August 1945 in Griffin, Georgia/USA geboren. Schon früh wurde ihr Sprint-Talent erkannt. Bereits mit 19 Jahren nahm sie an den Olympischen Spielen 1964 in Tokio teil. Im Vorlauf über 100 m ließ sie die Fachwelt aufhorchen, als sie mit 11,2 Sek. den Weltrekord ihrer legendären Landsfrau Wilma Rudolph egalisierte. Im Finale gewann sie trotz Gegenwinds von 1,25 m/s mit 11,4 Sek. und zwei Zehntelsekunden Vorsprung vor ihrer Landsfrau Edith McGuire die Goldmedaille. Mit der 4 x 100 m-Staffel der USA gewann Wyomia Tyus die Silbermedaille hinter den siegreichen Polinnen. Die Goldmedaille verspielten die Amerikanerinnen, weil sie den letzten Wechsel verpatzten und so den Polinnen die unerwartete Chance zum Sieg verschafften. Im folgenden Jahr stellte Wyomia Tyus in Kiew mit 11,1 Sek. den 100 m-Weltrekord der Polin Irena Kirszenstein (spätere Irena Szewinska) ein. 1967 gewann Wyomia Tyus bei den Panamerikanischen Spielen in Winnipeg die Goldmedaille über 200 m.

Nach ihrem Sieg bei den US-Trials im kalifornischen Echo Summit reiste Wyomia Tyus 1968 als Favoritin über 100 m zu den Olympischen Spielen nach Mexiko City. Bereits im Zwischenlauf stellte sie mit 11,0 Sek. einen neuen Weltrekord auf, der wegen unzulässigen Rückenwindes jedoch nicht anerkannt werden konnte. Diese Leistung wiederholte sie im Finale bei ihrem Sieg über ihre Landsfrau Barbara Ferrell. Dieses Mal war der

Rückenwind zulässig. Damit wiederholte Wyomia Tyus ihren Olympiasieg von Tokio. Über 200 m gingen ihr nach einer zwischenzeitlichen Führung auf der Zielgeraden die Kräfte aus und sie belegte nur den sechsten Platz. In der 4 x 100 m-Staffel war sie dann wieder erfolgreich. Mit Wyomia Tyus als Schlussläuferin gewann die US-Staffel in neuer Weltrekordzeit von 42,8 Sek. die Goldmedaille.

Nach den Olympischen Spielen beendete die erst 23-jährige Wyomia Tyus ihre erfolgreiche Karriere. Sie arbeitete fortan als Trainerin. 1999 tauchte ihr Name bei Sports Illustrated in der Liste der 100 bedeutendsten Sportlerinnen des Jahrhunderts auf.

LASSE VIREN

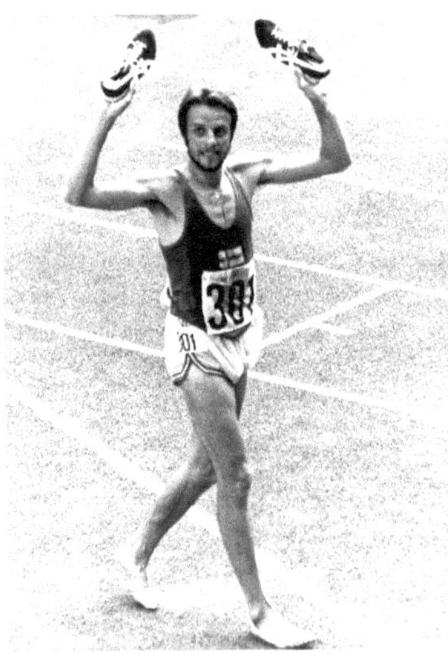

Lasse Artturi Viren wurde am 22. Juli 1949 in Myrskylä/Finnland geboren. Einer breiteren Öffentlichkeit wurde der finnische Polizist durch die Teilnahme an den Europameisterschaften 1971 in Helsinki bekannt, als er als Siebter über 5.000 m allerdings noch im Schatten seines Landsmanns Juha Väätäinen stand. Nach den Olympischen Spielen 1972 in München kannte jeder Lasse Viren, den Schützling von Arthur Lydiard.

Im 10.000 m-Lauf der Olympischen Spiele kollidierte Lasse Viren nach 5.600 m mit dem tunesischen Olympiasieger von 1968 Mohamed Gammoudi. Beide kamen zu Fall. Während Lasse Viren sich aufrappelte und den Anschluss an die Spitze wieder herstellte, gab Gammoudi das Rennen auf. Der Brite Dave Bedford versuchte immer wieder, mit Zwischenspurts das Feld zu zermürben. Schließlich musste er seinem eigenen Tempo Tribut zollen und fiel zurück. 150 m vor dem Ziel ging Lasse Viren resolut an die Spitze, setzte zum Schlussspurt an und gewann in neuer Weltrekordzeit von 27:38,4 Min. die Goldmedaille. Ein neuer Weltrekord trotz Sturz ließ die Leichtathletik-Welt staunen.

Sieben Tage später fand das 5.000 m-Finale mit einem halben Dutzend Favoriten statt. Acht Runden blieb das Feld geschlossen. Dann ergriff der Amerikaner Steve Prefontaine, ein Tempoläufer par excellence, aber ohne den erforderlichen Punch für den Schlussspurt, die Initiative und verschärfte das Tempo. Nur vier Läufer vermochten ihm noch zu folgen, Lasse Viren, Mohamed Gammoudi, Emil Puttemanns und der Brite Ian Stewart. Eine Runde vor Schluss setzte sich Lasse Viren an die Spitze und verschärfte erneut das Tempo. Nur Gammoudi und Prefontaine konnten ihm noch folgen. Beim Einbiegen in die Zielgerade setzte Lasse Viren zum Schlussspurt an, dem niemand mehr folgen konnte, und gewann die Goldmedaille. Mohamed Gammoudi gewann die Silbermedaille. Der Brite Ian Stewart fing den Amerikaner Steve Prefontaine kurz vor der Ziellinie noch ab und verwies ihn auf den vierten Platz. Am Ende des Jahres wurde Lasse Viren zu Europas Sportler des Jahres gewählt.

Bei den Europameisterschaften 1974 in Rom belegte Lasse Viren über 5.000 m hinter dem Briten Brendan Foster und dem DDR-Läufer Manfred Kuschmann den dritten Platz. Über 10.000 m wurde er sogar nur Siebter. Bei den Olympischen Spielen 1976 in Montreal aber präsentierte er sich wieder in absoluter Topform. Zu den Favoriten über 10.000 m gehörten die Briten Brendan Foster und Tony Simmons, Lasse Viren und der Portugiese Carlos Lopez.

Nach acht Runden verschärfte Carlos Lopez das Tempo so sehr, dass das Feld auseinanderfiel. Nach und nach schüttelte er alle Gegner ab, bis auf Lasse Viren, der ihm wie ein Schatten folgte. 450 m vor dem Ziel trat Lasse Viren energisch an, verschärfte noch einmal das Tempo, das dann auch für Carlos Lopez zu scharf war. Mit 35 m Vorsprung überquerte Lasse Viren die Ziellinie.

Der 5.000 m-Lauf begann flott, wurde aber dann deutlich langsamer. Dann ergriff der Deutsche Klaus-Peter Hildenbrand die Initiative und verschärfte das Tempo. Nach vier Kilometern steigerte Lasse Viren noch einmal das Tempo. 300 m vor dem Ziel zog Lasse Viren den Spurt an und verteidigte seine Führung bis ins Ziel. Damit gewann er wie in München zwei Goldmedaillen. Klaus-Peter Hildenbrand stürzte sich ins Ziel und rettete damit die Bronzemedaille.

Lasse Viren startete auch im Marathonlauf. Als die Spezialisten wie Frank Shorter, Waldemar Cierpinski und Karel Lismont auf dem zweiten Streckenabschnitt zum Angriff bliesen, musste Lasse Viren abreißen lassen. Er beendete das Rennen als Fünfter.

Bei den Olympischen Spielen 1980 war Lasse Viren noch einmal Fünfter über 10.000 m. Beim Marathonlauf gab er auf. Nach den Olympischen Spielen beendete er seine Karriere. Von 1999 - 2007 und von 2010 bis 2011 war er Parlamentsabgeordneter in Finnland.

GRETE WAITZ

Grete Andersen wurde am 1. Oktober 1953 in Oslo geboren. Sie kam mit 15 Jahren zum Mittelstreckenlauf. Als 17-Jährige stellte sie mit 4:17,0 Min. einen Junioren-Europarekord über 1.500 m auf. Die Europameisterschaften 1971 in Helsinki und die Olympischen Spiele 1972 in München kamen für sie noch zu früh. Bei beiden Veranstaltungen schied sie im Vorlauf aus. Bei den Europameisterschaften 1974 in Rom gewann sie hinter Gunhild Hoffmeister aus der DDR und der Bulgarin Liljana Tomowa die Bronzemedaille. 1975 heiratete sie Jack Waitz und stellte in Oslo am 24. Juni 1975 mit 8:46,6 Min. einen Weltrekord über 3.000 m auf. Ein Jahr später verbesserte sie wiederum in Oslo diesen Weltrekord auf 8:45,4 Min.

Bei den Olympischen Spielen 1976 schied Grete Waitz im Halbfinale über 1.500 m aus. 1978 wurde sie Weltmeisterin im Crosslauf. Im Sommer wurde sie wiederum Dritte bei den Europameisterschaften in Prag. Dieses Mal über 3.000 m. Im Herbst 1978 startete Grete Waitz erstmalig beim New York City-Marathon. Mit 2:32:30 Std. unterbot sie bei ihrem Sieg die Weltbestzeit der Deutschen Christa Vahlensiek um zwei Minuten. In den nächsten beiden Jahren gewann sie ebenfalls den New York City-Marathon. Bei den Crosslauf-Weltmeisterschaften wandelte sie wiederum weiter auf der Erfolgsspur. Sie wurde 1979 in Limerick, 1980 in Paris und 1981 in Madrid Weltmeisterin. An den Olympischen Spielen 1980 nahm sie wegen des Boykotts der Norweger nicht teil.

1982 folgte ein weiterer Sieg beim New York City-Marathon. 1983 siegte sie bei den Crosslauf-Weltmeisterschaften in Gateshead und gewann den London-Marathon in der Weltrekordzeit von 2:25:29 Std. Auch den Marathonlauf bei den Weltmeisterschaften 1983 in Helsinki gewann Grete Waitz. Im Herbst siegte sie zum fünften Mal beim New York City-Marathon.

Bei den Olympischen Spielen 1984 in Los Angeles wurde Grete Waitz im Marathonlauf Zweite hinter der Amerikanerin Joan Benoit. Sie siegte noch dreimal beim New York City-Marathon. Auch den London-Marathon gewann sie noch einmal. Beim Stockholm-Marathon war sie ebenfalls erfolgreich. Bei den Olympischen Spielen 1988 musste sie wegen einer Verletzung aufgeben.

1990 beendete sie ihre Karriere. Zu Ehren des legendären Renndirektors des New York City-Marathons Fred Lebow begleitete sie 1992 den krebskranken Lebow bei seiner einzigen Teilnahme an „seinem" Lauf. 2005 gab sie bekannt, dass auch sie an Krebs erkrankt sei. Am 19. April 2011 erlag sie ihrem Krebsleiden.

KARSTEN WARHOLM

Karsten Warholm wurde am 28. Februar 1996 in Ulsteinvik/Norwegen geboren. Er konzentrierte sich zunächst auf den Mehrkampf, bevor er sich ab 2015 den 400 m und 400 m Hürden zuwandte.

2013 gewann Karsten Warholm bei den U 18-Weltmeisterschaften in Donezk die Goldmedaille im Achtkampf. 2015 ließ er bei den U 20-Europameisterschaften in Eskilstuna die Silbermedaille im Zehnkampf folgen. Er startete auch über 400 m und gewann dort ebenfalls die Silbermedaille. 2016 qualifizierte er sich für die Olympischen Spiele in Rio de Janeiro, schied dort jedoch im Halbfinale aus. 2017 gewann Karsten Warholm bei den U 23-Europameisterschaften in Bydgoszcz den Titel über 400 m Hürden und die Silbermedaille über 400 m. Überraschend triumphierte er im selben Jahr bei den Weltmeisterschaften in London, wo er mit 48,35 Sek. über 400 m Hürden die Goldmedaille gewann. Beim Diamond-League-Finale in Zürich verbesserte er mit 48,22 Sek. den norwegischen Rekord. 2018 gewann er bei den Europameisterschaften in Berlin den Titel über seine Paradestrecke.

Bei den Hallen-Europameisterschaften 2019 in Glasgow stellte er bei seinem Sieg über 400 m den Europarekord des Deutschen Thomas Schönlebe mit 45,05 Sek. ein. Am 13. Juni 2019 verbesserte er bei den Bislett Games in Oslo den Europarekord über 400 m Hürden des Franzosen Stephane Diagana auf 47,33 Sek. Am 29. August steigerte Karsten Warholm beim Diamond-League-Meeting in Zürich seinen Europarekord auf 46,92 Sek. und lief damit die zweitschnellste jemals gelaufene Zeit. Nur der Weltrekordler Kevin Young war schneller. Fünf Wochen später wurde er in Doha erneut Weltmeister über die 400 m Hürden-Strecke.

Im Pandemie-Jahr 2020 fiel Karsten Warholm durch zwei Leistungen auf. Bei den Bislett Games in Oslo steigerte er am 11. Juni den Europarekord über 300 m Hürden auf 33,78 Sek. Zweieinhalb Monate später verbesserte er beim Diamond-League-Meeting in Stockholm seinen Europarekord über 400 m Hürden auf 46,87 Sek. Zum Weltrekord von Kevin Young fehlten ihm nur neun Hundertstelsekunden.

Am 1. Juli 2021 war der 29 Jahre alte Weltrekord von Kevin Young sturmreif geschossen. Karsten Warholm steigerte den 400 m Hürden-Weltrekord in Oslo auf 46,70 Sek. und fuhr als Favorit zu den Olympischen Spielen nach Tokio. Wie das 400 m-Hürden-Rennen der Frauen ging auch das Männer-Rennen in die Geschichte ein. Vom Start weg stürmte Karsten Warholm den anderen Läufern davon und bog als Erster auf die Zielgerade ein. Der Amerikaner Rai Benjamin kam ihm jedoch immer näher und lag an der zehnten Hürde mit Karsten Warholm gleichauf. Warholm konnte aber noch einmal beschleunigen und stürmte als Erster ins Ziel. Die Uhren blieben bei unfassbaren 45,94 Sek. stehen. Karsten Warholm hatte seinen eigenen Weltrekord um 76 Hundertstelsekunden verbessert. Rai Benjamin lief mit 46,17 Sek. nicht nur einen neuen Nordamerika-Rekord, sondern auch er blieb 53 Hundertstelsekunden unter dem alten Weltrekord. Der drittplazierte Brasilianer Alison dos Santos lief mit 46,72 Sek. ebenfalls unter 47 Sekunden und verbesserte den Südamerika-Rekord. In diesem schnellsten 400 m Hürden-Rennen aller Zeiten wurden noch drei nationale Rekorde verbessert. Von diesem Rennen wird die Fachwelt noch lange sprechen.

Im Sommer 2022 musste Karsten Warholm wegen einer Beinverletzung länger mit dem Training aussetzen und kam für die Weltmeisterschaften in Eugene nicht mehr rechtzeitig in Form. Zwar lag er bis zur 300 m-Marke aussichtsreich im Rennen. Auf der Zielgeraden verließen ihn jedoch die Kräfte und er wurde schließlich Siebter. Der neue Weltmeister Alison dos Santos stieß mit 46,29 Sek. in die Sphären von Karsten Warholm und Rai Benjamin vor und verbesserte den Südamerikarekord um 43 Hundertstelsekunden.

Vier Wochen später war Karsten Warholm wieder in Form und wurde in München mit 47,12 Sek. überlegen Europameister. Nach diesem Rennen sinnierte er darüber, ob er künftig auf einer anderen Strecke eine neue Herausforderung suchen sollte. Er überlegte es sich aber anders und startete 2023 wieder über 400 m Hürden. Bei den Weltmeisterschaften in Budapest gewann er erneut den Weltmeister-Titel.

CORNELIUS WARMERDAM

Cornelius Warmerdam gewann nie eine internationale Medaille, was er Zeit seines Lebens bedauert hat. In den Jahren des 2. Weltkrieges war er aber der beste Stabhochspringer der Welt und trieb den Weltrekord in Höhen, von denen man dachte, sie seien unerreichbar. Alle Experten sind sich einig, dass der Olympiasieger Cornelius Warmerdam geheißen hätte, hätte es 1940 und 1944 Olympische Spiele gegeben.

Cornelius Anthony „Dutch" Warmerdam wurde am 22. Juni 1915 als Sohn niederländischer Einwanderer in Long Beach, Kalifornien/USA geboren. Cornelius Warmerdam begann im Alter von 12 Jahren mit dem Stabhochsprung. Er wechselte zum Olympic Club in San Francisco, für den er neunmal die US-Meisterschaft gewann. Am 13. April 1940 stellte Cornelius Warmerdam im kalifornischen Berkeley mit 4,57 m einen neuen Weltrekord auf. Damit übersprang erstmalig ein Mensch 15 Fuß. Schon zwei Monate später verbesserte er in Fresno den Weltrekord auf 4,60 m. Diesen Weltrekord steigerte er über 4,64 m, 4,68 m und 4,72 m am 23. Mai 1942 in Modesto auf 4,77 m. Alle Weltrekorde sprang Cornelius Warmerdam mit einem Bambusstab.

Erst 15 Jahre später gelang es seinem Landsmann Bob Gutowski, mit einem Stahlstab diesen Weltrekord zu brechen. Zum Vergleich: Bei den Olympischen Spielen 1948 lag die Siegeshöhe bei 4,30 m und bei den Olympischen Spielen 1952 bei 4,55 m. Die Teilnahme an den Olympischen Spielen 1948 wurde Cornelius Warmerdam verwehrt, weil er nach dem Krieg als Trainer arbeitete und damit als Profi galt. Er hätte sich die Goldmedaille in London nur abholen müssen. Warmerdams Hallenbestleistung stand bei 4,79 m und hielt ein Jahr länger als der Freiluft-Weltrekord.

Cornelius Warmerdam starb am 13. November 2001 86-jährig an der Alzheimer-Krankheit.

MALVIN WHITFIELD

Malvin Greston „Mal" Whitfield wurde am 11. Oktober 1924 in Bay City, Texas/USA geboren. Mal Whitfield diente im 2. Weltkrieg bei der Air Force und blieb dort auch nach dem Krieg, schrieb sich aber als Studierender bei der Ohio State University ein.

Bei den US-Trials 1948 qualifizierte sich Mal Whitfield über 400 m und 800 m für die Olympischen Spiele in London. Im 800 m-Lauf führten der Franzose Robert Chef d´Hotel und der Jamaikaner Arthur Wint bei der 400 m-Marke das Feld an. Dann ging Mal Whitfield nach vorn und verschärfte das Tempo. Sofort riss das Feld auseinander. Arthur Wint fiel auf den fünften Platz zurück, bäumte sich aber noch einmal auf und lief an dem Franzosen Marcel Hansenne, dem Amerikaner Herbert Barten und dem Schweden Ingvar Bengtsson vorbei. Mal Whitfield konnte er aber nicht mehr erreichen, weil der im entscheidenden Augenblick noch einmal zulegte. Mit dem neuen olympischen Rekord von 1:49,2 Min. gewann Mal Whitfield die Goldmedaille.

Im 400 m-Lauf nahm Arthur Wint Revanche und gewann die Goldmedaille vor seinem Landsmann Herbert McKenley und Mal Whitfield. Mit der 4 x 400 m-Staffel der USA gewann Mal Whitfield seine zweite Goldmedaille. 1950 verbesserte Mal Whitfield zweimal den Weltrekord über 880 y. Im Anschluss daran nahm er am Korea-Krieg teil. Mal Whitfield gewann bei den Panamerikanischen Spielen 1951 in Buenos Aires den 800 m-Lauf.

Bei den US-Trials für die Olympischen Spiele 1952 qualifizierte sich Mal Whitfield erneut über 400 m und 800 m.

Im 400 m-Lauf belegte Mal Whitfield nur den fünften Platz. Der 800 m-Lauf fand bei starken Windverhältnissen statt. Mal Whitfield entschloss sich deshalb, sich zunächst im Feld zu verstecken. Das Tempo machte Arthur Wint. Auf den letzten 100 m stürmten Mal Whitfield und Arthur Wint an die Spitze. Auf dem dritten Platz lag der Deutsche Heinz Ulzheimer. Auf den letzten Metern gelang es Mal Whitfield erneut, Arthur Wint zu distanzieren und wie in London zu gewinnen. Heinz Ulzheimer gewann den Kampf um die Bronzemedaille knapp gegen den Dänen Gunnar Nielsen. Hinter den Weltrekord laufenden Jamaikanern gewann die amerikanische 4 x 400 m-Staffel mit Malvin Whitfield als Schlussläufer die Silbermedaille.

Ein Jahr später verbesserte Mal Whitfield seinen Weltrekord über 880 y in Turku noch einmal auf 1:48,6 Min. 1954 beendete er seine Karriere. Nach seiner Karriere arbeitete er für das Außenministerium der Vereinigten Staaten. Malvin Whitfield starb am 19. November 2015 in Washington D.C.

PERCY WILLIAMS

Percy Williams wurde am 19. Mai 1908 in Vancouver/Kanada geboren. Als 20-Jähriger qualifizierte er sich für die Olympischen Spiele 1928 in Amsterdam.

Nachdem Percy Williams im Vorfeld der Olympischen Spiele viel Start-Training absolviert hatte, kam ihm dies im olympischen Endlauf über 100 m zugute. Er hatte den besten Start und erlief sich einen kleinen Vorsprung. Diesen Vorsprung rettete er bis ins Ziel. Zur Überraschung aller gewann der Kanadier die Goldmedaille vor dem Briten Jack London und dem Deutschen Georg Lammers. Dies war eine schwere Niederlage für die Amerikaner, die im Kampf um die Medaillen leer ausgingen.

Als bester 200 m-Sprinter der damaligen Zeit galt der Deutsche Helmut Körnig. Im Zwischenlauf verbesserte Helmut Körnig den olympischen Rekord auf 21,6 Sek. Im Endlauf führte Helmut Körnig das Feld auf die Zielgerade, verkrampfte dann aber plötzlich und wurde sowohl von Percy Williams als auch dem Briten Walter Rangeley überholt. Percy Williams gewann mit einer Zehntelsekunde Vorsprung vor Walter Rangeley und Helmut Körnig. An den olympischen Rekord von Helmut Körnig kam die Siegerzeit nicht heran. In der 4 x 100 m-Staffel verloren die Kanadier mit Percy Williams als Schlussläufer den Stab und wurden disqualifiziert. Die vor dem letzten Wechsel in Führung liegenden Deutschen verloren die Goldmedaille, weil ihr Schlussläufer Helmut Körnig beim Wechsel patzte und den dadurch eingetretenen Rückstand auf die Amerikaner nicht mehr aufholen konnte.

Am 9. August 1930 lief Percy Williams bei den British Empire Games in Toronto 100 m in 10,3 Sek. Weltrekord und gewann die Goldmedaille. Dieser Weltrekord wurde erst 1936 von Jesse Owens verbessert. Um die Schmach von Amsterdam zu beseitigen und zu beweisen, dass sie die besten Sprinter hatten, organisierten die Amerikaner Hallenwettkämpfe. 19 der angesetzten 21 Rennen gewann Percy Williams.

Eine Muskelverletzung führte dazu, dass Percy Williams nie mehr zu seiner alten Stärke zurückfand. Als er bei den Olympischen Spielen 1932 bereits im Zwischenlauf ausschied, beendete er seine Karriere. Percy Williams lebte bis zu deren Tod im Jahr 1977 mit seiner Mutter zusammen. Danach vereinsamte er. Geplagt von ständigen Schmerzen, die seine Arthritis verursachte, nahm er sich am 29. November 1982 das Leben.

ARTHUR WINT

Arthur Stanley Wint wurde am 25. März 1920 in Plowden/Jamaika geboren. Er kam früh zur Leichtathletik und wurde 1937 in Jamaika zum Jugend-Athleten gewählt. 1938 gewann er den 800 m-Lauf bei den Central American Games in Panama. 1942 ging Arthur Wint zur kanadischen Royal Air Force und kämpfte im Zweiten Weltkrieg als Pilot. 1947 verließ er die Air Force und begann in London ein Medizinstudium. 1948 qualifizierte er sich für das jamaikanische Olympia-Team und ging bei den Olympischen Spielen über 400 m und 800 m an den Start.

Im Endlauf über 400 m ging Wints Landsmann Herb McKenley das Rennen in einem höllischen Tempo an und passierte die 200 m-Marke in 21,4 Sek. Auf der Zielgeraden verließen ihn jedoch die Kräfte und Arthur Wint gelang es, zu ihm aufzuschließen. 20 m Meter vor dem Ziel ging

Arthur Wint an Herb McKenley vorbei und gewann die Goldmedaille. Im 800 m-Lauf verschärfte der Amerikaner Malvin Whitfield in der zweiten Runde das Tempo so sehr, dass Arthur Wint auf den fünften Platz zurückfiel. Er gab jedoch nicht auf und kämpfte sich wieder nach vorn. Er ging an den vor ihm laufenden Franzosen Hansenne, dem Schweden Bengtsson und dem Amerikaner Barten vorbei und griff auf der Zielgeraden Malvin Whitfield an. Whitfield war jedoch in der Lage zu kontern und konnte seinen Vorsprung ins Ziel retten. Arthur Wint gewann die Silbermedaille. In der 4 x 400 m-Staffel erwarteten die Zuschauer ein spannendes Duell zwischen der amerikanischen Staffel und der jamaikanischen Staffel. Nach dem zweiten Wechsel führten die Amerikaner mit einem Vorsprung von zehn Metern. Arthur Wint startete als dritter Läufer eine Aufholjagd, zog sich jedoch eine Verletzung zu und musste das Rennen aufgeben. Dadurch verpassten die Jamaikaner die sicher geglaubte Medaille.

1952 qualifizierte sich Arthur Wint erneut über 400 m und 800 m für die Olympischen Spiele. Über 400 m belegte er den fünften Platz. Im 800 m-Lauf traf er auf seinen alten Rivalen Malvin Whitfield. Arthur Wint sorgte für das Tempo und führte das Feld nach flotten 400 m in die zweite Runde. Auf der Gegengeraden der Schlussrunde startete Mal Whitfield seinen Angriff und zog an Arthur Wint vorbei. Der gab sich jedoch nicht geschlagen und blieb Whitfield auf den Fersen. Wie in London gelang es Arthur Wint auch dieses Mal nicht, Malvin Whitfield zu passieren und er musste sich, knapp geschlagen, erneut mit dem zweiten Platz begnügen. In der 4 x 400 m-Staffel lieferten sich die Jamaikaner mit drei Läufern aus dem Einzel-Finale und die Amerikaner einen Kampf auf Biegen und Brechen. Arthur Wint lief am Start und übergab dem zweiten Läufer Leslie Laing den Stab in zweiter Position. Die Amerikaner liefen jetzt einen deutlichen Vorsprung heraus. Die beiden letzten Jamaikaner Herb McKenley und George Rhoden aber machten den Rückstand nicht nur wett, sondern die jamaikanische Staffel gewann mit neuem Weltrekord von 3:03,9 Min. sogar die Goldmedaille. Die Revanche für 1948 war gelungen.

1953 beendete Arthur Wint seine sportliche Karriere. Er lebte und studierte danach in London. 1954 ernannte ihn Königin Elizabeth II. zum Member of the Order of the British Empire. 1955 kehrte Arthur Wint nach abgeschlossener Ausbildung als Mediziner nach Jamaika zurück. Er arbeitete zunächst als Arzt in Hanover/Jamaika, von 1978 bis zu seinem Tod in Kingston. 1974 wurde Arthur Wint jamaikanischer Hochkommissar in Großbritannien, später Botschafter Jamaikas in Dänemark und Schweden. Er starb am 19. Oktober 1992 in Linstead/Jamaika.

ANITA WLODARCZYK

Anita Wlodarczyk wurde am 8. August 1985 in Rawicz/Polen geboren. Sie stieß 2008 im Hammerwurf in die Weltspitze vor, als sie bei den Olympischen Spielen in Peking den sechsten Platz belegte. Bereits ein Jahr später gewann Anita Wlodarczyk mit dem neuen Weltrekord von 77,96 m in Berlin den Weltmeister-Titel. Während des Jubels über diese Weite verletzte sie sich am Fuß und konnte nicht mehr weiter werfen. Am 6. Juni 2010 steigerte sie in Bydgoszcz ihren Weltrekord auf 78,30 m. Als Favoritin reiste sie zu den Europameisterschaften nach Barcelona, musste sich dort jedoch der Weltmeisterin von 2007 Betty Heidler und der Russin Tatjana Lyssenko geschlagen geben. Im Olympiajahr 2012 gewann Anita Wlodarczyk bei den Europameisterschaften in Helsinki den Titel.

Bei den Olympischen Spielen 2012 in London musste sich Anita Wlodarczyk der Russin Tatjana Lyssenko geschlagen geben. Bei einer Nachkontrolle der Dopingprobe stellte sich heraus, dass Tatjana Lyssenko gedopt war. Ihr wurde die Goldmedaille aberkannt und ihr Resultat annulliert. Anita Wlodarczyk wurde nachträglich zur Olympiasiegerin gekürt. Das Ganze wiederholte sich 2013 bei den Weltmeisterschaften in Moskau. Die ursprüngliche Siegerin Tatjana Lyssenko wurde wegen Dopings disqualifiziert und Anita Wlodarczyk zur Weltmeisterin erklärt. 2014 verteidigte sie ihren Titel bei den Europameisterschaften in Zürich. Am

31. August 2014 verbesserte sie beim ISTAF in Berlin den Weltrekord auf 79,58 m. Ein Jahr später steigerte sie im polnischen Cetniewo ihren Weltrekord auf 81,08 m und warf damit als erste Frau über 80 Meter. Wenige Wochen später gewann sie in Peking den Weltmeister-Titel.

2016 wurde Anita Wlodarczyk in Amsterdam erneut Europameisterin und reiste als haushohe Favoritin zu den Olympischen Spielen nach Rio de Janeiro. Im dritten Versuch des olympischen Wettkampfes schlug Anita Wlodarczyks Hammer erst bei der neuen Weltrekordweite von 82,29 m auf dem Rasen auf. Anita Wlodarczyk gewann ihre zweite Goldmedaille vor der Chinesin Zhang Wenxiu und der Britin Sophie Hitchon. Kurz nach den Spielen verbesserte Anita Wlodarczyk ihren Weltrekord in Warschau auf 82,98 m. 2017 wurde Anita Wlodarczyk erneut Weltmeisterin und bei den Europameisterschaften 2018 in Berlin zum vierten Mal in Folge Europameisterin. Danach legte sie eine längere Pause ein. Bei den Olympischen Spielen 2021 in Tokio kehrte sie auf die internationale Bühne zurück und wurde mit einem Wurf auf 78,48 m zum dritten Mal Olympiasiegerin. Damit ist sie die erste Leichtathletin, die dreimal hintereinander die Goldmedaille in einer Einzeldisziplin gewann.

Im Juni 2022 überraschte Anita Wlodarczyk einen Dieb, der ihr Auto knacken wollte. Sie verfolgte ihn, stellte ihn und nahm ihn fest. Bei dieser Aktion verletzte sie sich am Oberschenkel und musste wegen dieser Verletzung operiert werden. Im Anschluss an die Operation beendete sie die Saison, was einen Verzicht auf die Weltmeisterschaften und die Europameisterschaften bedeutete. Ihr Kommentar: „Der Dieb hat gelitten." Bei den Weltmeisterschaften 2023 in Budapest ging sie zwar an den Start. Es zeigte sich jedoch, dass sie nach der Verletzung ihr altes Niveau nicht mehr erreicht hatte. Sie schied mit einer für sie indiskutablen Weite von 71,17 m bereits in der Qualifikation aus.

BÄRBEL WÖCKEL

Bärbel Wöckel wurde am 21. März 1955 als Bärbel Eckert in Leipzig geboren. Sie startete zunächst für die TSG Schkeuditz, später für den SC DHfK Leipzig und Motor Jena, um bei dem Erfolgstrainer Horst Dieter Hille zu trainieren. 1973 und 1974 stellte sie Juniorenweltrekorde über 100 m und 100 m Hürden auf. Bei den Europameisterschaften 1974 in Rom gewann die 19-jährige Bärbel Eckert als Mitglied der 4 x 100 m-Staffel der DDR den Titel.

Bei den Olympischen Spielen 1976 in Montreal trat Bärbel Eckert durch spektakuläre Duelle mit bundesdeutschen Sprinterinnen in den Blickpunkt der Öffentlichkeit. Über 200 m gewann sie mit zwei Hundertstelsekunden Vorsprung vor Annegret Richter die Goldmedaille. Die 4 x 100 m-Staffel der DDR führte sie als Schlussläuferin durch einen großartigen Schlussspurt mit vier Hundertstelsekunden Vorsprung vor der bundesdeutschen Staffel zur Goldmedaille, obwohl die bundesdeutsche Schlussläuferin Annegret Kroniger schon uneinholbar enteilt schien. An den Europameisterschaften 1978 nahm sie nicht teil. 1979 heiratete sie Klaus Dieter Wöckel.

Bei den Olympischen Spielen 1980 in Moskau gewann Bärbel Wöckel vor der Russin Natalja Botschina und der Jamaikanerin Merlene Ottey erneut die Goldmedaille über 200 m. Zusammen mit Romy Müller, Ingrid Auerswald und Marlies Göhr lief sie in neuer Weltrekordzeit von 41,60 Sek. mit der 4 x 100 m-Staffel der DDR zur Goldmedaille. Bei dieser Leistungsstärke hätte sich die DDR-Staffel wohl auch nicht von den abwesenden Amerikanerinnen erschrecken lassen.

Bei den Europameisterschaften 1982 in Athen gewann Bärbel Wöckel hinter Marlies Göhr die Silbermedaille über 100 m. Über 200 m war sie ebenso wenig zu schlagen wie mit der 4 x 100 m-Staffel, die mit Gesine Walther, Sabine Rieger, Marlies Göhr und Bärbel Wöckel zum Titel lief.

1985 beendete Bärbel Wöckel ihre Karriere. Nach der Wende leitete sie bis zu ihrer Pensionierung das Jugendreferat im Deutschen Leichtathletik-Verband. Sie ist mit vier olympischen Goldmedaillen die erfolgreichste Olympionikin der deutschen Leichtathletik.

MIRUTS YIFTER

Bei Wikipedia ist angegeben, dass Miruts Yifter am 15. Mai 1944 geboren wurde. Ob diese Angabe richtig ist, ist zweifelhaft, da Miruts Yifter sein Leben lang ein Geheimnis um sein Geburtsdatum gemacht hat. Fest steht jedenfalls sein Geburtsort. Es ist die Stadt Adigrat in der Provinz Tigray in Äthiopien. Sein Talent als Langstreckenläufer wurde bei seiner Dienstzeit in der äthiopischen Luftwaffe entdeckt. 1972 gewann der damals noch unbekannte Miruts Yifter bei den Olympischen Spielen in München die Bronzemedaille über 10.000 m. Über 5.000 m erschien er zu spät zum Finale, weil ihm seine Trainer eine falsche Uhrzeit für das Erscheinen im Callroom genannt hatten. Deswegen wurde er von der Teilnahme am olympischen Finale ausgeschlossen. 1973 triumphierte er bei den Afrikaspielen in Lagos über 5.000 m und gewann die Silbermedaille über 10.000 m.

Der Boykott der Olympischen Spiele 1976 in Montreal durch die afrikanischen Staaten verhinderte einen Start Yifters bei diesen Spielen. Die afrikanischen Staaten verlangten einen Ausschluss Neuseelands von den Olympischen Spielen, weil eine neuseeländische Mannschaft ein Rugbyspiel gegen eine südafrikanische Mannschaft, die wegen des Apartheitsregimes geächtet war, durchgeführt hatte. Weil das Internationale Olympische Komitee diesem Verlangen nicht nachkam, boykottierten die afrikanischen Staaten die Spiele. Miruts Yifter wurde wie viele andere aussichtsreiche afrikanische Athleten um seine Olympia-Chance gebracht.

Bei den Afrikameisterschaften 1979 in Dakar gewann Miruts Yifter beide Langstrecken. Seine große Stunde kam bei den Olympischen Spielen 1980 in Moskau. Nachdem er im Rennen nicht ein einziges Mal geführt hatte, schoss er 300 m vor dem Ziel des 10.000 m-Laufs plötzlich nach vorn und zog einen Spurt an, dem keiner mehr folgen konnte. Mit deutlichem Vorsprung passierte er die Ziellinie. Der 5.000 m-Lauf fünf Tage später war eine Kopie des 10.000 m-Rennens. Bis in die Schlussrunde hinein, lag Miruts Yifter an vierter oder fünfter Stelle. Wie über 10.000 m schoss er 300 m vor dem Ziel plötzlich nach vorn, beschleunigte deutlich und war bis ins Ziel nicht mehr einzuholen. Bei diesen beiden Rennen offenbarte sich wie bei Mo Farah dreißig Jahre später, dass Miruts Yifter ein Defensivläufer war. Er machte nichts fürs Tempo, konnte aber jedes Tempo mitgehen und ließ seinen Gegnern im Spurt keine Chance. Ron Clarke wäre glücklich gewesen, wenn er solche Fähigkeiten gehabt hätte.

1981 gewann Miruts Yifter bei den Crosslauf-Weltmeisterschaften in Madrid mit der äthiopischen Mannschaft die Goldmedaille. Ein Jahr später wiederholte er diesen Erfolg in Rom. Danach beendete er seine Karriere. In den 90-iger Jahren des vorigen Jahrhunderts ging er als Trainer nach Kanada. Dort starb er am 23. Dezember 2016.

EMIL ZATOPEK

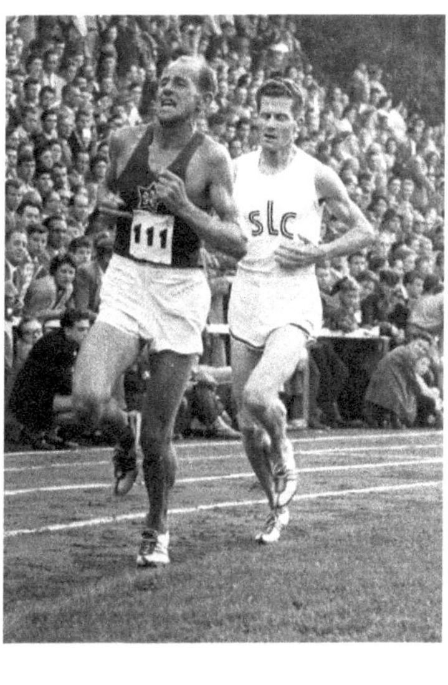

Emil Zatopek wurde am 19. September 1922 in Koprivnice/Tschechoslowakei geboren. International erstmalig in Erscheinung trat er bei den Europameisterschaften 1946 in Oslo, als er Fünfter im 5.000 m-Lauf wurde. Bereits zwei Jahre später bei den Olympischen Spielen in London setzte er das erste Glanzlicht seiner Karriere. Er wurde mit 48 Sekunden Vorsprung Olympiasieger über 10.000 m. Die Regenschlacht von London über 5.000 m wurde zu einem der dramatischsten

Ereignisse der Leichtathletik-Geschichte. In der neunten Runde startete der Belgier Gaston Reiff, der über eine höhere Grundschnelligkeit als Emil Zatopek verfügte, einen Zwischenspurt und ging mit zwanzig Metern Vorsprung vor dem Feld in die letzte Runde. Zatopek war nicht in der Lage, diesen Zwischenspurt mitzugehen. In der Schlussrunde hatte sich Zatopek erholt und kämpfte sich Meter um Meter an den Belgier heran. Als Gaston Reiff den heranstürmenden Zatopek sah, beschleunigte er noch einmal und rettete sich mit einem Vorsprung von zwei Zehntelsekunden ins Ziel. Dem düpierten Emil Zatopek blieb nur die Silbermedaille.

Am 11. Juni und 22. Oktober 1949 verbesserte Emil Zatopek zweimal den 10.000 m-Weltrekord. Bei den Europameisterschaften 1950 in Brüssel nahm Emil Zatopek für die im olympischen Finale erlittene Niederlage Revanche und schlug Gaston Reiff in dessen Heimat über 5.000 m. Auch über 10.000 m wurde Emil Zatopek Europameister. In diesem Jahr verbesserte er am 4. August in Turku erneut den Weltrekord über 10.000 m. 1951 verbesserte er zweimal die Weltrekorde sowohl über 20 km als auch über eine Stunde. Unsterblich wurde er jedoch durch seine Leistungen bei den Olympischen Spielen 1952 in Helsinki.

Mit großem Vorsprung wurde Emil Zatopek Olympiasieger über 10.000 m. Dann kam der denkwürdige 24. Juli 1952. Während die 5.000 m-Läufer ihre Runden drehten, fand im Innenraum das Speerwerfen der Frauen statt, an dem Dana Zatopkova, die Frau Emil Zatopeks, teilnahm. Emil und Dana wurden am selben Tag, dem 19. September 1922, geboren. Bereits 1948 nahmen sie als Ehepaar an den Olympischen Spielen teil. Eingangs der letzten Runde des 5.000 m-Laufs lag ein Quartett, der Deutsche Herbert Schade, der Franzose Alain Mimoun, der Brite Chris Chataway und Emil Zatopek deutlich in Führung. Auf der Gegengeraden versuchte Schade, den anderen zu enteilen, was jedoch nicht gelang. In der Zielkurve setzte für alle überraschend Chris Chataway zum Spurt an, trat jedoch auf die Bahnbegrenzung und stürzte. Nun trat Zatopek unwiderstehlich an und stürmte gefolgt von Alain Mimoun und Herbert Schade in neuer olympischer Rekordzeit von 14:06,6 Min. ins Ziel. Der unglückliche Chris Chataway wurde Fünfter. Dana Zatopkova kam aus dem Innenraum und gratulierte ihrem Ehemann. Nur wenige Minuten später gelang ihr der Siegeswurf im Speerwerfen. Innerhalb nur weniger Minuten gewann das Ehepaar Zatopek zwei Goldmedaillen.

Am Schlusstag der Spiele trat Emil Zatopek zum Marathonlauf an. Unvergessen sind seine Erzählungen über seine Eindrücke bei diesem Lauf. 25 Kilometer lang hing er wie eine Klette an dem favorisierten Briten Jim Peters. Dann trat Zatopek an und entfernte sich schnell vom übrigen Feld. Jim Peters musste seinen Versuch, Zatopek „abzuhängen", teuer bezahlen. Bei Kilometer 37 gab er erschöpft auf. Emil Zatopek aber gewann mit einem Vorsprung von 2:30 Min. seine dritte Goldmedaille und schaffte etwas, was außer ihm keiner geschafft hat. Er gewann bei einer Olympiade über 5.000 m, 10.000 m und im Marathonlauf.

1953 und 1954 steigerte Emil Zatopek weiter den 10.000 m-Weltrekord. Bei den Europameisterschaften 1954 in Bern wiederholte sich, was sich in Helsinki ereignet hatte. Das Ehepaar Zatopek gewann erneut innerhalb weniger Stunden. Während Emil mit großem Vorsprung den 10.000 m-Lauf gewann, dominierte Dana Zatopkova das Speerwerfen. Über 5.000 m musste Emil Zatopek jedoch die Überlegenheit des neuen sowjetischen Stars Wladimir Kuz anerkennen, der in neuer Weltrekordzeit siegte. Auch Chris Chataway gelang es dieses Mal, an Zatopek vorbeizuziehen. Emil Zatopek blieb nur der dritte Platz.

Bei den Olympischen Spielen 1956 in Melbourne neigte sich Emil Zatopeks Karriere dem Ende zu. Noch einmal nahm er am Marathonlauf teil, verlor jedoch bereits bei Kilometer 18 den Kontakt zur Spitze und wurde schließlich Sechster. Den Sieg errang sein Dauerrivale Alain Mimoun. Knapp zwei Monate später beendete Emil Zatopek, der sechs Jahre über 10.000 m ungeschlagen blieb, bei einem Crosslauf in San Sebastian seine Karriere.

Nach dem Karriereende machte Zatopek, der während seiner aktiven Zeit den Status eines Sportsoldaten hatte, in der Armee Karriere, wo er es bis zum Oberst brachte. Als er sich für die Ziele des „Prager Frühlings" engagierte, wurde er nach dem Einmarsch der Truppen des Warschauer Paktes aus der Armee ausgeschlossen und fand zeitweise lediglich eine Beschäftigung bei der Müllabfuhr. Dennoch erhielt er das Recht, seinen vielen Auslandseinladungen Folge zu leisten. 1972 wurde Emil Zatopek als Ehrengast zu den Olympischen Spielen in München eingeladen, wo er die Siegerehrung für den Marathon-Olympiasieger vornehmen durfte.

Emil Zatopek starb am 21. November 2000 in Prag. Seine Frau Dana Zatopkova überlebte ihren Mann fast um 20 Jahre. Sie starb am 13. März 2020 im Alter von 97 Jahren.

JAN ZELEZNY

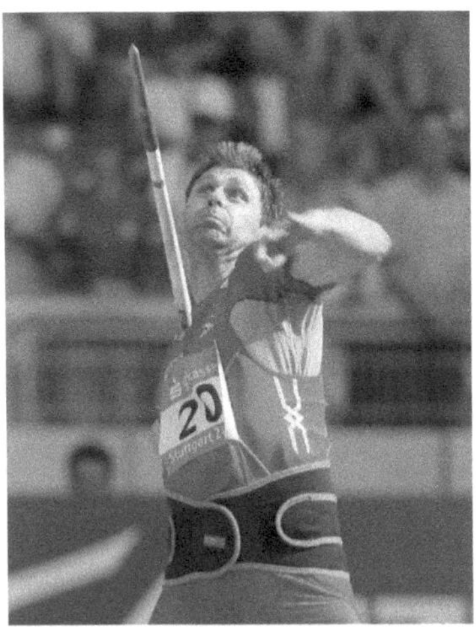

Jan Zelezny wurde am 16. Juni 1966 in Mlada Boleslav/Tschechoslowakei geboren. Jan Zelezny trat wie der Blitz in das Bewusstsein der Öffentlichkeit. Er verbesserte am 31. Mai 1987 im Alter von 20 Jahren den Speerwurf-Weltrekord auf 87,66 m. Wenige Wochen später errang er seine erste internationale Medaille. Bei den Weltmeisterschaften in Rom belegte er mit dem seit den Europameisterschaften 1986 neu eingeführten neuen Speer hinter dem Finnen Seppo Räty und dem Russen Wiktor Jewsjukow mit 82,20 m den dritten Platz. Bei den Olympischen Spielen 1988 in Seoul gewann Jan Zelezny mit 16 Zentimetern Rückstand zu dem Finnen Tapio Korjus die Silbermedaille. Am 14. Juli 1990 warf er mit 89,66 m in Oslo einen neuen Weltrekord. Dieser Weltrekord hielt nur sechs Tage, weil der Brite Steve Backley am 20. Juli in London den Speer auf 90,98 m warf.

Bei den Olympischen Spielen 1992 in Barcelona begann Jan Zeleznys Dominanz. Gleich im ersten Versuch schleuderte er den Speer auf die neue olympische Rekordweite von 89,66 m. Nur der Finne Seppo Räty konnte mit einer Weite von 86,60 m einigermaßen mithalten, Jan Zelezny aber nicht gefährden. Dieser gewann seine erste Goldmedaille. Ein Jahr später bei den Weltmeisterschaften in Stuttgart setzte er seine Siegesserie fort und siegte vor dem Finnen Kimmo Kinnunen. Zuvor hatte er den Weltrekord im südafrikanischen Pietersburg auf 95,54 m geschraubt. Auch bei den Weltmeisterschaften in Göteborg 1995 war Jan Zelezny nicht zu schlagen. Dagegen musste er sich 1994 bei den Europameisterschaften in Helsinki dem Briten Steve Backley und dem Finnen Seppo Räty geschlagen geben.

Zwei Monate vor den Olympischen Spielen 1996 in Atlanta warf der Deutsche Raymond Hecht beim olympischen Tag in Jena den Speer auf 90,06 m. Jan Zelezny aber übertraf diese hervorragende Weite an diesem Tag um mehr als acht Meter und verbesserte den Speerwurf-Weltrekord auf 98,48 m. Das ist der noch heute gültige Weltrekord. Unnötig zu erwähnen, dass Jan Zelezny mit dieser Leistung der große Favorit für die Olympischen Spiele war.

In Atlanta begann der Wettbewerb mit einem Wurf von Steve Backley auf 87,44 m. Jan Zelezny konterte im zweiten Versuch mit 88,16 m. Damit waren die Würfel bereits gefallen. Nur der Kampf um die Bronzemedaille war noch spannend. Diesen Kampf entschied Seppo Räty mit 10 Zentimetern Vorsprung vor dem Deutschen Raymond Hecht.

Bei den Weltmeisterschaften 1997 und den Europameisterschaften 1998 war Jan Zelezny wegen einer schweren Schulterverletzung, die er sich bei einem Trainingsunfall zugezogen hatte, nicht am Start. Als Folge dieser schweren Verletzung musste Jan Zelezny bei den Weltmeisterschaften 1999 eine deshalb nicht unerwartete Niederlage einstecken. Weltmeister wurde der Finne Aki Parviainen vor dem Griechen Konstantinos Gatsioudis und Jan Zelezny. Im Jahr 2000 war Jan Zelezny aber wieder im Vollbesitz seiner Leistungsfähigkeit.

Bei den Olympischen Spielen in Sydney warf Jan Zelezny gleich im ersten Versuch 89,41 m weit. Im 2. Versuch übertraf ihn der Brite Steve Backley mit dem neuen olympischen Rekord von 89,85 m. Im dritten Versuch setzte Jan Zelezny jedoch einen erfolgreichen Konter und verbesserte sich auf 90,17 m. Das bedeutete für ihn die dritte Goldmedaille im Speerwurf. Für Steve Backley blieb wieder einmal nur der zweite Platz und der unglückliche Raymond Hecht belegte wie in Atlanta den undankbaren vierten Platz.

Obwohl der Finne Aki Parviainen und der Grieche Konstantinos Gatsioudis bei den Weltmeisterschaften 2001 in Edmonton 91,31 m und 89,95 m weit warfen, reichte dies nicht, um Jan Zelezny zu besiegen. Der gewann mit 92,80 m seinen dritten Weltmeister-Titel. Bei den Weltmeisterschaften 2003 in Paris ging Jan Zelezny bei der Medaillenvergabe leer aus. Er belegte nur den vierten Rang. Bei den Olympischen Spielen 2004 in Athen verpasste Jan Zelezny als Neunter sogar den Endkampf.

Die letzte internationale Meisterschaft, an der Jan Zelezny teilnahm, waren die Europameisterschaften 2006 in Göteborg. Er gewann hinter dem Olympiasieger Andreas Thorkildsen und dem Finnen Tero Pitkämäki noch einmal eine Bronzemedaille und beendete dann seine Karriere. Er arbeitet heute erfolgreich als Trainer.

★★★

Anhang

LITERATURVERZEICHNIS

Amrhein, K. & Schäfer, A. (1998). *60 Jahre Leichtathletik-Europameisterschaften.* Klein-Zimmern.

Amrhein, K. (2005). *Biographisches Handbuch zur Geschichte der Leichtathletik.* Darmstadt.

Blecking, D. & Pfeiffer, L. (2012). *Sportler im Jahrhundert der Lager. Göttingen:* Die Werkstatt.

Bolt, U. (2013). *Wie der Blitz. Die Autobiographie. München:* C. Bertelsmann.

Brauckmann, M. & Schöllgen, G. (2022). *München 72.* München: Deutsche Verlagsanstalt.

Cavalier, H. (1939). *Sportler erzählen.* Berlin: Wilhelm Limpert-Verlag.

Deiss, J. & Simon, S. (1994). *Leichtathletik-EM´94,* München: Copress Verlag.

DLV (Hrsg.) (1986). *Leichtathletik-Europameisterschaften 86, Offizielle Bilddokumentation des Deutschen Leichtathletik-Verbandes.* München: Copress-Verlag.

DLV (Hrsg.) (1987). *Leichtathletik-WM 1987, Offizielle Bilddokumentation des Deutschen Leichtathletik-Verbandes.* München: Copress Verlag.

DLV (Hrsg.) (1990). *Leichtathletik-Europameisterschaften 90, Offizielle Dokumentation des Deutschen Leichtathletik-Verbandes.* München: Copress Verlag.

DLV (Hrsg.) (1995). *Leichtathletik-WM ´95, Offizielle Dokumentation des Deutschen Leichtathletik-Verbandes.* München: Copress Verlag.

Fassbender, H. (1992). *Olympia 92 live.* Niedernhausen: Falken Verlag.

Gerschler, W. (1939). *Harbigs Aufstieg zum Weltrekord.* Dresden: Verlagsbuchhandlung Hermann Püschel.

Gesellschaft zur Förderung des Olympischen Gedankens in der DDR (Hrsg.) (1980). *Spiele der XXII. Olympiade Moskau 1980,* Berlin: Sportverlag.

Harbig, G. (1955). *Unvergessener Rudolf Harbig.* Berlin: Verlag der Nation.

Keldungs, K.-H. (2022)., *Die deutsche Leichtathletik in 100 Porträts.* Hildesheim: Arete-Verlag.

Kluge, V. (1981). *Die Olympischen Spiele von 1896-1980.* Berlin: Sportverlag.

Knecht, W. Ph. (1996). *100 Jahre Olympische Spiele der Neuzeit.* München: ProSport Verlag für Sport und Kultur.

Kozik, F. (1954). *Zatopek in Fotografien. Prag:* Artia-Verlag.

Lerchenberg, H. (1957). *Die Olympischen Spiele 1956,* München: C. Bertelsmann GmbH.

Lerchenberg, H. (1960). *Die Olympischen Spiele 1960.* München: C. Bertelsmann GmbH.

(1949) *Les Jeux de la XIVe Olympiade, St. Moritz et Londres,* Zürich: Heinzelmann.

Maegerlein, H. (1964). *Olympia 1964.* Stuttgart: Deutscher Bücherbund.

Mallon, B. (1999). *The 1904 Olympic Games.* London: McFarland & Company.

McNeish, J. (1986). *Ahnungslos in Berlin.* Berlin: Literarisches Colloquium Berlin/ Berliner Künstlerprogramm des DAAD.

zur Megede, E. (1968). *Die Geschichte der olympischen Leichtathletik.* Berlin: Bartels & Wernitz KG.

zur Megede, E.(1966). ... *und dann trennten wir uns,* Berlin: Bartels & Wernitz KG.

Otto, K. & Oertel, H.-F. (2008). *Peking 2008.* Berlin: Das Neue Berlin Verlagsgesellschaft mbH.

Rambali, P.(2008). *Der Mann, der barfuß lief.* Hamburg: Carlsen-Verlag.

Riedel, L. (1998). *Meine Welt ist eine Scheibe.* München: F.A. Herbig Verlagsbuchhandlung GmbH.

Simon, S. (1996). *Olympische Spiele Atlanta 1996.* München: Copress Verlag GmbH.

Simon, S. (2004). *Olympische Spiele 2004.* München: Copress Verlag GmbH.

Simon, S. (2012). *Olympische Spiele London 2012.* München: Copress-Verlag GmbH.

Simon, S. (2016). *Olympische Spiele Rio de Janeiro 2016.* München: Copress Verlag GmbH.

Teske, K. (2007). *Läufer des Jahrhunderts.* Göttingen: Verlag Die Werkstatt.

Valerien, H. (1968). *Olympia´68.* München: Südwest Verlag.

Valerien, H. (1972). *Olympia München 1972.* München: Südwest Verlag.

Valerien, H. (1976). *Olympia 76.* München: Südwest Verlag.

Valerien, H. (1988). *Olympia 88.* München: Südwest Verlag.

Wagner, J. & Eichenberg, G. (Hrsg.) (1925). *Die Olympischen Spiele Paris 1924.* Zürich und München: Verlag Julius Wagner.

Wünsche, W. (1971). *Athleten Duelle Rekorde,* München: Südwest-Verlag.

WEITERE QUELLEN:

Archiv von Gustav Schwenk

Britannica

„Der Tagesspiegel"

Film „Die Stunde des Siegers"

„Frankfurter Allgemeine"

IAAF World Records, Edition 2003

Kirche im hr

„Leichtathletik"

Leichtathletik.de

Munzinger Biographie

„Neues Deutschland"

taz.de

UK Athletics

Whos´ who

Wikipedia

World Athletics

BILDNACHWEIS LEICHTATHLETIK:

Covermotiv: © picture alliance / dpa | Srdjan Suki

Autorenbild: © Lars Heidrich

S. 14: © picture-alliance / dpa | Karl Schnörrer
S. 23: © picture-alliance / dpa | dpa
S. 26: © picture-alliance/ dpa | Hasse Persson
S. 30: © picture-alliance / dpa | dpa
S. 32: © picture-alliance / dpa
S. 35: © IMAGO / ZUMA Press/Keystone
S. 38: © picture alliance / dpa | Sergei Ilnitsky
S. 43: © picture-alliance / dpa | Kleefeldt Frank
S. 48: © picture-alliance / dpa | dpa
S. 50: © picture-alliance / dpa | Heinz Wieseler
S. 54: © picture-alliance / dpa
S. 55: © Pressebilderdienst Horst Müller GmbH
S. 65: © picture-alliance / dpa | Kleefeldt Frank
S. 68: © picture alliance/dpa | Sven Hoppe
S. 73: © picture-alliance / dpa | dpa
S. 78: © picture alliance/dpa | Michael Kappeler
S. 81: © picture-alliance/ dpa | Iris Hensel
S. 91: © Pressebilderdienst Horst Müller GmbH
S. 94: © picture-alliance / dpa
S. 103: © picture-alliance / dpa
S. 108: © picture-alliance/ dpa | DB
S. 110: © picture alliance/dpa | Oliver Weiken
S. 119: © picture-alliance / dpa | Frank Kleefeldt
S. 121: © picture-alliance / dpa | Weißbrod Bernd
S. 122: © picture-alliance / dpa | Roland Witschel
S. 134: © picture-alliance / dpa
S. 143: © picture-alliance/ dpa | DB dpa
S. 146: © picture-alliance / dpa

S. 152: © picture-alliance / dpa
S. 157: © IMAGO / TT
S. 160: © picture-alliance / dpa | lopp-pool
S. 167: © picture-alliance / dpa | Wolfgang Weihs
S. 174: © Pressebilderdienst Horst Müller GmbH
S. 177: © picture-alliance / dpa | Martin Athenstädt
S. 181: © picture-alliance / dpa
S. 185: © IMAGO / Pond5 Images
S. 192: © picture-alliance / dpa | Kasper Jan-P.
S. 194: © picture-alliance / dpa | dpa
S. 200: © Pressebildagentur Schirner
S. 202: © picture-alliance / dpa
S. 204: © Pressebilderdienst Horst Müller GmbH
S. 210: © picture-alliance / dpa | Wolfgang Weihs
S. 222: © picture-alliance/ dpa/dpaweb | Wolfgang Weihs/Frm
S. 232: © picture-alliance/ dpa | DB
S. 242: © picture-alliance / dpa | dpa
S. 253: © picture-alliance / dpa | dpa INP
S. 260: © picture-alliance / dpa | dpa
S. 275: © Pressebilderdienst Horst Müller GmbH
S. 278: © picture-alliance/ dpa | Arne Dedert

Cover- und Umschlaggestaltung: Isabella Frangenberg

Layout: Isabella Frangenberg

Satz: Zerosoft

Lektorat: Dr. Irmgard Jaeger, Nadine Küst